60 ANOS

TRADIÇÃO EM
COMPARTILHAR
CONHECIMENTO

Steven Johnson

O PODER INOVADOR DA DIVERSÃO

COMO O PRAZER E O ENTRETENIMENTO MUDARAM O MUNDO

Tradução:
Claudio Carina

ZAHAR

Para Eric

Título original:
Wonderland
(*How Play Made the Modern World*)

Tradução autorizada da primeira edição americana, publicada em 2016
por Riverhead Books, membro de Penguin Group, de Nova York, Estados Unidos

Jorge Zahar Editor Ltda.
rua Marquês de S. Vicente 99 – 1º | 22451-041 Rio de Janeiro, RJ
tel (21) 2529-4750 | fax (21) 2529-4787
editora@zahar.com.br | www.zahar.com.br

Grafia atualizada respeitando o novo
Acordo Ortográfico da Língua Portuguesa

Preparação: Isadora Torres | Revisão: Nina Lua, Eduardo Monteiro
Capa: Estúdio Insólito | Indexação: Gabriella Russano

CIP-Brasil. Catalogação na publicação
Sindicato Nacional dos Editores de Livros, RJ

Johnson, Steven
J65p O poder inovador da diversão: como o prazer e o entretenimento mudaram o mundo/Steven Johnson; tradução Claudio Carina. – 1.ed. – Rio de Janeiro: Zahar, 2017.

il.

Tradução de: Wonderland: how play made the modern world
Inclui bibliografia e índice
ISBN 978-85-378-1711-7

1. Diversão. 2. Inovação. I. Carina, Claudio. II. Título.

17-43889 CDD: 391.009
CDU: 391

SUMÁRIO

Essas maravilhas mecânicas que em um século só enriqueceram o prestidigitador que as usava, em outro contribuíram para aumentar a riqueza das nações; e esses brinquedos automáticos, que outrora divertiam os plebeus, são agora usados para ampliar o poder e promover a civilização de nossa espécie. De qualquer forma, o poder da genialidade pode realmente inventar ou combinar, e, mesmo a partir de propósitos pobres ou até ridículos, essas invenções ou esses desenvolvimentos podem ser aplicados de forma original, e a sociedade recebe um presente com o qual só pode lucrar; embora o valor dessa semente possa não ser reconhecido de imediato, e embora possa permanecer por muito tempo improdutiva, numa gaveta negligenciada do conhecimento humano, seu germe pode evoluir de uma hora para outra, propiciando à humanidade sua colheita natural e abundante.

David Brewster, *Letters on Natural Magic*

Jogos e brinquedos são os prelúdios de sérias ideias.

Charles Eames

INTRODUÇÃO

Nos primeiros anos da era de ouro do islamismo, por volta de 760 d.C., o novo líder da dinastia abássida, Abu Ja'far al-Mansur, começou a explorar as terras na fronteira leste da Mesopotâmia para construir uma nova capital a partir do zero. Acabou se assentando numa promissora faixa de terra ao longo de uma curva do rio Tigre, não muito longe do lugar onde ficava a antiga Babilônia. Inspirado por suas leituras de Euclides, al-Mansur decretou que seus engenheiros e planejadores deveriam erigir uma grande metrópole no local, construída como uma série de círculos concêntricos aninhados, todos marcados por muros de tijolos. A cidade recebeu o nome oficial de Madinat al-Salam, que em árabe significa "cidade da paz", mas na linguagem popular manteve o nome do pequeno assentamento persa que pré-datava a visão épica de al-Mansur: Bagdá. Em cem anos, Bagdá passou a abrigar quase 1 milhão de habitantes e era, segundo muitos relatos, o ambiente urbano mais civilizado do planeta. "Todas as habitações eram abundantemente supridas de água em todas as estações pelos numerosos aquedutos que se cruzavam na cidade",[1] escreveu um observador contemporâneo, "e ruas, jardins e parques eram regularmente varridos e regados, e não se permitiam quaisquer detritos entre seus muros. Uma praça imensa em frente ao palácio imperial era usada para desfiles, inspeções de tropas, torneios e corridas; durante a noite a praça e as ruas eram iluminadas por lampiões."

Porém, mais significativa que a elegância das largas avenidas e dos luxuriantes jardins de Bagdá era a erudição cultivada dentro das muralhas da Cidade Redonda. Al-Mansur fundou uma biblioteca no palácio[2] para apoiar estudiosos e deu início à tradução para o árabe de textos sobre ciência, matemática e engenharia originalmente escritos nos tempos da Grécia clássica – obras de Platão, Aristóteles, Ptolomeu, Hipócrates e Euclides –, bem como de textos hindus trazidos da Índia contendo importantes avanços em trigonometria e astronomia. (Essas traduções acabaram se tornando uma espécie de tábua de salvação para essas antigas ideias, mantendo-as em circulação durante a Idade das Trevas na Europa.) Algumas décadas mais tarde, sob a liderança de al-Manum, filho de al-Mansur, uma nova instituição se estabeleceu no interior das muralhas de Bagdá, uma mistura de biblioteca, academia científica e gabinete de tradução que ficou conhecida como Bayt al-Hikma: a Casa da Sabedoria. Durante trezentos anos foi a sede do saber islâmico, até que os mongóis sitiaram e saquearam Bagdá em 1258, destruindo os livros da Casa da Sabedoria ao submergi-los no rio Tigre.

Durante os primeiros anos da Casa da Sabedoria, al-Manum contratou três talentosos irmãos, atualmente conhecidos como os Banu Musa, para escrever um livro sobre os projetos clássicos de engenharia herdados dos gregos. Com a evolução da empreitada, os Banu Musa expandiram o trabalho para conter seus projetos, mostrando os avanços em mecânica e hidráulica que os rodeavam na efervescente cultura de Bagdá. O trabalho que acabaram publicando, *O livro de dispositivos engenhosos*, é visto hoje como uma profecia de futuros instrumentos de engenharia: eixos de manivela, bombas de cilindro duplo de sucção, válvulas cônicas usadas como componentes "de linha" – peças mecânicas séculos à frente da época, todas representadas em detalhados diagramas. Dois séculos depois, o trabalho dos Banu Musa inspirou um projeto ainda mais fantástico, escrito e ilustrado pelo engenheiro islâmico al-Jazari, *O livro do conhecimento de mecanismos engenhosos*. O livro continha ilustrações formidáveis,

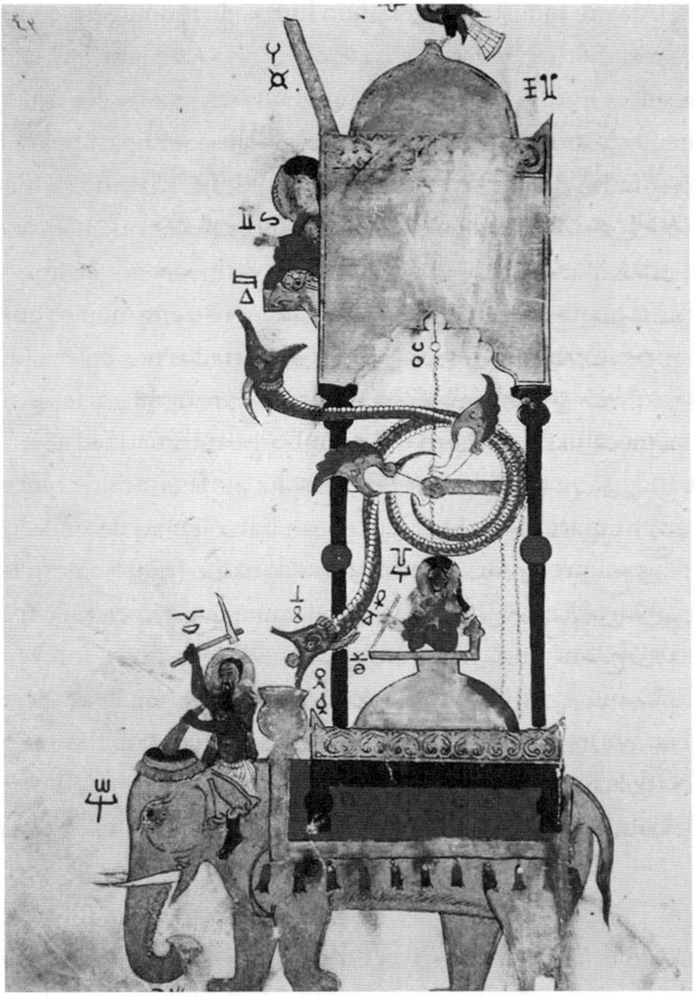

Ilustração de um relógio de elefante em tamanho real,
de *O livro do conhecimento de mecanismos engenhosos.*

com adornos folheados a ouro, de centenas de máquinas com detalhadas anotações explicando seus princípios operacionais. Válvulas de flutuação que prefiguravam o projeto de toaletes modernos, represas e motores de combustão interna, relógios de água tão precisos que a Europa só conheceria quatrocentos anos mais tarde. Os dois livros contêm alguns dos primeiros esboços de tecnologias que se tornariam componentes essenciais da era industrial, incluindo linhas de montagem com robôs e termostatos, motores a vapor e controle de aviões a jato.

Esses dois livros de máquinas "engenhosas" merecem um lugar de destaque nos cânones da história da engenharia, em parte para corrigir a noção comum de que os europeus inventaram sozinhos a tecnologia mais moderna. Mas há algo mais nesses dois livros que não se encaixa bem no relato padrão do desenvolvimento de inovações científicas, algo que se torna imediatamente visível a qualquer não engenheiro que folheie suas páginas. A maioria dos mecanismos ilustrados nos dois volumes são objetos de diversão e mímica: fontes que jorram água em jatos rítmicos; flautistas mecânicos; máquinas de tambores automatizadas; um pavão que, quando são puxadas suas penas, solta água, antes de oferecer um criado em miniatura com sabonete; um barco cheio de músicos robôs que podem se apresentar a uma plateia enquanto flutuam num lago; um relógio construído no formato de um elefante que apita a cada meia hora.

Existe um enigma envolvendo a genialidade dos Banu Musa e de al-Jazari. Como o conhecimento de uma engenharia tão avançada pôde se dedicar a brinquedos? As ideias revolucionárias exibidas nas páginas desses antigos livros acabariam transformando o mundo industrial. Mas essas ideias surgiram inicialmente como brinquedos, ilusões, magia.

VAMOS AVANÇAR MIL ANOS. Os divertimentos mecânicos apresentados por al-Jazari e os Banu Musa se tornaram um lucrativo entretenimento por toda a Europa, principalmente nas ruas de Londres, fervilhantes de espetáculos e curiosidades. No início dos anos 1800, uma vigorosa nova indústria de ilusões se estabeleceu no West End. O imersivo Panorama de Robert Barker fascina plateias com seu teto simulando uma visão de 360 graus da cidade; no Lyceum Theatre, Paul de Philipsthal aterroriza os espectadores com seu espetáculo de assombrações, a Fantasmagoria. Uma exposição de estátuas de cera, sob a curadoria de certa Madame Tussaud, estreia no Lyceum, mas sem fazer sucesso. (Tussaud só criaria seu famoso museu trinta anos depois.) Em Hanover Square, logo ao sul

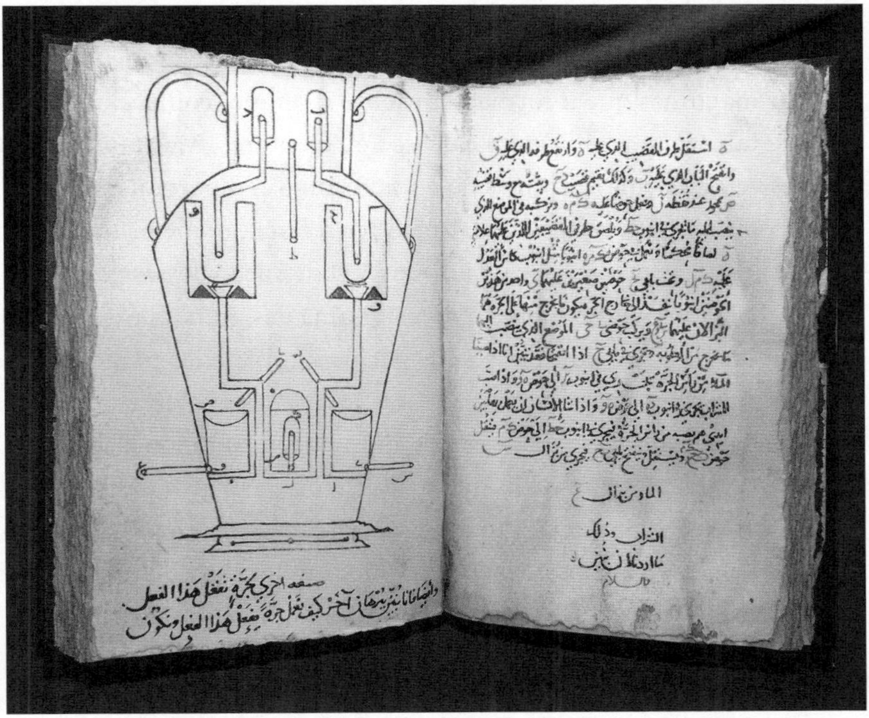

Páginas de *O livro de dispositivos engenhosos*, dos Banu Musa.

da Oxford Street, um inventor suíço com o delicioso nome de John-Joseph Merlin administra um eclético estabelecimento conhecido como Museu Mecânico de Merlin. Em termos modernos, a loja de Merlin era uma espécie de híbrido de museu de ciência, fliperama e laboratório público. Podiam-se admirar bonecas mecânicas que se moviam, bem como tentar a sorte em máquinas de jogo e curtir as doces melodias das caixas de música. Mas Merlin não é apenas um empresário; é também uma espécie de mentor, encorajando os "jovens amadores de mecanismos" a tentar a sorte em invenções.

Nascido na Bélgica em 1735, Merlin era relojoeiro por formação e, assim como muitos adeptos da horologia daquele período, havia muito se sentia intrigado pela ideia de que o movimento mecanizado do relógio de pêndulo e seus descendentes poderia ser aperfeiçoado para façanhas mais impressionantes – de trabalho produtivo, claro, mas também algo mais: voos de fantasia, deslumbramentos e ilusão. Seria possível fabricar máquinas que informassem sobre o tempo, confeccionassem tecidos, talvez até realizassem cálculos elementares. Mas também seria possível construir máquinas que imitassem o comportamento físico para propósitos menos utilitários: pelo puro fascínio que os humanos sempre sentiram pela imitação da vida. A construção desses primeiros robôs, chamados autômatos na época, foi uma das grandes extravagâncias na vida da corte durante aquele período, projetados para divertir e angariar favores da aristocracia. Essas invenções evoluíram a partir de relógios mecânicos, populares nos anos 1600, mostrando elaborados cenários de aldeias ou músicos que marcavam a passagem das horas ao ganharem vida própria. No final do século XVII, os relógios se disseminaram em espetáculos de palco em miniatura, chamados *clockworks*, que apresentavam narrativas simples usando movimentos mecanizados de centenas de elementos diferentes. Muitos tratavam de temas bíblicos. Em 1661, uma taberna de Londres exibiu uma representação do Éden nesse formato. Segundo um panfleto publicado na época, o espetáculo apresentava "O Paraíso traduzido e restaurado, em uma muito artística e vívida representação de diversas criaturas, plantas, flores e outros vegetais, em seu desenvolvimento total, formas e cores ... Uma representação daquela linda perspectiva que Adão teve no Paraíso".[3] (Quando os robôs afinal escreverem a história de sua espécie, esses quadros animados servirão muito bem como mito de criação.)

Por volta do início dos anos 1700, o foco mudou da recriação do alvoroço de uma aldeia animada ou jardins para a elaboração de simulações vívidas de organismos individuais. Na primeira metade do século XVIII, o inventor francês Jacques de Vaucanson construiu um famoso autômato chamado Pato Digestor, que consumia grãos, batia as asas e – a *pièce de résistance* – chegava a defecar depois de comer. Algumas décadas depois, em 1758, um relojoeiro suíço chamado Pierre Jaquet-Droz viajou até Madri para apresentar uma série de maravilhas ao rei Ferdinando, a maioria formada por relógios de pêndulo ou d'água que mostravam cegonhas animadas, pastores tocando flauta e pássaros canoros – os descendentes mecânicos dos engenhosos dispositivos de al-Jazari. A audiência com Ferdinando garantiu a estabilidade financeira de Jaquet-Droz, e ele embarcou no ambicioso ofício de criar autômatos, talvez a engenharia mecânica mais artística e inovadora que o mundo já tinha visto. Sua maior realização, concluída em 1772, foi o Escritor, um garoto mecânico composto de mais de 6 mil peças diferentes, sentado em um banco com uma pena na mão. O garoto podia ser programado para escrever qualquer combinação de palavras usando até quarenta caracteres. Assim que instruído – por meio de uma série de eixos escondidos dentro da engenhoca –, ele molhava a pena num tinteiro, balançava-a duas vezes e começava a escrever as palavras com zelosa precisão, com os olhos seguindo a caneta enquanto escrevia. O Escritor não era um computador no sentido moderno do termo, mas com razão é considerado um marco na história das máquinas programáveis.

O filho de Jaquet-Droz, Henri-Louis, começou a expor o Escritor em Londres em 1776, como parte de uma nova exposição em Covent Garden chamada "Spectacle Mécanique".[4] Inspirado por aquelas criaturas fantásticas, Merlin começou a construir e colecionar autômatos. Para apresentar alguns de seus trabalhos, em 1783 ele abriu o Museu Mecânico de Merlin, lançando um folheto promocional assegurando que "Senhoras e Senhores que honrarem Mr. Merlin com sua Companhia poderão se servir de CHÁ ou CAFÉ a um Xelim cada".[5] Como explica Simon Schaffer, Merlin "rondou a fronteira entre o espetáculo e a engenharia",[6] não muito diferente dos estúdios de efeitos especiais de Hollywood que sucederam, quase diretamente, Merlin e seus contemporâneos.

A criatividade de Merlin o levou por muitas direções: ele inventou uma cadeira de balanço que se movia sozinha, uma assadeira mecânica, uma bomba que refrescava automaticamente o ar em quartos de hospitais, um jogo de baralhos codificado em braile para pessoas cegas jogarem uíste. Tenteou com projetos de instrumentos musicais. Hoje, talvez seja mais conhecido pela invenção dos patins sobre rodas. Algumas dessas engenhocas ele expôs no Museu Mecânico, mas manteve duas criações especiais no sótão de sua oficina em cima do museu: dois autômatos femininos em miniatura, com não mais de trinta ou sessenta centímetros de altura. Uma das criaturas andava por um espaço de 1,5 metro segurando um monóculo e fazendo respeitosas vênias para os espectadores. A outra era uma dançarina portando um pássaro animado.

Relatos históricos convencionais são geralmente orientados em torno de grandes acontecimentos: batalhas travadas, tratados assinados, discursos proferidos, eleições vencidas, líderes assassinados. Ou então os textos seguem uma longa sequência de mudanças incrementais: o surgimento da democracia, da industrialização ou dos direitos civis. Mas, às vezes, a história é moldada por encontros casuais, longe dos corredores do poder, momentos em que uma ideia se enraíza na cabeça de alguém e paira durante anos até chegar ao palco principal da mudança global. Um desses encontros aconteceu em 1801, quando uma mulher levou seu pequeno filho de oito anos para visitar o museu de Merlin. Seu nome era Charles Babbage. No museu o velho inventor sentiu algo promissor no garoto e se ofereceu para levá-lo até o sótão, aumentando ainda mais sua curiosidade. O garoto se encantou com a moça que andava. "Os movimentos dos membros eram especialmente graciosos", ele recordaria anos mais tarde. Mas foi a dançarina quem mais o seduziu. "Essa dama tem atitudes e modos absolutamente fascinantes", escreveu. "Seus olhos são cheios de imaginação, irresistíveis."[7]

O encontro no sótão de Merlin despertou uma obsessão em Babbage, um fascínio por dispositivos mecânicos que emulassem de forma convincente as sutilezas do comportamento humano. Ele se formou em matemática e astronomia ainda jovem, mas manteve seu interesse pelas máquinas, estudando os novos sistemas fabris que surgiram no norte industrial da Inglaterra. Quase trinta anos depois de sua visita a Merlin, Babbage publicou uma análise seminal da tecnologia industrial, *Sobre a economia da maquinaria e manufaturas*, um trabalho que teve um papel essencial em *O capital* de Marx duas décadas depois. Mais ou menos na mesma época, Babbage começou a esboçar planos para uma máquina de calcular que chamou de Máquina Diferencial, invenção que alguns

O Escritor, autômato criado por Pierre Jaquet-Droz em 1772.

anos depois acabou levando-o à Máquina Analítica, hoje considerada o primeiro computador programável já imaginado.

Não sabemos se o menino Babbage de oito anos causou alguma impressão notável em Merlin. O inventor morreu dois anos depois da visita de Babbage, e sua coleção de maravilhas – inclusive as cativantes autômatas – foi vendida a um rival chamado Thomas Weeks, que tinha seu próprio museu a poucos quarteirões de distância, na Great Windmill Street. Weeks nunca chegou a expor a dançarina nem a dama que caminhava; elas permaneceram em seu sótão, acumulando teias de aranha, até o próprio Weeks morrer em 1834 e o lote inteiro ir a leilão. De alguma forma, depois de todos aqueles anos, Babbage conseguiu chegar ao leilão e comprar a dançarina por 35 libras. Restaurou a máquina e a colocou em exposição em sua casa em Marylebone, a poucos centímetros da Máquina Diferencial. Em certo sentido, as duas máquinas pertenciam a diferentes séculos: a dançarina era o epítome da era do entretenimento e da fantasia; a Máquina Diferencial era um prenúncio da computação do fim do século XX. A dançarina era uma manifestação de beleza, uma diversão, uma loucura. A máquina, como seu nome sugeria, era um negócio mais sério: um instrumento para a era do capitalismo industrial e mais além. Mas, de acordo com relatos do próprio Babbage, a paixão pelo pensamento mecânico que levou à Máquina Diferencial começou com aquele momento de sedução no sótão de Merlin, nos "olhos irresistíveis" de uma máquina se passando por humana, por nenhuma razão a não ser o puro prazer da própria ilusão.

DELEITE É UMA PALAVRA raramente evocada como motor de mudanças históricas. Geralmente se imagina a história como uma batalha por sobrevivência, poder, liberdade, riquezas. Na melhor das hipóteses, o mundo da brincadeira e da diversão fica na margem da narrativa principal, como espólio do progresso, o excedente de que as civilizações desfrutam quando as campanhas pela liberdade e afluência foram vencidas. Mas imagine que você é um observador das tendências sociais e tecnológicas da segunda metade do século XVIII e está tentando prever os verdadeiros desenvolvimentos sísmicos que definiriam os próximos três séculos. A caneta programável do robô escritor de Jaquet-Droz – ou a dançarina de Merlin com seus "olhos irresistíveis" – seria uma pista tão reveladora sobre esse futuro quanto qualquer acontecimento no Parlamento ou no campo de batalha, um prenúncio do surgimento do trabalho mecanizado, da revolução digital, da robótica e da inteligência artificial.

Este livro é um argumento estendido sobre esse tipo de pista: uma loucura, descartada por muitos como uma diversão avoada, que acaba sendo uma espécie de artefato do futuro. Esta é uma história da brincadeira, uma história de passatempos que os seres humanos criaram para se divertir e fugir da refrega diária pela subsistência. É uma história do que fazemos por diversão. Uma das medidas do progresso humano é o quanto de tempo recreativo que muitos de nós temos e a imensa variedade de maneiras de desfrutá-lo. Um viajante do tempo vindo de cinco séculos atrás ficaria embasbacado ao ver a parcela de território no mundo moderno que é dedicada a parques de diversões, cafeterias, arenas esportivas, shopping centers, cinemas IMAX: ambientes projetados especificamente para entreter e nos divertir. Experiências que já foram quase exclusivamente relegadas às elites da sociedade se tornaram lugar-comum para todos, exceto os membros mais pobres da sociedade. Uma família de classe média no Brasil ou na Indonésia tem certeza de que pode usufruir de seu tempo livre ouvindo música, admirando sofisticados efeitos especiais em filmes de Hollywood, procurando artigos da moda em vastos palácios de consumo e curtindo os sabores de cozinhas de todo o mundo. Mas raramente paramos para considerar como esses inúmeros luxos se transformaram em um aspecto da vida cotidiana.

A história é contada principalmente como uma longa luta pelas necessidades, não pelos luxos: a luta por liberdade, igualdade, segurança e autodeterminação. Mas a história do prazer também é importante, pois muitas dessas descobertas aparentemente triviais acabaram provocando mudanças no domínio da História Séria. Denominei esse fenômeno de "efeito beija-flor":[8] o processo pelo qual uma inovação em um campo põe em movimento transformações em campos aparentemente não relacionados. O gosto pelo café ajudou a criar as modernas instituições jornalísticas; um punhado de lojas de tecidos bem-decoradas ajudou a disparar a Revolução Industrial. Quando criam e compartilham experiências destinadas a proporcionar prazer ou a divertir, os seres humanos com frequência acabam transformando a sociedade de formas mais radicais do que pessoas concentradas em preocupações mais utilitárias. Devemos muito do mundo moderno a pessoas tentando arduamente resolver um problema altamente intelectual: como construir um motor de combustão interna ou produzir vacinas em grandes quantidades. Mas uma surpreendente porção da modernidade tem suas raízes em outro tipo de atividade: gente perdendo tempo com mágica, brinquedos, jogos e outros passatempos aparentemente ociosos. Todo mundo conhece o velho ditado "A necessidade é a mãe da invenção", mas, se fizermos um teste de paternidade em muitas das mais importantes ideias ou instituições do mundo moderno, vamos constatar, invariavelmente, que o lazer e o divertimento também estiveram envolvidos em sua concepção.

Embora este relato inclua muitos personagens como Charles Babbage – um europeu bem-sucedido explorando novas ideias em seus estúdios –, não se trata apenas de uma história sobre o Ocidente afluente. Uma das viradas mais intrigantes no enredo da história do lazer e do prazer é o número de dispositivos ou materiais originados fora da Europa: aqueles fascinantes autômatos da Casa da Sabedoria, a intrigante moda de tecidos importados da Índia, bolas de borracha que desafiam a gravidade inventadas pelos centro-americanos, o cravo e a noz-moscada descobertos pelos ilhéus da Indonésia. De várias maneiras, a história da brincadeira é a história do surgimento de uma visão de mundo verdadeiramente cosmopolita, de um mundo unido por experiências compartilhadas, como chutar uma bola ou bebericar uma xícara de café.

A BUSCA PELO PRAZER acaba se tornando uma das primeiras experiências na costura de uma tessitura global de cultura compartilhada, com muitas das mais proeminentes tendências se originando fora da Europa Ocidental.

Antes de tudo esta história exclui deliberadamente alguns dos mais intensos prazeres da vida – inclusive o sexo e o amor romântico. O sexo sempre foi uma força primordial na história humana; sem sexo, não existe uma história humana. Mas o prazer do sexo está ligado a motivações biológicas muito profundas. O desejo de ligações físicas e emocionais com outros humanos está escrito em nosso DNA, por mais complexa e diversa que possa ser nossa expressão dessa motivação. Para a espécie humana, sexo é uma matéria-prima, não um luxo. Essa história é um cômputo de prazeres menos utilitários; de hábitos, costumes e ambientes que surgiram por nenhuma razão aparente a não ser o fato de parecerem divertidos ou surpreendentes. (Em certo sentido, é uma história que segue a definição de cultura de Brian Eno, a de "todas as coisas que *não* precisamos fazer".) Observar a história através dessa lente exige uma ênfase diferente no passado: explorar a história do fazer compras como uma busca recreativa e não como história do grande comércio; seguir o trajeto global do comércio de especiarias e não a mais abrangente história da agricultura e da produção de alimentos. Existem milhares de livros escritos sobre a história de inovações surgidas a partir de nossos instintos de sobrevivência. Este é um livro sobre um tipo específico de inovação: de novas ideias, de tecnologias e de espaços sociais que surgiram quando alguns de nós folgamos do trabalho compulsório pela subsistência.

A importância da brincadeira e da diversão não significa que essas histórias estejam livres de tragédias e sofrimentos humanos. Algumas das mais pavorosas épocas de escravidão e colonização começaram com uma nova predileção ou com um tecido desenvolvendo um mercado, desencadeando uma cadeia de exploração brutal para satisfazer as demandas desse mercado. A busca pelo prazer transformou o mundo, mas nem sempre essa transformação foi para melhor.

EM 1772, Samuel Johnson fez uma visita a um dos predecessores do Museu Mecânico de Merlin, uma exposição organizada por um engenheiro chamado James Cox, que se tornou um dos mentores de Merlin. Explorar a mostra de Cox era como andar pelas páginas de um livro ilustrado de al-Jazari: salões cheios de elefantes, pavões e cisnes animados adornados de joias. Johnson publicou um relato de sua visita na revista *Rambler*. "Às vezes pode acontecer que os maiores esforços de criatividade tenham sido exercidos em ninharias", escreveu. "Mas os mesmos princípios e expedientes podem ser aplicados com propósitos mais valiosos, e os movimentos, que põem em ação máquinas sem qualquer utilidade que não o espanto da ignorância, podem ser empregados para drenar pântanos, manufaturar metais, auxiliar o arquiteto ou preservar o marinheiro."[9]

Em outras palavras, as "ninharias" criativas dos autômatos costumam servir como uma espécie de prenúncio de desenvolvimentos mais substanciais a seguir. Esses efeitos futuros são claramente visíveis nos comentários suscitados pelos grandes autômatos do século XVIII: o Escritor de Jaquet-Droz, o pato de Vaucanson, o famoso jogador de xadrez "Turco Mecânico", projetado originalmente em 1770 pelo inventor húngaro Wolfgang von Kempelen. (O Turco acabou se revelando menos que uma realização mecânica, pois o jogo era, na verdade, realizado por um homem escondido na engenhoca.) Apesar de essas invenções terem provocado admiração e debates quando surgiram – diversos ensaios foram publicados no final dos anos 1700 tentando solucionar o mistério por trás da capacidade de o Turco jogar xadrez –, elas chegaram ao seu auge cultural em meados do século XIX, bem depois de a maioria das exposições já haver saído do negócio. Os autômatos inspiraram as teorias de Marx sobre o futuro do trabalho e levaram Babbage à sua visão profética de inteligência mecanizada. Eles plantaram a semente para o *Frankenstein* de Mary Shelley. A tentativa de Edgar Allan Poe de explicar os segredos do Turco Mecânico assentou a base para sua invenção da história policial. Os autômatos eram animados pelos conhecimentos científicos e de engenharia do século XVIII, mas desencadearam esperanças e temores mais amplos, que mais pertenciam ao século XIX. Tanto em seu projeto mecânico quanto por suas implicações filosóficas, os autômatos estavam à frente de seu tempo.

Esse fenômeno acaba aparecendo de forma consistente ao longo de toda a história das ninharias da humanidade. Os prazeres culpados da vida costumam nos dar uma dica sobre as futuras mudanças da sociedade, sejam prazeres sob a forma de damas inglesas comprando tecidos indianos em Londres no final dos anos 1600 ou antigos festins romanos carregados de especiarias dos mais distantes cantos do planeta, mascates de parques de diversão promovendo estranhos dispositivos ópticos que criavam a ilusão de imagens em movimento ou programadores de computador do MIT dos anos 1960 usando seus *mainframes* de milhões de dólares para jogar Spacewar!. Por envolver desobediência de regras e experimentos com novas convenções, a brincadeira se torna a sementeira para muitas inovações que acabam se desenvolvendo de forma mais robusta e significativa. As instituições da sociedade que tanto dominam a história tradicional – partidos políticos, corporações, religiões – podem dizer um bocado sobre o atual estado da ordem social. Mas quando se tenta deduzir o que virá a seguir, talvez seja melhor explorar as margens da brincadeira: os passatempos, as curiosidades e as subculturas dos seres humanos projetando novas formas de diversão. "Cada época sonha com a que vem a seguir, criando-a em sonhos", escreveu o historiador francês Michelet em 1839. Normalmente, esses sonhos não se desenvolvem no mundo adulto do trabalho, da guerra ou da governança. Eles surgem a partir de um diferente tipo de espaço: um espaço de fantasia e deleite no qual as regras normais foram suspensas, no qual as pessoas se sentem livres para explorar o espontâneo, imprevisível e imensamente criativo trabalho da brincadeira. Você vai encontrar o futuro onde quer que as pessoas estejam se divertindo mais.

1

A MODA E AS COMPRAS

AS MADAMES DA CHITA

O caracol aquático *Hexaplex trunculus* habita as águas rasas e piscinas de maré ao longo da costa do Mediterrâneo e também as praias do Atlântico, de Portugal até o oeste do Saara. Para um leigo, o caracol murex, como também é chamado, parece um molusco comum, abrigado numa concha cônica rodeada por bandas espinhosas. Milhões de anos atrás, esse caracol desenvolveu uma espécie de arma biológica usada para sedar suas presas e se defender contra predadores: uma secreção de tinta contendo um raro composto chamado dibromoindigo. Quase 4 mil anos atrás, a civilização minoica baseada nas ilhas do mar Egeu descobriu que a secreção do caracol murex podia ser usada como tintura para criar uma das tonalidades mais raras: a cor púrpura.

Com o passar do tempo, a tintura púrpura adquiriu o nome de uma cidade no sul da Fenícia, Tiro, onde era produzida em massa. O processo exato de manufatura da púrpura de Tiro continua desconhecido até hoje, embora Plínio, o Velho, tenha incluído um fragmento da receita em sua *História natural*. Tentativas modernas de recriar a tintura indicam que eram necessários mais de 10 mil caracóis para produzir apenas um grama da púrpura de Tiro. Mas se as técnicas de produção permanecem um mistério, sobre uma coisa os registros históricos são claros: a púrpura de Tiro resistiu como um símbolo de status e afluência por pelo menos mil anos. Faixas de púrpura de Tiro eram costuradas nas túnicas dos senadores romanos; um filho concebido por um dos imperadores de Bizâncio recebeu o título honorífico de *Porphyrogenitus* – literalmente, "nascido na púrpura". No milênio transcorrido entre a era dos fenícios e a queda de Roma, 28 gramas do produto valiam bem mais que 28 gramas de ouro, um valor que levou marinheiros a explorar toda a linha costeira do Mediterrâneo em busca de colônias de caracóis murex.

Finalmente, porém, o suprimento de *Hexaplex trunculus* do Mediterrâneo não conseguiu mais aguentar a demanda pela púrpura de Tiro, e alguns intrépidos marinheiros fenícios começaram a organizar viagens mais ambiciosas em busca do molusco, além das águas plácidas do mar interior, nas ondas cinzentas e turbulentas do próprio Atlântico. Os fenícios já tinham navegado pelo estreito de Gibraltar em busca de depósitos aluviais de estanho, com seus característicos navios de pranchas de cedro propelidos por treze remadores de cada lado, contornando o litoral da Espanha por águas que, tecnicamente falando, pertenciam ao Atlântico. Mas foi o caracol murex que os levou a enfrentar as grandes ondas e as águas não mapeadas do mar aberto. Eles se aventuraram até a costa do norte da África, onde acabaram descobrindo um butim de caracóis aquáticos que manteria a aristocracia envolta em púrpura até a Era das Trevas. O legado dessas viagens se estende para bem além da simples moda. A saída do Mediterrâneo para os vastos mistérios do Atlântico marcou um verdadeiro momento limítrofe na história da exploração humana. "A agora demonstrada capacidade dos fenícios de navegar pelo norte da África seria a chave que abriria para sempre o Atlântico", escreve Simon Winchester. "O temor das grandes águas desconhecidas além dos Pilares de Hércules logo se dissipou."[1] Pense em todas as maneiras como o mundo se transformaria por conta de navios lançados dos países mediterrâneos para explorar o Atlântico e além. Esses navios acabariam partindo em busca de ouro, de liberdade religiosa ou conquistas militares. Mas o primeiro canto de sereia que os atraiu para o mar aberto foi simplesmente uma cor.

Figurinos e vestimentas vêm impulsionando inovações tecnológicas desde o começo da existência humana. Tesouras, agulhas de costura e

Caracol murex

raspadeiras para converter peles de animais em cobertas e proteção para o corpo estão entre as mais antigas ferramentas resgatadas da era paleolítica. Na verdade, muitas dessas inovações eram de natureza utilitária. Sem levar em conta gravatas e saias armadas, quase todas as roupas têm algum valor funcional, e com certeza nossos ancestrais de 50 mil anos atrás produziam vestimentas com o objetivo explícito de se manter aquecidos, secos e protegidos de potenciais ameaças. O fato de tantas inovações tecnológicas terem surgido a partir da produção têxtil – desde as primeiras agulhas de tricô a teares manuais e fiandeiras giratórias – pode parecer à primeira vista mais uma questão de invenções por necessidade. Mas os registros arqueológicos estão repletos de antigos exemplos de ferramentas para fins decorativos: um colar de conchas descoberto na caverna de Sikul, em Israel, foi confeccionado mais de 100 mil anos atrás.[2] Os humanos começaram a confeccionar joias assim que se tornaram fabricantes de ferramentas.

Seja qual for a combinação de frivolidade e praticidade que motivou os primeiros figurinos humanos, a invenção da púrpura de Tiro sinalizou uma mudança fundamental em direção ao superficial e – surpresa – uma mudança, em certo sentido, do funcional para a moda. Ninguém *precisa* da cor púrpura. Ela não protege ninguém contra a malária, não fornece proteínas úteis nem reduz os riscos de morrer durante o parto. Simplesmente parece bonita, em especial se você vive num mundo em que os trajes de cor púrpura são raros.

Seria razoável argumentar a esta altura que aqueles aventureiros em busca de caracóis – e os remadores que os conduziram pelo estreito de Gibraltar – foram motivados por ganhos financeiros e não por uma reação estética sublime à cor púrpura. Com certeza esse é o jeito canônico de contar o fato. Assim que nós inventamos o dinheiro corrente, de repente os seres humanos se mostraram dispostos a assumir ambições improváveis e esquemas arriscados pelo preço certo. Pessoas deixaram a segurança do Mediterrâneo porque havia dinheiro envolvido – sem dúvida uma motivação poderosa, mas não necessariamente uma novidade.

Um argumento comparável pode ser levantado quanto à importância do status dessas vestimentas púrpuras. Os humanos desenvolveram sociedades hierárquicas, e a maioria de nós reconhece que a busca por status é uma motivação comum para o comportamento humano, mesmo que às vezes seja lamentável. A aristocracia fenícia queria tingir suas vestes em tonalidades de púrpura de Tiro para mostrar sua superioridade em relação aos plebeus, e estava disposta a pagar pelo privilégio. Mais uma vez, a cadeia causal é conhecida: se são bem recompensadas pelo trabalho, as pessoas costumam se esforçar muito para satisfazer as necessidades da elite governante. O fato de esse trabalho envolver a coleta de milhares de caracóis pode ser um fato histórico intrigante, mas será que realmente nos diz algo novo sobre as forças fundamentais que movem as mudanças históricas?

Com todo o devido respeito pela navalha de Occam, acho que neste caso a explicação mais simples não está correta, ou pelo menos deixa de incluir a parte mais interessante da história. O ganho financeiro ou os símbolos de status eram efeitos secundários; a fixação inicial pela púrpura foi o principal impulso. Se eliminarmos a resposta puramente estética à tintura de Tiro, toda a cadeia de exploração, invenção e lucro desmorona. Trata-se de um padrão recorrente na história da diversão. Como são valiosas, as coisas que nos deleitam costumam resultar em especulação comercial, que inaugura e cultiva novos mercados, tecnologias ou explorações geográficas. Quando observamos esse processo em perspectiva, tendemos a falar sobre o fato em termos de dinheiro e mercados, ou de vaidade da elite governante impulsionando novas ideias. Mas o dinheiro tem seus próprios senhores, e em muitos casos o fator dominante é o apetite humano pela surpresa, pela novidade e pela beleza. Se você se aprofundar nas camadas arqueológicas de invenções tecnológicas, o lucro como motivação, as conquistas e a busca de status, vai perceber com frequência um improvável estrato que jaz abaixo de camadas mais conhecidas: o simples prazer de uma nova experiência – nesse caso, os cones azuis da nossa retina registrando uma estranha tonalidade híbrida raramente encontrada na natureza. De alguma forma, a história acaba sendo moldada por uma narrativa envolvendo inventores heroicos, mercados de capital eficientes ou explorações brutais. Aquele momento inicial de deleite se torna uma explicação posterior, uma nota de pé de página da narrativa principal.

Em nenhum aspecto essa visão se mostra de forma tão flagrante do que na história por trás da maior sublevação tecnológica dos tempos modernos: a Revolução Industrial.

NAS ÚLTIMAS DÉCADAS do século XVII, um novo modelo se tornou visível – talvez pela primeira vez na história – nas ruas de alguns seletos bairros de Londres: St. James, Ludgate Hill, Bank Junction. Uma sequência de lojas oferecendo tentadoras coleções de tecidos, joias e mobiliário doméstico, aglomeradas em poucos quarteirões da cidade. As fachadas das lojas mostravam grandes vitrines, com mercadorias dispostas em arranjos visualmente atraentes. Os interiores eram adornados por pilares elaborados, espelhos e luzes, cornijas esculpidas e tapeçarias. Um observador do início dos anos 1700 definiu-as como "teatros perfeitamente dourados".

Toda aquela elegância teatral tinha como objetivo criar uma espécie de aura para o simples ato de comprar mercadorias. Pouco tempo antes, no mesmo século, galerias de lojas como a New Exchange e a Westminster Hall tinham criado espaços exuberantes e imersivos para transações comerciais, mas aquelas novas lojas acrescentaram certa grandeza e elegância, que faziam as galerias parecerem atulhadas e opressivas em comparação. Nas galerias, os espaços de vendas eram pequenos e quase sem móveis, mais parecendo barracas de uma feira ambulante ou vendedores de rua. As novas lojas criaram um ambiente muito mais suntuoso, como se o consumidor estivesse entrando na sala de visitas de um pequeno lorde, e não barganhando com um mascate na rua. Pela primeira vez, o design de uma loja se tornou parte da mensagem de marketing. De fato, numa época anterior ao moderno ofício da propaganda, aqueles designs de lojas estavam entre as primeiras formas de marketing já planejadas. "O ambiente sedutor das lojas era projetado para induzir os clientes a ficarem ali para olhar ao redor, para ver suas compras como uma busca de lazer e uma experiência entusiasmante", escreve a historiadora Claire Walsh. "Quanto mais tempo um cliente ficasse na loja, mais recebia atenção e persuasão, e nesse sentido o projeto da loja incluía boa parte do processo de venda."[3] O ato de comprar tinha se transformado em um fim, e não apenas em um meio.

Alguns observadores da época, sobretudo homens, definiram as novas lojas como palácios de ilusão, projetadas para enfeitiçar seus consumidores. Ao descrever esses novos estabelecimentos da moda na cidade balneária de Bath no começo dos anos 1700, o abade Prévost reclamou que elas se aproveitavam de "uma espécie de encantamento que cega qualquer um naquele reino de prazer, para vender a peso de ouro ninharias de que alguém se envergonharia de ter comprado quando saísse do local".[4] Em sua pesquisa sobre as práticas comerciais britânicas de 1727, *The Compleat English Tradesman*, Daniel Defoe dedicou um capítulo inteiro à nova decoração das lojas demasiadamente ornamentadas, uma moda que parece ter deixado Defoe perplexo: "É um costume moderno, e totalmente desconhecido de nossos ancestrais ... fazer o comerciante gastar dois terços de sua fortuna para decorar suas lojas ... em pinturas e enfeites, belas prateleiras, vene-

Folheto anunciando uma loja de Londres, por volta de 1758.

zianas, caixas, portas de vidro, caixilhos e coisas do gênero", escreveu. "A primeira inferência a ser extraída disso deve ser necessariamente a de que esta época tem mais tolos do que a anterior: pois certamente apenas tolos se fascinam tanto com espetáculos e exteriores."

No fim Defoe decidiu que deveria haver algum motivo funcional por trás daquelas demonstrações excessivas: "As pinturas e os adornos de uma loja parecem anunciar que o comerciante dispõe de um grande estoque; ou então ele não montaria tal espetáculo."[5] A perplexidade de Defoe chega a ser quase comovente: dá para imaginar sua cabeça funcionando de forma acelerada para arranjar uma explicação lógica para as frivolidades de belos caixilhos e prateleiras. Na nossa perspectiva moderna, podemos ver claramente como a mensagem embutida numa loja com uma decoração exuberante sinaliza mais do que um grande estoque: cria um envelope de luxo e alta moda que eleva o próprio ato de comprar a uma forma de entretenimento. Os consumidores que acorriam a esses novos espaços comerciais não estavam lá só pelas mercadorias que pudessem comprar. Estavam lá pelas maravilhas do espaço em si.

ATÉ ENTÃO A COMPRA de roupas era uma relação direta e trivial de trocas, uma negociação com vendedores ambulantes ou lojistas – em nada diferente de comprar ovos ou leite. Mas agora a prática da escolha e de "olhar as vitrines" se tornou uma experiência desejada por si só. Antes do surgimento das exuberantes lojas de Londres, as pessoas iam ao mercado quando desejavam comprar alguma coisa específica. Já existiam bazares e mercados ao ar livre, é claro, mas lhes faltavam as suntuosas amostras dessas novas lojas de Londres. Aqueles "teatros perfeitamente dourados" transformaram a ida às compras numa gratificação em si. Em 1709, um colaborador da revista *Female Tatler* definiu o fenômeno – agora onipresente nos países desenvolvidos – com um novo olhar: "Esta tarde, algumas damas, com opiniões favoráveis sobre meu gosto em roupas, quiseram que eu as acompanhasse a Ludgate Hill, que considero ser um lugar agradável e divertido onde uma dama pode passar três ou quatro horas."[6]

A linguagem utilizada – "agradável e divertido" – não faz jus à grande magnitude da transformação sendo descrita. Era uma mudança sutil, difícil de ser notada para aqueles que não eram donos de uma daquelas lojas ou um de seus clientes. Para um observador leigo, aqueles estabelecimentos pareciam apenas uma pequena variação dos mascates e comerciantes que vendiam suas mercadorias na cidade havia centenas de anos. De fato, a mudança foi tão sutil que existem poucos registros documentando o processo. Assim como muitas revoluções culturais que se seguiriam, a moderna experiência de fazer compras penetrou o mundo como uma subcultura menor, desfrutada por uma minúscula fração da população em geral e ignorada pela grande massa – até o dia em que a grande massa despertou e descobriu que havia sido profundamente redirecionada por aquele estranho e novo afluente. De vez em quando, o riacho transborda o rio.

A falta de registros históricos significa que, até recentemente, a maioria dos historiadores da cultura considerava que o nascimento da cultura do consumidor e os sensuais excessos das mostras das vitrines começaram no final do século XIX com a invenção das lojas de departamentos, depois da primeira onda da industrialização. Mas, na verdade, essa história tradicional está invertida: as buscas pelo trivial nas compras não foram um efeito secundário da Revolução Industrial e da ascensão da cultura burguesa de consumo. Em diversos aspectos importantes, aquelas lojas com sofisticadas decorações nas ruas de Londres ajudaram a *criar* a Revolução Industrial. E isso porque aqueles teatros dourados foram cada vez mais projetados para mostrar os estampados brilhantes e coloridos de um miraculoso novo tecido vindo do outro lado do mundo: o algodão.

OS ARQUEÓLOGOS ACREDITAM que a domesticação da planta *Gossypium malvaceae* e a produção do tecido que hoje chamamos de algodão data de mais de 5 mil anos. Interessante notar que a manufatura do algodão, usando pentes primitivos e fusos manuais, parece ter sido descoberta independentemente em quatro locais distintos em todo o mundo, mais ou menos na mesma época: no vale hindu do atual Paquistão, na Etiópia, ao longo da costa do Pacífico da América do Sul e em algum lugar na América Central. A utilidade das fibras da *Gossypium malvaceae* parece ter se tornado aparente para qualquer civilização suficientemente avançada situada em ecossistemas em que a planta cresce naturalmente. Algumas dessas primeiras civilizações deixaram de inventar a escrita ou veículos sobre rodas, mas conseguiram encontrar um jeito de transformar as finas fibras da bola de algodão em tecidos macios e arejados.

Até os anos 1600, esses tecidos eram quase míticos para a maioria dos europeus do norte, que usavam roupas mais grossas e ásperas de lã ou linho. O algodão era tão sofisticado que o cavaleiro e viajante britânico John Mandeville fez uma famosa definição nos anos 1300: "Uma maravilhosa árvore [da Índia] que produz carneirinhos nas pontas dos galhos. Esses galhos são tão flexíveis que vergam até embaixo para os carneiros se alimentarem quando estão com fome."

Mas a suavidade da textura do algodão se revelaria como apenas parte de seu apelo. Depois de milhares de anos de experiências, os tingidores indianos da costa de Coromandel estabeleceram um elaborado sistema de impregnar tinturas vibrantes como garança e índigo no tecido usando suco de limão, urina de cabras, excremento de camelo e sais metálicos. A maioria dos tecidos coloridos na Europa perdia a pigmentação depois de poucas lavagens, mas os tecidos indianos – o chintz e a chita – retinham a cor indefinidamente. Quando trouxe uma carga de têxteis com sua expedição pioneira de 1498 ao redor do cabo da Boa Esperança, Vasco da Gama deu aos europeus a primeira experiência real com os estampados vívidos e as texturas quase sensuais da chita e do chintz.

Como tecidos, a chita e o chintz entraram para a rotina dos costumes europeus por meio da decoração de interiores. A partir dos anos 1600, londrinos bem de vida e habitantes de outras poucas cidades da Europa começaram a decorar suas salas de estar e *boudoirs* com os padrões florais e geométricos com tecidos de chita. Como vestimenta, de início o algodão foi considerado leve demais para o clima do norte da Europa, principalmente no inverno. Mas nas últimas décadas desse mesmo século, um estranho círculo de retroalimentação começou a ressoar entre

Trabalhadores estampando e tingindo chita.

a elite da moda da sociedade londrina. Todos começaram a ansiar por usar algodão em seus corpos. Cortinas eram cortadas e convertidas em vestidos, sofás eram dilacerados e transformados em jaquetas ou blusas. Talvez o mais importante, roupas de baixo feitas de algodão, que podiam ser usadas nas profundezas do inverno e isolavam a pele das irritações da lã, se tornaram um elemento essencial do guarda-roupa de uma dama.

O surto de interesse por têxteis indianos foi um tremendo impulso para a Companhia das Índias Orientais, que importava 250 mil peças em 1664 e passou a importar 1,76 milhão vinte anos depois. (No auge da euforia, mais de 80% do comércio da companhia era dedicado à chita.) Mas isso não foi uma boa notícia para os criadores de ovelhas e manufatureiros de lã da Inglaterra, que de repente viram seu sustento ameaçado por um tecido importado. A loucura pelo algodão foi tão séria que desencadeou uma espécie de pânico moral entre cronistas da mídia na primeira década do século seguinte, acompanhado por uma série de intervenções parlamentares. Foram publicadas centenas, se não milhares, de panfletos e ensaios denunciando as "Madames da Chita", cujo escandaloso gosto pelo algodão estava sabotando a economia da Grã-Bretanha. "O Uso de Chita e Linhos estampados é Pernicioso em relação à Política do Corpo", anunciou um dos comentaristas. O próprio Defoe escreveu diversas arengas sobre o que considerava "uma Doença no Comércio ... um Contágio que, se não detido no Começo, se difundirá, como a Peste na Capital, por toda a Nação". Peças de teatro, poemas e canções populares foram compostos vituperando a disseminação da chita. Uma das canções, "The Spittle-Fields Ballad" (cujo título foi inspirado em um bairro densamente habitado por tecelões), levou a vergonha pública ao extremo: "None shall be thought/ A more scandalous Slut/ Than a taudry Callico Madam."[7]* Manifestantes tecelões marcharam diante do Parlamento e saquearam a casa do presidente da Companhia das Índias Orientais. Pode-se dizer que em nenhum outro momento da história as roupas de baixo femininas provocaram tamanha fúria patriótica.

Como resposta a toda aquela indignação, o Parlamento aprovou inúmeros atos protecionistas, começando pela proibição da importação de chita tingida nos anos 1700, que abriu a porta para comerciantes importarem tecidos de algodão cru, para serem tingidos em território britânico. Em 1720, o Parlamento tomou uma medida mais draconiana e proibiu totalmente a chita por meio de "Um Ato para Preservar e Encorajar os Manufatureiros de Lã e Seda deste Reino, e para maior Efetivo Emprego para os Pobres, ao Proibir o Uso e Porte de quaisquer Chitas Estampadas, Pintadas, Manchadas ou Tingidas em Aparatos, Utilidades Domésticas, Móveis e coisas do gênero".

Ironicamente, os temores de que as tendências da moda das damas solapassem a economia britânica resultaram exatamente no contrário. O

* "Ninguém será visto/ Como bruaca mais escandalosa/ Que uma espalhafatosa Madame da Chita." (N.T.)

imenso valor do comércio de algodão já tinha assestado uma geração de inventores britânicos na busca de ferramentas mecânicas que pudessem produzir tecidos de algodão em massa: começando com a lançadeira voadora de John Kay, patenteada em 1733, seguida décadas depois pela armação giratória (depois movida a água, como um moinho) de Richard Arkwright solto e pela descaroçadora de algodão de Eli Whitney, sem mencionar os infinitos refinamentos da máquina a vapor ocorridos durante os anos 1700, muitos dos quais originalmente projetados para aumentar a produção têxtil. (Afinal, as máquinas a vapor impulsionariam muitas atividades na produção e no transporte industriais, mas sua aplicação inicial foi dominada pela mineração e os têxteis.) Em vez de esvaziar a economia da Inglaterra, as Madames da Chita provocaram uma era de poder industrial e econômico da Grã-Bretanha que se prolongaria por mais de um século.

Que o algodão mudou o mundo é indiscutível. A questão mais interessante é a de como surgiu esse intenso apetite pelo algodão. A explicação tradicional diz que o algodão conquistou a Europa graças ao preço e a suas virtudes intrínsecas como têxtil. Mas o historiador John Styles demonstrou que o algodão só conseguiu criar um verdadeiro mercado de massa no século XIX, e em geral custava mais caro que os produtos concorrentes de lã e de linho. O que diferenciou o algodão não foram questões práticas como o custo e o conforto, mas sim as mais etéreas tendências da moda. "O espetacular triunfo inicial do algodão dependeu acima de tudo de suas qualidades visuais e decorativas em termos de moda", escreve Styles. "Onde a aparência era crucial, o algodão deu certo. Onde importavam a durabilidade e a praticidade, às vezes o algodão ficava para trás."[8]

Alguns indivíduos mais perspicazes na época conseguiram ver além do ultraje protecionista das Madames da Chita e detectaram as tendências mais profundas subjacentes à mania pelo algodão. Em 1690, o economista e especulador financeiro Nicholas Barbon observou em seu livro *A Discourse of Trade*: "Não é a Necessidade que provoca o Consumo. A Natureza pode ser Satisfeita com pouco; mas são os anseios da Mente, da Moda e o desejo por Novidades e Coisas Escassas que causam o Comércio."[9] Mas como essa moda e esse "desejo por novidades" se disseminou pela sociedade europeia? Vamos lembrar que Vasco da Gama levou a chita para a maior parte da Europa em 1498. Mas quase dois séculos se passaram até uma massa crítica de pessoas começar a envolver o corpo com o tecido. O que causou afinal a decolagem do algodão? Com certeza era uma época em que a propaganda e a mídia baseadas em imagens eram inexistentes. Não havia divulgação na *Vanity Fair* nem boletins da Semana da Moda para transmitir a mensagem. Só se podia conhecer a chita através de encontros diretos: no corpo ou no mobiliário de pessoas conhecidas. Durante um século e meio, foi assim que o gosto pelo algodão se espalhou pela população, com um banquete de cada vez. Porém, modas passageiras suficientemente fortes para transformar a economia global não costumam se implantar por conta de falatórios casuais. Em geral requerem algum tipo de amplificação.

A partir da segunda metade do século XVII, esse amplificador apareceu nas ruas de Ludgate Hill e St. James: aquelas luxuosas fachadas que atraíam o olhar das mulheres com dinheiro suficiente para passar algumas horas em busca de artigos dos quais, tecnicamente, não precisavam. A chita já vinha circulando pelo norte da Europa havia 150 anos, mas só se transformou num verdadeiro frenesi com o surgimento dos novos rituais de fazer compras – as amostras nas vitrines, as lojas aglomeradas, os interiores chiques. É possível que a novidade dos encantos do algodão tenha simplesmente sido transmitida pela comunicação boca a boca, aumentando lentamente de intensidade. Mas a congruência histórica dessas lojas de luxo de Londres e o frenesi da chita do final dos anos 1600 são uma forte indicação de que a Madame da Chita foi um produto residual de um novo tipo de centro de compras e do novo passatempo recreativo de fazer compras. Os lojistas foram tão responsáveis pela revolução do algodão quanto Vasco da Gama.

A diferença é importante por causa da teoria padrão sobre a ascensão da "sociedade de consumo" e sua relação com a industrialização. Quando os historiadores retrocederam para decifrar a questão de *por que* a Revolução Industrial aconteceu, quando tentaram definir as forças que a

Tear mecanizado de W.G. Taylor e maquinário de chita.

tornaram possível, seus olhares foram atraídos por culpados mais conhecidos na ponta da oferta: inovações tecnológicas que aumentaram a produtividade industrial, a expansão de redes de crédito e estruturas de financiamento; mercados de seguros que assumiram um risco significativo com os canais de transportes marítimos globais. Mas a frivolidade das compras há muito tempo é considerada um efeito secundário da própria Revolução Industrial, um efeito, não a causa; um apetite cultural que só seria aguçado com o surgimento de lojas de departamentos do século XIX como o Le Bon Marché e Macy's. Segundo a interpretação tradicional, a industrialização criou processos mecânicos que reduziram muito o custo da manufatura e do transporte de mercadorias, criando uma base de cidadãos de classe média com excedentes financeiros suficientes para gastar em amenidades – que depois levaram ao surgimento do consumismo. Mas as Madames da Chita indicam que a interpretação tradicional é, no mínimo, mais complexa: o mais provável é que as "agradáveis diversões" das compras tenham surgido primeiro, impulsionando o movimento de uma rumorosa cadeia de industrialização com seus anseios aparentemente triviais.[10]

Pode parecer uma diferenciação acadêmica, mas o valor dessas apostas específicas parece ser mais alto. No cerne há a questão da razão do surgimento de grandes mudanças na sociedade. Serão elas motivadas exclusivamente por novas ferramentas e práticas culturais que satisfazem necessidades existenciais como nutrição, habitação ou reprodução sexual? Ou serão também motivadas por apetites mais mercuriais? E mesmo se limitarmos o quadro de referência à própria Revolução Industrial, a história dessas lojas de luxo e dos lindos estampados do tecido de chita também têm um peso real. Trata-se de um forte indício de que a narrativa convencional da industrialização está furada, *tanto* em termos de sequência de eventos *como* de seus partícipes-chave. A grande decolagem da industrialização, por exemplo, tem sido inevitavelmente contada a partir do trabalho de homens europeus e norte-americanos – vilões e heróis – construindo motores a vapor, fábricas e redes de transporte. Mas aqueles tintureiros experimentando com estampados de chita na costa de Coromandel, criando novos designs por sua pura beleza; aquelas mulheres inglesas curtindo as "agradáveis diversões" das compras em Ludgate Hill – tudo isso contribuiu ativamente na formação da moderna realidade da industrialização, tão importantes, de certa forma, quanto os James Watts e os Eli Whitney da história convencional.

A narrativa é necessariamente turva porque poucos contemporâneos consideraram necessário tomar notas sobre aquelas novas fachadas antes de a loucura da chita começar a ameaçar a economia da Inglaterra. E de certa forma essas omissões são compreensíveis. Era a época de Oliver Cromwell e da Revolução Gloriosa; batalhas maiores e mais masculinas que retratavam os agentes tradicionais da história do mundo – reis, exércitos, padres – que surgiam por toda a Europa e as Ilhas Britânicas. Porém, num retrospecto perfeito, se estivesse lá em 1680 tentando prever as grandes mudanças que culminariam no capitalismo global, você não poderia ter encontrado uma bola de cristal melhor do que aquelas lojas de chita em Londres.

ATÉ HOJE PODEMOS ouvir os ecos da grande orquestra do algodão, mesmo na distante galáxia da política americana contemporânea.

Durante o período Cretáceo, mais ou menos 100 milhões de anos atrás, o corpo de água que acabou drenando para se tornar o atual golfo do México recobria a metade sul da Geórgia e do Alabama, formando uma linha costeira em forma de meia-lua. A diversidade da vida marinha que habitava aquelas águas deixou para trás um solo escuro e fértil. Milhões de anos depois de esses mares terem desaparecido da paisagem, fazendeiros americanos descobriram que aquelas terras eram particularmente propícias para cultivar algodão, e um longo e recurvado arco de plantações de algodão se enraizou na paisagem daquele litoral havia muito esquecido. A partir dos anos 1800, os donos de plantações forçaram a migração de milhões de escravos para trabalhar no que se tornou conhecido como o cinturão negro, um termo derivado tanto do tom da pele dos escravos como da cor do solo.

O legado dessa migração forçada ainda permanece: nas eleições presidenciais dos Estados Unidos de 2008, o apoio de Barack Obama no sul seguiu quase exatamente o formato de meia-lua do cinturão negro, graças ao grande número de afro-americanos que residiam naquela região dois séculos atrás. A explicação definitiva de *por que* Obama venceu naquela região nos obriga a olhar para além da política atual e contar uma história mais longa: desde as antigas forças geológicas que depositaram essa meia-lua de solo negro até o apetite por algodão provocado pelos lojistas de Londres, passando pela brutal exploração do sistema de plantações criado para satisfazer aquela nova demanda.

A história da chita e do chintz é uma arrepiante lembrança de como os prazeres da vida costumam precipitar algumas das piores atrocidades da história. O sensual fascínio daqueles novos tecidos inspirou uma onda de atividade empresarial e criatividade tecnológica, mas também desencadeou algumas das forças mais destrutivas que o mundo já viu. Cicatrizes provocadas pelo algodão na face da Terra que continuam abertas trezentos anos depois. Sendo que a mais visível e dolorosa foi a escravidão no sul dos Estados Unidos.

A escravidão foi parte da sociedade americana desde as primeiras décadas da era colonial, mas foi o algodão que transformou os trabalhos forçados dos afro-americanos na pedra angular da economia sulista. Em 1790, apenas um punhado de condados na região costeira do sudeste norte-americano tinha uma população de escravos acima de 50%, principalmente trabalhando nas plantações de tabaco. Por volta de 1860, os escravos correspondiam a aproximadamente metade de toda a população dos estados do sul, chegando a mais de 5 milhões no total. O custo do algodão também pode ser medido pelo número de mortes entre militares. Não fosse a dependência econômica de suas plantações de algodão, o sul poderia ter cedido ao movimento abolicionista, ainda que renitentemente, e a Guerra Civil – uma guerra que ceifou mais vidas de americanos que todos os demais conflitos militares dos Estados Unidos combinados – poderia não ter acontecido.

A escravidão foi o legado mais chocante do algodão, mas nas novas fábricas que surgiram na Inglaterra, e depois nos estados do norte dos Estados Unidos, a vida dos trabalhadores que transformavam o algodão cru em têxteis era também horrível: os primeiros anos da era industrial vieram junto com o declínio da expectativa de vida, o abuso do trabalho infantil, jornadas de trabalho de setenta horas semanais, poluição do ar semelhante à da Beijing atual e o desmantelamento de muitas convenções da vida agrária.

Considerando-se a escravidão e as grotescas condições de trabalho do início da industrialização, pode-se argumentar que o desejo por algodão foi a pior coisa que aconteceu no planeta entre 1700 e 1900 – que provocou mais sofrimento que quaisquer outros novos desenvolvimentos no mesmo período. Aqueles primeiros compradores experimentando os tecidos macios e vibrantes estampados da chita no final do século XVII ficariam perplexos de saber que suas decisões da moda desencadeariam forças tão mortais e traumáticas por todo o planeta.

POR VOLTA DO FINAL do século XVIII, a loucura da chita – turbinada pelos teares mecânicos da Inglaterra industrial – já havia gerado a primeira

Ilustração de moda da revista *The Lady's Magazine*, 1774.

"indústria" da moda genuína. Uma mulher de Londres nos anos 1770 podia usufruir de dezenas de publicações periódicas ilustradas, dedicadas aos mais recentes tecidos, vestidos e penteados. Faltavam a essas publicações os títulos mais chamativos da era moderna; em vez de *Elle* ou *Cosmopolitan*, as revistas tinham nomes como *Ladies' Pocket Book, General Companion to the Ladies, or Useful Memorandum Book, Ladies' New and Elegant Pocket Book, Ladies' Pocket Journal* e *Polite and Fashionable Ladies' Companion*. (A primeira imagem de moda colorida apareceu em 1771 numa publicação chamada *The Lady's Magazine*).[11] Os nomes dessas revistas indicam a complexa política de gêneros da revolução da moda. Por um lado, de diversas formas as mulheres foram o principal dínamo por trás da grande sublevação comercial da era, como a propaganda, as publicações, as fábricas de têxteis e os especuladores financeiros, todos em busca daquela ansiedade aparentemente arbitrária pelas últimas tendências. Por outro lado, a proliferação de catálogos ajudou a cimentar a imagem de uma identidade feminina que, na superfície, parece ser inegavelmente regressiva: que o fato de ser mulher na sociedade moderna implicava seguir os ventos cada vez mais complexos e sempre em mutação do gosto e das convenções.

Propelidos por essas publicações e pelos interesses comerciais das manufaturas, os metrônomos da moda se aceleraram, em especial na segunda metade do século XVIII. Já em fins de 1723, Bernard Mandeville pôde observar, com ironia, que a maioria dos "modismos raramente duram mais do que dez ou doze anos" – com o ciclo de uma década sendo sinal de uma vergonhosa transitoriedade. A partir dos anos 1750, o ritmo acelerou para uma rotação bienal, e nos anos 1770 a moda se estabilizou mais ou menos em seu atual estado de mudanças, com a introdução de um novo estilo "in" por ano. Os historiadores Neil McKendrick, John Brewer e J.H. Plumb documentaram essa mudança em seu inovador trabalho *The Birth of A Consumer Society*: "Em 1753 a cor púrpura era a tendência", escreve McKendrick. "Em 1757 a moda era o linho branco com padrões cor-de-rosa. Nos anos 1770 as mudanças começaram a acontecer ainda mais rapidamente – em 1776 a cor da moda era a 'couleur noisette', em 1777 era a cinza-pombo, em 1779 'o vestido da moda tinha a coloração do feno ornado de pele'. Em 1781, 'faixas de seda de cambraia-musselina muito fina' estavam na moda." Pela primeira vez, as cidades da Europa – seguidas depois pelo resto do mundo – começaram a se sincronizar numa espécie de relógio estético, com pulsações regulares de novas instruções emanadas dos centros metropolitanos: agora linho branco, agora cinza-pombo, agora coloração de feno. Acompanhando o antigo ritmo das estações, e com o mais recente surgimento de ciclos econômicos de altos e baixos, um novo ritmo apareceu: as coreografadas oscilações de *la mode*.

Será que afinal isso foi uma coisa boa? Certamente pode-se argumentar que a moda levou um grande número de pessoas a passar dias tentando avaliar se seu vestido era de fato da tonalidade certa da "couleur noisette", quando poderiam estar cuidando de coisas mais importantes. Com o tempo, o encanto social pelas roupas da moda acabou abrangendo quase todo o mundo dos objetos, quando a propaganda passou a usar as técnicas desenvolvidas para vender estilo e opulência em produtos mais mundanos. O vínculo arbitrário entre status e afluência com tonalidades de tecidos – que começou em parte com a púrpura de Tiro – se alastrou numa espécie de permanente terra da fantasia onde tudo o que se vendia era embalado com uma aura suplementar. O historiador cultural britânico Raymond Williams via nisso uma forma de pensamento mágico:

> Costuma-se dizer que nossa sociedade é materialista demais, e que a propaganda reflete isso … Mas me parece que a esse respeito nossa sociedade na verdade não é materialista o bastante, que isso, paradoxalmente, é o resultado de uma falha no significado, nos valores e nas ideias sociais … Se fôssemos razoavelmente materialistas nesse aspecto da nossa vida em que usamos coisas, deveríamos considerar a maior parte da propaganda como sendo de uma irrelevância insana. A cerveja já nos seria suficiente, sem a promessa adicional de que ao tomá-la nos mostramos mais másculos, jovens no coração ou mais sociais. Uma máquina de lavar seria uma máquina útil para lavar roupas, e não um indicador de que somos um exemplo a seguir ou objeto de inveja para nossos vizinhos.[12]

Mas o legado da revolução da moda não é apenas o apego emocional ilusório que agora abrange tudo o que compramos, de vestidos a telefones e produtos em conserva. Em um sentido relevante, aqueles vestuários absurdamente extravagantes foram uma força democratizadora. Antes da revolução da moda do século XVIII, um grande abismo separava o estilo dos ricos do restante da sociedade. Modas elaboradas, como a púrpura de Tiro, funcionavam como uma espécie de senha que separava as elites das pessoas comuns. Mas o negócio de manufatura e propaganda que levou essas modas às damas da classe média alta no final dos anos 1700 estava derrubando uma importante muralha. Agora era possível "se passar" por um aristocrata na rua ou nos salões, desde que se prestasse atenção aos sinais e símbolos que circulavam pela *Ladies' Pocket Book* ou pela *Polite and Fashionable Ladies Companion*. Hoje não piscamos o olho quando algumas das pessoas mais ricas do mundo se vestem como um adolescente skatista comum, de capuz, jeans e velhos tênis Adidas. Mas no final dos anos 1700, o embaçamento deliberado das semióticas de classe era um fenômeno novo, que parecia confundir as expectativas sobre diferentes patamares sociais.

Será que o embaçamento das fronteiras entre as vestimentas da aristocracia e da classe média ajudou a influenciar a genuína reforma política que levou a sociedades mais igualitárias nos séculos XIX e XX? Certamente muitos observadores conservadores da época estavam convencidos de que essas mudanças da moda estavam desmantelando as divisões apropriadas entre as classes. Em 1763, a *British Magazine* observou o processo de democratização da vestimenta e resmungou: "O atual furor de imitar as maneiras da classe alta se espalhou tanto entre pessoas da classe baixa que em poucos anos provavelmente não teremos mais gente comum."[13] Em 1756, outra publicação disparou: "É uma maldição neste país que o trabalhador e o mecânico imitem o lorde; as diferentes classes de pessoas estão muito confundidas: as de classe mais baixa estão nos calcanhares das de classe mais alta, e, se não se empregar algum remédio, o Lorde estará em perigo de se tornar valete de seu Cavalheiro." Em 1772 a *London Magazine* alertou que "as ordens mais baixas de gente (se houver alguma, pois as separações agora são confusas) estão igualmente imersas em seus vícios da moda".

Em seu épico relato sobre a ascensão do capitalismo global, *Civilização e capitalismo*, Fernand Braudel sugeriu que o apetite pela moda – a despeito de sua aparente superficialidade – era de uma profundidade insuspeita. "Será que a moda é de fato algo trivial?", questionou em um trecho muito citado. "Ou será, como prefiro pensar, mais uma indicação do fenômeno mais profundo – de energias, possibilidades, demandas e *joie de vivre* de uma dada sociedade, economia e civilização? ... Pode ter sido mera coincidência que o futuro vá pertencer a sociedades suficientemente volúveis para se importar com mudança de cores, tecidos e mudanças de trajes, bem como a ordem social e o mapa do mundo – sociedades, isto é, que estavam prontas para mudar suas tradições."[14] Para Braudel, a moda era ao mesmo tempo sintoma e causa de certa inquietação social, um desejo de confrontar as convenções existentes. Às vezes, essas convenções tomam a forma de hierarquias políticas ou sociais, leis ou direito ao voto. Às vezes, tomam a forma de uma coloração do feno ornada de pele.

SE O SÉCULO XVIII estimulou um modelo de moda cada vez mais democrático, o século XIX foi testemunha da criação de uma espécie de palácio do povo na forma das lojas de departamentos, esses imensos novos espaços que invocaram, pela primeira vez, toda uma fantasmagoria de consumo. As origens das lojas de departamentos são vistas de maneira controversa por historiadores da sociedade de consumo: alguns mencionam a Bainbridge's de Londres, outros apontam a Marble Palace de Alexander Turner Stewart no centro de Manhattan. Mas nenhuma loja do período cativou tanto a imaginação do mundo como o Le Bon Marché, fundado por um vendedor de tecidos francês chamado Aristide Boucicaut.

Boucicaut tinha uma loja modesta, chamada originalmente de Au Bon Marché – que em francês significa ao mesmo tempo "bom mercado" e "bom negócio" –, desde 1838, mas nem sonhava com um empreendimento mais elaborado até que uma visita à Feira Mundial de 1855 lhe mostrasse o poder de sedução da sobrecarga sensorial. A criação de Boucicaut não seria apenas uma loja decorada com estilo e luxo, como as lojas chiques do século XVII; seria uma total terra das maravilhas de roupas, tecidos, móveis, bijuterias, joias e incontáveis outros artigos – todos reunidos dentro de um espaço exagerado.

Antes do Le Bon Marché, os lojistas competiam pelo dinheiro dos consumidores criando espaços organizados e eficientes, onde as mercadorias à venda eram apresentadas numa disposição coerente que permitia ao consumidor adquirir o que precisava e continuar em frente, ou pressentiam um cenário luxuoso e em voga que conferia às compras o fascínio de um estilo de vida da classe alta. Mas Boucicaut foi o primeiro a reconhecer o potencial comercial da desorientação e da sobrecarga. "O necessário", explicou sobre seus clientes, "é que eles andem durante horas, que se percam. Primeiro, eles vão parecer em maior número. Em segundo ..., a loja vai parecer maior para eles. E, por último, seria realmente 'improvável que', perambulando por essa desordem organizada, perdidos, motivados, loucos, não pusessem os pés em alguns departamentos onde não tinham nenhuma intenção de ir, e não sucumbissem à visão de coisas que os atraíram no trajeto."[15]

Naquela confusão calculada, Boucicaut estava adaptando um dos arquétipos clássicos da cidade do século XIX – o *flâneur*, o "homem da multidão" de Baudelaire – para os emergentes costumes do consumo de massa. Os choques sensoriais e os estímulos de densos centros urbanos criaram um novo passatempo para os estetas daquela época: os passeios sem rumo em meio a multidões em movimento, bate-papos em cafeterias e os agitados mercados da cidade grande, uma experiência que Baudelaire relacionou a um "caleidoscópio dotado de consciência". De certa forma, a arte da *flânerie* era uma espécie de versão urbana do sublime romântico; em vez de vivenciar uma sobrecarga sensorial contemplando as majestosas montanhas dos Alpes, podia-se desfrutar de uma sensibilidade semelhante imergindo-se no oceano de humanidade ao flanar pela rue du Bac.

Boucicaut percebeu que esse deleite indireto poderia ser canalizado para fins comerciais, se alguém criasse um ambiente com suficiente excesso sensorial. E assim ele resolveu construir uma loja em um espaço diferente de tudo o que existia antes, uma "catedral de comércio", em

Aristide Boucicaut

suas próprias palavras autocongratulatórias. "Deslumbrante e sensual, o Le Bon Marché se tornou uma feira permanente, uma instituição, um mundo da fantasia, um espetáculo de extraordinárias proporções, de modo que ir à loja se tornou um evento e uma aventura", escreve o historiador Michael Miller. "Pessoas vinham não só para comprar um artigo específico, mas também para visitar, e comprar no processo era parte da diversão, parte da experiência que acrescentava outra dimensão à vida."[16] Tão grande era a ambição de Boucicaut que ele precisou recorrer a novas técnicas de engenharia para concretizar sua visão. Contratando Gustave Eiffel como seu principal engenheiro, Boucicaut construiu sua loja ao redor de uma estrutura de ferro fundido encimada por enormes claraboias, criando galerias imensas iluminadas pela luz natural do dia. (Os modernos shopping centers devem muito à ciência dos materiais e à engenharia, não só na forma daquelas estruturas de ferro fundido, mas também a novas técnicas que permitiram grandes cartazes de vidro chapado para atrair os transeuntes nas calçadas.) Como sempre, as inovações eram todas para facilitar o consumo: os grandes salões possibilitavam que multidões trafegassem com mais facilidade pela loja, propiciando a Boucicaut um imenso palco para encenar seus extravagantes espetáculos. Sacadas interiores permitiam que os visitantes observassem os compradores circulando pelo andar principal. Quando foi concluída, em 1887, a loja ocupava 52.800 metros quadrados, fazendo com que muitos comentaristas, Boucicaut inclusive, a definissem como a oitava maravilha do mundo. A entrada na rue de Sèvres era majestosa, posicionada sob uma cúpula, acortinada com cariátides e estátuas de deuses romanos. "A impressão era de estar entrando em um teatro", escreve Miller, "ou talvez até mesmo em um templo."

Templos e catedrais – metáforas religiosas abundam nas descrições do Le Bon Marché do período. Talvez o mais famoso observador desse impacto deslumbrante e desorientador tenha sido Émile Zola, cujo romance *O paraíso das damas*, de 1883, conta a história de um equivalente ao Le Bon Marché, criado por um mal disfarçado Boucicaut chamado Octave Mouret. Numa famosa passagem, Zola sugere uma espécie de relação de soma zero entre as lojas de departamentos e as igrejas:

> Enquanto as igrejas eram esvaziadas gradualmente pela vacilação da fé, elas foram substituídas em almas que agora eram esvaziadas pelo empório [de Mouret]. Mulheres o procuram para passar suas horas de ócio, horas trêmulas e inquietas que outrora passavam na capela: foi uma saída necessária para a paixão nervosa, a batalha revivida de um deus contra o marido, um constante culto de renovação do corpo, com o pós-vida divino da beleza. Se ele fechasse suas portas, haveria um tumulto do lado de fora, os gritos frenéticos de mulheres devotas que se vissem negadas à confissão no altar.

A retórica de capelas e catedrais pode parecer excessiva para os ouvidos modernos, mas de certa forma aquelas analogias fazem sentido, dado o contexto histórico. Hoje estamos acostumados a grandes edifícios e a ambientes planejados com projetos sofisticados abertos ao público geral: shopping centers, parques temáticos, prédios de escritórios, terminais de aeroportos. Mas para um membro da classe média do século XIX a experiência de explorar um espaço épico como o Le Bon Marché teria sido algo sem precedentes; o equivalente mais próximo seria se aventurar na catedral de Notre Dame ou na de St. Paul. Grandes palácios existem há séculos, claro, mas sempre vetados às pessoas comuns. Até o surgimento do Le Bon Marché, o único espaço que oferecia uma parábola de grandeza para os comuns era a igreja.

O romance de Zola também introduziu um recurso narrativo ainda popular hoje em dia, tanto nos filmes de Hollywood como nas narrativas implícitas que usamos para entender o sentido da mudança social. A protagonista, Denise Baudu, é uma jovem da província que vem à cidade para trabalhar na pequena loja de tecidos do tio, perto do novo empório de Mouret. Ela acaba saindo para ir trabalhar com Mouret, e boa parte da narrativa envolve a batalha do tio para continuar no negócio, competindo com a grande escala e a ambição de Mouret. Essa luta logo se tornaria um refrão persistente – a cadeia de lojas superando estabelecimentos independentes e familiares – e comporia a narrativa central de filmes como *A loja da esquina* e *Mens@gem pra você*.

O Le Bon Marché – e suas contemporâneas em Londres e Nova York – ajudou a inaugurar muitas práticas que se tornaram lugares-comuns no século seguinte. As lojas de departamentos praticamente eliminaram a prática de pechinchar o preço com vendedores, substituindo esse modelo pela venda de artigos com preço fixo em grandes quantidades e com pequena margem de lucro. As lojas de departamentos estavam entre as primeiras instituições a experimentar com cartões de compras que abriam uma linha de crédito aos seus consumidores. (O moderno cartão de crédito, honrado por uma grande variedade de estabelecimentos e não por uma só loja, só seria inventado nos anos 1950.) As grandes lojas de departamentos também foram as primeiras organizações de porte a se concentrar na indústria de serviços, administrando milhares de funcionários e complexas cadeias de fornecedores. Organizações de complexidade semelhante já tinham surgido no século anterior, mas sempre concentradas em negócios de manufatura ou engenharia: construindo trilhos de trem, por exemplo, ou convertendo algodão cru em têxteis. Até o Le Bon Marché, a indústria de serviços mal poderia ser considerada uma indústria, mas sim um disperso ajuntamento de pequenos lojistas, donos de restaurantes, advogados e outros ofícios diversos. Hoje, três em cada quatro empregos nos Estados Unidos estão no setor de serviços; segundo alguns cálculos, a indústria de serviços é responsável por 80% do PNB dos Estados Unidos. Até o final dos anos 1800, os serviços pareciam um ornamento supérfluo em comparação aos grandes negócios de comércio e manufatura, uma loucura que interessava apenas a uma pequena elite, como a cúpula erigida na rue de Sèvres. O Le Bon Marché e seus pares insinuaram, pela primeira vez, que a indústria de serviços logo se tornaria uma pedra angular.

AS MULHERES, CLARO, encontravam-se no epicentro dessa nova indústria, como estiveram no nascimento da revolução do algodão dois séculos antes. Um número cada vez maior de mulheres trabalhava nessas novas lojas de departamentos, deixando de ser simples consumidoras. E assim como o algodão lançou um pânico moral em relação aos desejos traiçoeiros da Madame da Chita, Le Bon Marché provocou uma crise semelhante na sociedade parisiense. Nesse caso, não foram as mulheres *comprando* itens de luxo que causaram o ultraje; foi o fato ainda mais chocante de que as mulheres estavam *roubando* esses itens.

Pouco depois da chegada dos *grands magasins* como o Le Bon Marché, as autoridades parisienses e outras partes interessadas começaram a notar um significativo aumento no número de mulheres apanhadas roubando itens das lojas, aparentemente motivadas por uma espécie de prazer delirante no ato. "Eu me senti pouco a pouco tomada por uma disfunção

Interior do Le Bon Marché, Paris.

que só pode ser comparada a uma bebedeira, com a mesma zonzeira e excitação peculiares", testemunhou uma das larápias de lojas. "Via as coisas como que através de uma nuvem, tudo estimulava o meu desejo e assumia, para mim, uma extraordinária atração. Eu me senti arrebatada por elas e me apossei de coisas sem qualquer consideração externa ou superior intervindo para me impedir. Além do mais eu pegava coisas ao acaso, artigos inúteis e sem valor, além de artigos mais úteis e mais caros. Foi como uma monomania de posse."

O termo *cleptomania* já existia havia várias décadas como um obscuro diagnóstico médico, depois de uma onda de furtos de mercadorias de pequenas lojas nas primeiras décadas do século, perpetrados principalmente por mulheres. Ler os primeiros ensaios sobre o assunto é como se imiscuir numa coleção de grandes sucessos de clichês vitorianos: a doença das ladras de lojas era atribuída a "lesões da vontade", histeria, menstruação, masturbação e epilepsia. Mas a onda de furtos em lojas como o Le Bon Marché e suas concorrentes transformou aquele delito no tema principal de comentários nos jornais e salas de visitas de Paris, e nessa transformação começou a tomar forma um novo modelo rudimentar de pensar sobre a mente humana e os dissidentes. As ladras de lojas foram extensivamente estudadas pela comunidade científica. O psiquiatra Legrand du Saulle argumentou que as ladras "constituem uma ocorrência parisiense verdadeira e completamente contemporânea, já que datam apenas da recente fundação e abertura dos *grands magasins*". Ele chamou essa disfunção, de forma inesquecível, de doença da loja de departamentos.

O que tornou a onda de furtos de lojas especialmente alarmante – e também de alguma forma desconcertante – foi o fato de que muitas acusadas eram donas de casa bem de vida. Parecia que os furtos não eram motivados por necessidade econômica. Outra análise, feita pelo criminologista Alexandre Lacassagne, argumentou que "furtos em lojas de departamentos assumiram em nossos dias uma real importância por causa do número crescente, o valor e a variedade dos artigos roubados [e] a característica das pessoas que cometem esses furtos". Mais tarde ele observou que "a maioria dessas cleptomaníacas é presa em lojas de departamentos. Elas só roubam lá, em nenhum outro lugar".[17] Lacassagne usou a doença da loja de departamentos como forma de confrontar a ortodoxia reinante na criminologia, fundada pelo italiano Cesare Lombroso, que afirmava que patologias criminais eram devidas a defeitos psicológicos herdados. Como aquela síndrome só surgira com o novo ambiente das lojas de departamentos, e como as ofensoras eram tão obviamente de "boa formação", segundo Lacassagne, as raízes da doença deviam ser ambientais.

Fica visível na perplexidade desses diagnósticos uma nova maneira de pensar sobre a psique. Doenças da mente não precisavam estar ligadas a alguma deformidade biológica, como os frenologistas afirmavam; não podiam ser atribuídas a alguma abstrata "lesão da vontade" nem estavam ligadas a realidades biológicas básicas como menstruação ou masturbação. A raiz da disfunção deveria ser encontrada em outro lugar: na vívida história de mudanças econômicas e sociais. A própria vida moderna podia fazer alguém ficar doente.

Em uma década, Freud remeteria a psicologia às eternas verdades de Eros e Tânatos, aos conflitos familiares e ao princípio do prazer. Mas, na segunda metade do século XX, o tipo de diagnóstico evocado pela doença da loja de departamentos se tornaria cada vez mais usual. Agora nós assumimos, corretamente ou não, que qualquer nova experiência de mídia está religando nosso cérebro de alguma forma fundamental; as disfunções de hoje – déficit de atenção, autismo, violência adolescente – são regularmente atribuídas à sobrecarga sensorial da televisão, aos videogames ou às mídias sociais. Damos como certo que o cérebro é moldado pelo ambiente construído que nos rodeia, para o bem e para o mal. Essa maneira de ver a mente – e de entender seus distúrbios ocasionais – apareceu pela primeira vez com as improváveis criminosas acometidas pela doença da loja de departamentos.

Havia muito tempo os arquitetos vinham construindo ambientes projetados para acionar certas respostas emocionais de seus visitantes: pense nos sublimes interiores das catedrais medievais, feitos para inspirar reverência e admiração. A genialidade de Boucicaut – alguém poderia chamar isso de gênio do mal – foi sua percepção de que ambientes podiam ser construídos para programar comportamentos, fazer as pessoas quererem coisas que não sabiam que precisavam, sentir desejos que não sentiam antes de entrar na terra das maravilhas do *grand magasin*. Mas, como as cleptomaníacas da classe alta francesa deixaram claro, nem mesmo Boucicaut tinha ideia do quanto aquele programa acabaria sendo poderoso.

SE VOCÊ SEGUIR pela rodovia interestadual 35, do sudoeste de Minneapolis até a cidade de Edina, e pegar a saída para a rua 66 West, vai acabar encontrando um edifício complexo flutuando como uma ilha num estacionamento que parece um mar cinzento, com a fachada estampada com uma mixórdia de marcas: Game-Stop, P.F. Chang's, AMC Cinemas. Cerca de sessenta anos atrás, quando foi construído, o exterior do edifício era quase despido de quaisquer ornamentos, exatamente o contrário das cariátides e dos deuses romanos do Le Bon Marché. Mas o design dessa estrutura definiria tanto sua época quanto o templo de Boucicaut, pois esse inexpressivo edifício – praticamente indistinguível dos complexos de lojas e estacionamentos de escritórios que o rodeiam – é o Southdale Center, o primeiro shopping center dos Estados Unidos.

Hoje os shoppings gozam da muito merecida reputação de serem o enteado feio do capitalismo consumista, mas sua linhagem intelectual é mais complexa do que a maioria das pessoas percebe. Embora viesse a se tornar um ícone da terra devastada dos subúrbios do pós-guerra, o shopping center foi uma criação de um socialista europeu de vanguarda chamado Victor Gruen. Nascido em Viena na virada do século XIX, Gruen cresceu, de acordo com seu biógrafo M. Jeffrey Hardwick, "nas cinzas moribundas da vida vibrante e artística [de Viena]". Estudou arquitetura na Academia de Belas-Artes de Viena e trabalhou com os planejadores urbanos socialistas então em voga, enquanto se apresentava à noite em cabarés. Ganhou alguma experiência prática desenhando fachadas de lojas nas ruas da moda de Viena, de forma não muito diferente dos mercadores originais de Ludgate Hill tantos anos antes, e trabalhou – porém nunca construiu – em um projeto de habitação popular de grande escala que ele chamou de "O Palácio do Povo". Como muitos intelectuais judeus de esquerda, Gruen fugiu para os Estados Unidos quando os nazistas começaram a marchar sobre a Europa. (Saiu de Viena na mesma semana em que Sigmund Freud.) Chegou aos Estados Unidos sem falar uma palavra de inglês, mas por volta de 1939 se apresentava com um grupo de teatro em Manhattan e trabalhava em projetos de butiques na Quinta Avenida. Desenvolveu um estilo e uma assinatura nos projetos das lojas, com arcadas ao ar livre flanqueadas por gigantescos cartazes de metal adornados por mercadorias. As novas fachadas deliciaram tanto consumidores quanto comerciantes, embora críticos como Lewis Mumford resmungassem que as fachadas captavam seus clientes da mesma forma que "uma planta carnívora captura moscas, ou antigas ratoeiras pegam camundongos".[18] Durante os anos 1940, o estilo de design de Gruen entrou em alta; ele construiu dezenas de lojas de departamentos por todo o país. Ecoando a famosa frase de Le Corbusier sobre uma casa ser uma "máquina para viver", Gruen começou a chamar seus ambientes comerciais de "máquinas para vender".

Gruen, porém, nunca se esqueceu de sua criação radical em Viena nem sua fé no potencial de comunidades planejadas em grande escala. Ele detestava o comercialismo crasso e barulhento de grandes espaços não regulamentados. Sentia um desprezo urbano europeu pelos subúrbios americanos. No final dos anos 1950, Gruen fez um discurso em que denunciava as paisagens banais dos subúrbios do pós-guerra, chamando-os de "avenidas de horror … cercados pela maior coleção de vulgaridades – cartazes de propaganda, motéis, postos de gasolina, cortiços, estacionamentos, uma miscelânea de equipamentos industriais, barraquinhas de cachorro-quente, lojinhas de calçada – já reunida pela humanidade".[19] Gruen era uma mistura complicada: um socialista que desprezava a estética do capitalismo descontrolado e que, no entanto, projetou lojas de departamentos como meio de vida. A definição do trabalho que fazia era quase tão difícil de classificar quanto seus valores. Uma mistura de arquiteto, planejador urbano e decorador de interiores, Gruen acabou se

Victor Gruen

definindo como um "designer de interiores", um termo que Boucicaut teria entendido instantaneamente.

No final dos anos 1940 e início dos anos 1950, Gruen começou a explorar projetos mais ambiciosos, que incorporariam diversas lojas e outros espaços públicos. Projetou um enorme e bem-sucedido shopping center ao ar livre nos subúrbios de Detroit, chamado Northland Center. Mas foi em 1956 que concluiu Southdale Center, a obra que se tornaria seu mais famoso projeto – para alguns, o mais notável. Gruen projetou Southdale como uma estrutura de dois andares ligada por escadas rolantes em lados opostos, com algumas dezenas de lojas reunidas ao redor de um pátio comum protegido do clima difícil de Minneapolis por um teto. Gruen se inspirou nas arcadas europeias que se expandiram em Viena e outras cidades no começo do século XIX. Mas, para olhares modernos, a referência à urbanidade europeia se perde: Southdale não deixa de ser um shopping center, o primeiro desse tipo a ser construído.

Southdale foi um sucesso imediato, atraindo quase a mesma cobertura e os mesmos elogios hiperbólicos que a reinvenção do parque de diversões por Walt Disney. "O impressionante shopping é bonito, cheio de cores e está sempre lotado", anunciou a *Fortune*. "As luzes brilhantes e as cores vívidas propiciam um contínuo convite para se olhar para a frente, a avançar até a próxima loja e comprar." Enlevados ensaios fotográficos apareceram em revistas como *Life*, *Time* e *Architectural Forum*, esta definindo Southdale como "mais parecido com o centro do que o próprio centro da cidade". A maioria dos comentaristas se concentrou no grande espaço do pátio, que Gruen chamou de "Pátio do Jardim da Eterna Primavera", onde os consumidores podiam apreciar esculturas, com quermesses infantis, cafeterias, árvores de eucalipto e magnólia, gaiolas com pássaros e dezenas de outras diversões. Interessante notar que uma das poucas vozes dissidentes veio de Frank Lloyd Wright, então com quase

Southdale Center, o primeiro shopping center dos Estados Unidos.

noventa anos de idade, que reclamou que o pátio interno "tem todos os males de uma rua de aldeia e nenhum de seus encantos".

O projeto de Gruen para Southdale se tornaria o arquétipo mais influente de um novo estilo de construção do período pós-guerra. Assim como os primeiros arranha-céus de Louis Sullivan definiram a paisagem urbana na primeira metade do século XX, o shopping center de Gruen proliferou pelo mundo todo, primeiro nas cidades suburbanas dos Estados Unidos, recém-ocupadas por migrantes brancos fugindo dos centros urbanos. Mecas de consumo como o Beverly Center de Los Angeles tornaram-se marcos culturais, e a atividade de lazer de passear num shopping definiria toda uma geração de "Valley girls". Mas, à medida que a cultura dos shopping centers se tornou global, o projeto de Gruen foi ganhando cada vez mais proeminência nos centros urbanos das novas megacidades. Concebido originalmente como uma forma de escapar do inclemente inverno de Minnesota, o espaço público fechado de Gruen acelerou a migração de massa em direção a climas desertos ou tropicais, agora possibilitada pela invenção do ar-condicionado. Hoje, os dez maiores shopping centers do mundo estão fora dos Estados Unidos ou da Europa, em países com climas desérticos ou tropicais como a China, as Filipinas, o Irã e a Tailândia. Embora o conceito de shopping tenha se disseminado numa escala prodigiosa – um dos shoppings de Dubai tem mais de mil lojas distribuídas por mais de 460 mil metros quadrados de terreno –, o modelo básico de Gruen continuou constante: dois ou três andares de lojas ao redor de um pátio fechado, ligados por escadas rolantes.

Mas há uma trágica ironia por trás do aparente sucesso de massa de Gruen. O shopping em si era apenas uma pequena parte do projeto do austríaco para o Southdale e seus sucessores. A verdadeira visão de Gruen era a de um denso centro urbano de uso misto para pedestres, com apartamentos residenciais, escolas, centros médicos, parques ao ar livre e prédios de escritórios. Mais tarde ele expandiu sua visão de uma nova cidade numa eclética série de propostas de planejamentos, palestras e ensaios, culminando em um livro chamado *The Heart of Our Cities*. O espetáculo do pátio de um shopping e suas conveniências para pedestres eram para

Gruen uma forma de contrabandear valores metropolitanos europeus para a desolação dos bárbaros subúrbios americanos. De acordo com o projeto original de Gruen, como escreve Malcolm Gladwell, "Southdale não era uma alternativa suburbana para o centro de Minneapolis. Seria o centro de Minneapolis que se obteria se começasse de novo e corrigisse todos os erros ocorridos no início".[20] Até mesmo a mais ferrenha defensora das tradicionais calçadas das cidades, Jane Jacobs, ficou embasbacada com os projetos de Gruen. Ao descrever um ambicioso plano para um novo Fort Worth desenvolvido por Gruen, porém nunca realizado, Jacobs escreve: "O serviço prestado pelo planejamento de Fort Worth é de valor incalculável, [e eu vou] lançar novas ideias sobre a função de uma cidade e a maneira como as pessoas usam a cidade."[21]

Mas as empreiteiras jamais aceitaram a visão mais ampla de Gruen: em vez de rodear os shoppings centers com desenvolvimentos de alta densidade e de uso misto, elas os cercaram de estacionamentos. Substituíram o festivo pátio de Gruen por praças de alimentação. Brotaram comunidades ao redor dos novos shoppings, mas foram principalmente empreendimentos descoordenados e de baixa densidade, com habitações para famílias individuais. Os subúrbios sempre foram mais seguros e mais amistosos para famílias que os centros da cidade, mas o shopping center de Gruen oferecia a promessa de ser tão *empolgante* quanto a Quinta Avenida ou a Miracle Mile. Claro que a urbanização dos subúrbios teve muitos ventos em suas velas, mas o shopping center de Gruen foi inegavelmente um dos mais fortes. Southdale deveria ser o antídoto para o alastramento dos subúrbios. Em vez disso, tornou-se um amplificador.

E é aqui que a história fica sombria. O centro de compras não ajudou somente a criar o moderno subúrbio pós-guerra, mas também a solapar as cidades de antes da guerra. Os êxodos em massa dos centros urbanos de Detroit, de Minneapolis, do Brooklyn e dezenas de outras cidades dos Estados Unidos precipitaram as crises urbanas dos anos 1960. Não existe aflição mais devastadora que os ciclos de vida de uma grande cidade que de repente perde sua população. Conflitos raciais, explosão da taxa de criminalidade, bairros abandonados e crises orçamentárias convenceram muitos americanos sensatos de que as grandes cidades estavam enfrentando um colapso total, ou que estavam condenadas a viver em permanente estado de anarquia. Essas elegias para as cidades acabaram se mostrando prematuras, e hoje é o velho centro que está atraindo compradores, passeadores e *flâneurs* de shoppings. Porém, durante algumas décadas, foi uma questão crítica. Não é por acaso que cidades como Detroit, que lutam até hoje para se recuperar do colapso urbano dos anos 1960, tenham sido também as primeiras em que Gruen fez seus projetos iniciais. Até mesmo sua querida Viena, como ele percebeu ao voltar à cidade no começo dos anos 1970, estava sendo assolada pelo que ele chamou de "gigantescas máquinas de compras" construídas na periferia da cidade, ameaçando as pequenas lojas independentes do centro. Gruen acabaria renunciando à sua criação, ou pelo menos à versão distorcida que os construtores de shoppings implementaram: "Eu me recuso a contribuir para esses empreendimentos bastardos", proclamou.[22]

OS EMPREENDEDORES DE SHOPPINGS ignoravam os planos de Gruen para reinventar a cidade, mas ainda assim suas ideias conseguiam atrair um dedicado admirador que dispunha dos recursos financeiros para colocá-las em prática: Walt Disney. A inauguração da Disneylândia, em 1955, foi um tremendo sucesso para Disney. Ninguém havia jamais construído um parque temático com tanta atenção aos detalhes, um espaço de fantasia que envolvia o visitante, um perfeito casulo de diversão e deslumbramento. Mas o triunfo do ambiente planejado dentro do parque criou uma espécie de reação oposta nos terrenos adjacentes, que logo foram recobertos por pomares alaranjados de motéis baratos, postos de gasolina e cartazes de propaganda. Disney se sentiu cada vez mais repugnado pela praga das rodovias que cercaram sua menina dos olhos. E por isso começou a planejar a construção de um projeto de segunda geração em que pudesse controlar todo o ambiente – não somente o parque temático, como toda a comunidade ao redor.

No que seria um ato definitivo de idealização, Disney planejou construir uma cidade inteiramente funcional a partir do zero, que reinventaria quase todos os elementos da moderna experiência urbana. Ele a chamou de Epcot, abreviatura de Experimental Prototype Community of Tomorrow [Protótipo Experimental de Comunidade do Amanhã]. Embora a Disney Corporation acabasse construindo um parque de diversão com temática futurista chamado Epcot em Orlando, este não tinha nada a ver com a visão original de Epcot de Disney, que teria sido uma verdadeira comunidade com residentes em tempo integral, e não somente mais uma atração turística. Durante sua carreira, Disney reinventou radicalmente múltiplas formas de entretenimento, de desenhos animados a parques de diversão. Mas seu último ato deveria ter sido mais ambicioso: reinventar a vida urbana.

As lendas acumuladas em torno dos objetivos épicos de Disney para o Epcot são basicamente confirmadas por fatos históricos. No filme de 1966 em que apresentava o Disney World, Disney quase não fala sobre o componente parque de diversões do projeto (e que no final se transformaria no Magic Kingdom). Em vez disso, ele se concentra bastante em sua "cidade do amanhã", mostrando protótipos e esboços que surpreendentemente parecem paisagens futurísticas de cidades imaginadas por Le Corbusier quase cinquenta anos antes. Porém, a lenda do planejamento de vanguarda de Walt tem uma pequena distorção, que recebeu pouca cobertura ao longo dos anos. Na preparação do projeto Epcot, Disney partiu em uma turnê nacional de experimentos de ponta visionários em planejamento e projeto de comunidades, buscando inspiração para sua nova e radical cidade. Quais foram os principais locais para essa peregrinação? Dois shopping centers na Costa Leste, assim como a nova loja de departamentos de Neiman Marcus, no Texas.

O abismo entre a ambição de Disney e seus passos iniciais nos parece um pouco chocante, como alguém tentando reinventar o romance literário estudando as Grandes Obras de Nicholas Sparks. Mas o fato é que a expedição de Disney fazia certo sentido: no início dos anos 1960, o shopping center era um novo tipo de ambiente planejado, que teria um tremendo impacto na organização social nas décadas a seguir. Goste ou não, era uma bola de cristal. Se você quisesse entender alguma coisa importante na maneira como os seres humanos viveriam no ano 2000, provavelmente o estudo dos shopping centers era uma boa dica do que fazer no início dos anos 1960.

Durante sua pesquisa exploratória, Disney caiu sob o encanto de Gruen. Gruen tinha incluído algumas palavras gentis sobre o ambiente planejado da Disneylândia em *The Heart of Our Cities*, e era previsível que compartilhasse o desprezo de Disney pelas "avenidas de horror" que proliferaram ao redor do parque temático em Anaheim. Assim, quando Disney resolveu comprar uma vasta porção de terra pantanosa no centro da Flórida e construir uma "Cidade do Progresso" a partir do zero, como ele originalmente a chamou, Gruen era o perfeito santo padroeiro para o projeto.

Em 1966, Disney estabeleceu uma operação piloto em seu terreno em Burbank, num amplo espaço que logo recebeu o apelido de "A Sala da Flórida", onde uma equipe de planejadores urbanos idealistas trabalhava nos esboços de sua nova cidade. Consta que Disney mantinha um exemplar de *The Heart of Our Cities* em sua mesa de trabalho. Durante meses, a existência dessa sala foi mantida em sigilo total, até para os mais próximos de Disney. (O segredo devia-se em parte ao fato de Disney ter comprado a maior parte dos lotes da Flórida de forma anônima, para manter os preços baixos.) Mas assim que a informação sobre o local em Orlando foi vazada, Disney resolveu abrir as portas da Sala da Flórida e do projeto que estava incubando. No final do verão de 1966, ele produziu um filme de trinta minutos apresentando o Disney World, expondo uma deslumbrante sequência de mapas de seis metros que recobria as exageradas paredes da Sala da Flórida. (Desenhistas são vistos subindo escadas, presumivelmente acrescentando novos e inebriantes detalhes a um dos mapas.) Desenvolveu-se uma espécie de aura em torno do filme entre os especialistas em Disney, pois acabou sendo o último realizado por Walt Disney. (Ele já estava com um câncer terminal durante a filmagem.) Mas hoje o filme é mais interessante como um vislumbre do que Disney poderia ter construído se não tivesse morrido.

O filme deixa extremamente claro o quanto o projeto Epcot era importante para Disney. Diante de um exagerado mapa de todo o projeto, Disney falou de sua ambição, com seu jeito habitualmente paternal:

> O mais entusiasmante, e de longe a parte mais importante de nosso projeto na Flórida – de fato, o cerne de tudo o que vamos fazer em Disney World –, será nosso protótipo de uma cidade experimental do amanhã ... Epcot irá se inspirar em novas ideias e novas tecnologias que surgem agora em centros criativos da indústria americana. Será uma comunidade do amanhã que jamais será concluída, mas estará sempre introduzindo, testando e demonstrando novos materiais e novos sistemas. E Epcot será sempre uma vitrine para o mundo da criatividade e imaginação dos empreendedores livres dos Estados Unidos. Não acredito que em qualquer parte do mundo exista um desafio mais importante para pessoas de todas as partes do que encontrar soluções para os problemas das nossas cidades.

A primeira coisa que devemos dizer sobre Epcot é que, assim como os planos originais de Gruen para Northdale, deveria ser uma comunidade inteira orientada ao redor de um centro de compras. "Mais importante, todos esses cinquenta acres de ruas e construções urbanas serão completamente fechados", explica um narrador no filme de 1966. "Nesse ambiente controlado climaticamente, consumidores, frequentadores de cinemas e pessoas que estejam apenas passeando o farão sob condições climáticas ideais, protegidas dia e noite da chuva, do calor, do frio e da umidade."

A visão de um novo modelo radical de urbanismo com um espaço de compras no centro é suficiente para produzir risadinhas de um urbanista moderno, por boas razões. Mas o projeto Epcot tinha uma complexidade que não devemos esquecer, uma complexidade sem dúvida derivada das contradições da filosofia de Gruen. Para começar, era decididamente antiautomóveis. No centro da cidade havia uma zona que Gruen chamou de Pedshed, definida como "distância desejável para caminhada" de um cidadão médio. Os automóveis seriam proibidos em toda a área Pedshed. Na medida em que alguém se afastasse da zona central, novos modos de transporte se tornariam disponíveis, cada um deles apropriado para a distância exigida para os residentes de Epcot chegarem ao centro: os "deslocadores de gente" elétricos que agora transportam turistas pela Tomorrowland de Disney World levariam moradores de apartamentos de alta densidade ao centro comercial; viagens mais longas, entre os empreendimentos residenciais de densidade mais baixa e os parques industriais na periferia da cidade seriam realizadas por monotrilho. Da mesma forma como nos parques temáticos de Disney, todos os veículos de abastecimento e serviços ficariam abrigados numa rede de túneis subterrâneos sob a cidade. No filme, o narrador explica, feliz, que os moradores de Epcot só usariam seus carros em "viagens de lazer de fim de semana".

As trágicas contradições da vida de Gruen também assolaram os planos para Epcot: ao assistir ao filme de Disney, percebe-se um rápido lampejo de uma versão alternativa de um passado recente, onde o centro de compras para pedestres – "mais parecido com o centro que o próprio centro da cidade"– inspira uma nova visão da vida urbana que rejeita a tirania do automóvel e promove uma nova era de inovação em transporte de massa. (Imagine só o impacto nas mudanças climáticas se há trinta anos já estivéssemos usando nossos carros só para viagens de fim de semana.) Mas, é claro, esse passado alternativo não aconteceu. Em seu lugar, os shopping centers dispararam décadas de ascensão suburbana, e a Walt Disney Corporation transformou Epcot em outro parque temático, com o futurismo híbrido e bizarro de Buckminster Fuller e seu globalismo "It's-a-Small-World".

Por que as cidades progressistas jamais foram construídas? A maneira mais fácil de descartar as visões de Gruen/Epcot é focar na importância do próprio centro de compras. Agora que a cultura do shopping está em declínio – pelo menos nos Estados Unidos e na Europa –, nós entendemos que a natureza excessivamente programada do ambiente de um shopping acabou sendo seu erro fatal. Como sempre, a diversão é movida pela surpresa e pela novidade, como para aquelas damas londrinas que se viram pela primeira vez diante das exuberantes fachadas de Ludgate Hill, ou quando as cleptomaníacas parisienses começaram a passear pela terra das maravilhas do Le Bon Marché. Um das razões pelas quais os críticos se entusiasmaram tanto

Primeiros modelos para a Mostra Mundial de Epcot. Os projetos refletem traços do plano original de Disney para construir uma cidade planejada principalmente para pedestres.

com o Southdale Center original de Gruen foi o simples fato de que ninguém jamais tinha visto um espaço como aquele, principalmente na suburbana Minnesota. Mas quando os empreendedores padronizaram o projeto original de Gruen, e as grandes cadeias de lojas ficaram mais poderosas, os shoppings se tornaram intercambiáveis: como um casulo despersonalizado de J. Crew e a Body Shop de Bloomingdale. Não eram necessariamente "avenidas de horror", mas algo igualmente sem alma: avenidas da mesmice. Afinal, nosso apetite por surpresas e novidades superou a conveniência e a onipresença da cultura do shopping, e as pessoas começaram a voltar para o velho centro da cidade. Esses centros eram sujos, congestionados e expostos às intempéries, mas eram também imprevisíveis, originais e divertidos de um jeito que um shopping jamais poderia ser.

Disney e Gruen desejavam a energia, a vitalidade e as surpresas da grande cidade, mas sem seus incômodos. Acontece que um pouco de incômodo é o preço que se paga pela energia e a vitalidade. Mas desconfio que o shopping no centro de Southdale e Epcot são um bode expiatório ilusório demais: descartar Epcot como um momento culminante na história da urbanização suburbana – a cidade do futuro construída ao redor de um shopping center! – desvia o olhar de outros elementos do projeto que realmente têm valor. O fato de Jane Jacobs, que nutria uma intensa antipatia por planejadores que trabalhavam de cima para baixo, ter visto méritos no modelo de Gruen deveria nos dizer alguma coisa. Seria cabível, de certa forma, se algum novo modelo de organização urbana surgisse da visão original de um vitrinista de shopping, considerando-se as raízes da cidade industrial nas exuberantes vitrines das lojas de Londres. Enterrar os serviços no subsolo; retirar os automóveis dos centros das cidades; construir alojamentos densos de uso misto em regiões suburbanas; criar opções diferentes de transporte de massa adaptadas à escala da distância da viagem média – todas são ideias provocativas que têm sido exploradas separadamente em muitas comunidades ao redor do planeta. Mas, até os dias de hoje, ninguém construiu uma verdadeira Cidade do Progresso, o que significa que ninguém tem uma verdadeira noção do poder de transformação que seria ver todas essas ideias lançadas simultaneamente. Com shoppings ou sem shoppings, talvez seja a hora de tentarmos.

2

MÚSICA

A MÁQUINA QUE TOCA SOZINHA

Há mais ou menos 43 mil anos, um jovem urso morreu nas colinas pouco íngremes da fronteira nordeste do que é hoje a Eslovênia. A 1.600 quilômetros de distância, um mamute morreu nas florestas acima do rio Blau, perto da fronteira sudeste da atual Alemanha. Alguns anos depois do falecimento do mamute, um abutre também morreu nas proximidades. Cinco mil anos depois disso, um cisne e outro mamute morreram ali perto.

Não sabemos nada sobre a maneira como esses animais morreram. Podem ter sido caçados por neandertais ou por humanos modernos; podem ter morrido por causas naturais; podem ter sido mortos por outros predadores. Como no caso de todas as criaturas do Paleolítico, as histórias por trás de suas vidas (e mortes) são para nós um mistério, perdido no irrecuperável passado. Mas essas criaturas diferentes – dispersas no tempo e no espaço – tiveram em comum um notável destino pós-morte. Depois de seus corpos terem sido consumidos por carnívoros ou bactérias, um osso de cada esqueleto foi meticulosamente transformado em flautas por mãos humanas.

Flautas de osso estão entre os mais antigos artefatos da criatividade tecnológica humana. As flautas eslovenas e alemãs marcam as primeiras origens da arte; as cavernas onde algumas foram encontradas continham também desenhos de animais e figuras humanas nas paredes, sugerindo a fascinante possibilidade de que nossos ancestrais se reuniam em cavernas iluminadas por fogueiras para ver imagens tremulando nas paredes de pedra, acompanhadas por música. Mas é provável que a tecnologia musical seja bem mais antiga que o Paleolítico. As flautas eslovenas e alemãs sobreviveram por serem feitas de osso, mas muitas tribos indígenas dos tempos modernos constroem flautas ou tambores de junco ou peles de animais, materiais que não perduram por 10 mil anos. Muitos arqueólogos acreditam que nossos ancestrais vêm construindo tambores há pelo menos 100 mil anos, tornando a tecnologia musical quase tão antiga quanto a tecnologia projetada para caçar ou regular a temperatura.

Essa cronologia é um dos grandes enigmas do início da história humana. Parece um salto de muitos níveis na hierarquia das necessidades ir diretamente das pontas de lanças e vestimentas à invenção de instrumentos de sopro. Éons antes de começarem a imaginar a escrita ou a agricultura, os humanos já elaboravam instrumentos para fazer música. Isso parece particularmente intrigante, pois a música é a mais abstrata das artes. Pinturas representam os habitantes do mundo que nossos olhos percebem naturalmente: animais, plantas, paisagens, outras pessoas. A arquitetura nos proporciona abrigo. Histórias seguem o arco de eventos que moldam a vida humana. Mas a música não tem uma referência óbvia além de uma vaga associação com os cantos e trinados de aves canoras. Ninguém gosta de um disco de sucesso por soar como o mundo natural. Nós gostamos de música por soar como música – por soar *diferente* do ruído não estruturado do mundo natural. E o que soa como música está muito mais próximo das simetrias abstratas da matemática que de qualquer experiência que um caçador-coletor poderia ter 100 mil anos atrás.

Uma pequena lição da física do som pode ajudar a enfatizar a estranheza desse registro arqueológico. Algumas das flautas de osso recuperadas de cavernas do Paleolítico estão tão preservadas que ainda podem ser tocadas, e em muitos casos os pesquisadores perceberam que os furos para os dedos escavados nos ossos são espaçados de tal forma a produzir intervalos musicais que hoje chamamos de quartas e quintas perfeitas. (Em termos de

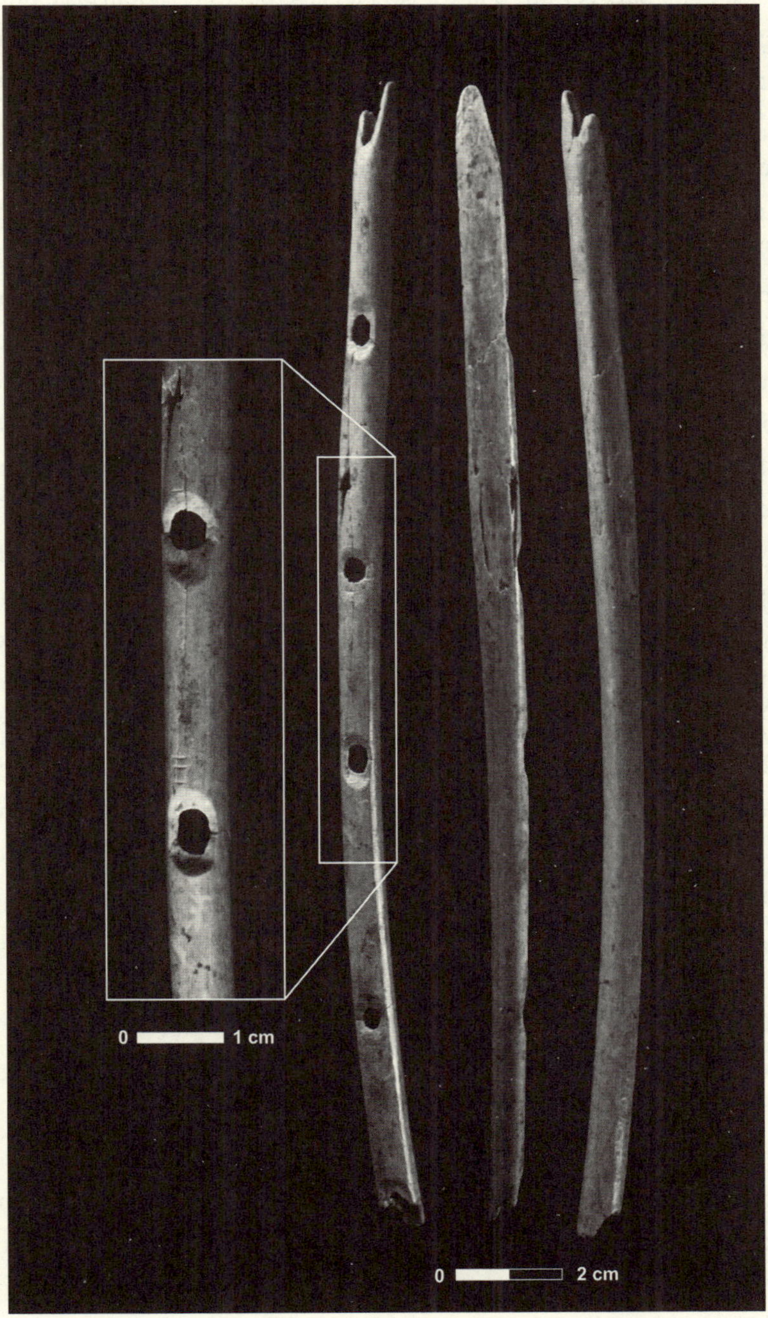

Flauta de osso de aproximadamente 33 mil a.C.

música ocidental, seriam o fá e o sol na clave de dó.) As quartas e quintas não apenas formam a base harmônica de quase todas as canções populares do cânone moderno, como também são dos mais onipresentes intervalos dos sistemas musicais do mundo. Embora alguns sistemas tonais antigos, como a música balinesa de gamelão, tenham evoluído sem quartas e quintas, só a oitava é mais comum. Os musicólogos agora entendem a física por trás desses intervalos, que parecem acionar uma resposta tão interessante no ouvido humano. Uma oitava – duas notas exatamente a doze notas de distância uma da outra no teclado do piano – exibe uma proporção exata de 2:1 nas formas de onda que produz. Se você tocar um dó agudo num violão, a corda vai vibrar exatamente duas vezes para cada vibração da corda do dó grave. Essa sincronização – que também acontece com os harmônicos ou com nuances que conferem a um instrumento seu timbre específico – cria uma impressão vívida de consonância no ouvido, com o som dessas duas formas de onda emitido em alinhamento a cada dois ciclos. A quarta e a quinta perfeitas têm até proporções comparáveis: a da quarta é de 4:3, enquanto a da quinta é de 3:2. Quando tocamos um dó e um sol juntos, a corda do sol mais agudo vai vibrar três vezes para cada duas vibrações do dó. Em contraste, um dó e um fá sustenido tocados juntos criam o intervalo mais dissonante da escala ocidental – o notório trítono, outrora chamado de "intervalo do diabo" – com uma proporção de 43:42.

A existência dessas proporções é conhecida desde os tempos da Grécia antiga; o sistema de afinação que as gera costuma ser chamado de afinação pitagórica, em homenagem ao matemático grego que, segundo a lenda, foi o primeiro a identificá-las. (Hoje qualquer aluno da sétima série conhece Pitágoras por causa de seus triângulos, mas suas proporções são a pedra angular de qualquer música pop no Spotify.) O estudo das proporções musicais marcou um dos primeiros momentos da história do conhecimento, em que descrições matemáticas explicaram de forma produtiva um fenômeno natural. De fato, o sucesso dessas explicações matemáticas da música acionou uma busca de 2 mil anos de proporções semelhantes nos movimentos do Sol e dos planetas – a famosa "música das esferas" que inspiraria Kepler e muitos outros.

Formas de onda, proporções inteiras, tons – nenhum desses conceitos encontrava-se disponível aos nossos ancestrais do Alto Paleolítico. Ainda assim, por alguma razão bizarra, eles batalharam para construir instrumentos que podiam evocar esses padrões matemáticos pelo simples ato de soprar. Ponha-se naquela caverna da Eslovênia 40 mil anos atrás: você dominou o fogo, construiu ferramentas simples para caçar, aprendeu como produzir vestimentas com peles de animais para se manter aquecido no inverno. Há todo um universo de outras inovações à sua frente. O que você escolheria inventar a seguir? Parece ridículo que tenha cismado de criar um instrumento que produz vibrações nas moléculas do ar que sincronizem uma razão perfeita de 3:2 quando tocadas juntas. Mas foi exatamente o que nossos ancestrais fizeram.

POR QUE OS PRIMEIROS HUMANOS estavam tão interessados em produzir ondas acústicas que viajavam por essas nítidas razões inteiras? O fato de construírem instrumentos musicais sem compreender os fundamentos da acústica não é tão intrigante, claro. Houve diversos casos óbvios em que a evolução os conduziu em direção a objetivos cuja natureza subjacente não era compreendida por completo: os caçadores-coletores do Paleolítico procuravam – e construíram ferramentas para obter – gostos de açúcar e gordura sem saber nada sobre a química molecular de carboidratos e lipídios. Porém açúcares e gordura são componentes essenciais da nossa dieta; nós morremos se não comermos o suficiente. Mas ouvir uma razão de 4:3 não gera os mesmos benefícios óbvios. Nossos parentes hominídeos sobreviveram milhões de anos sem ouvir isso. "Sem música, a vida é um equívoco", diz a famosa frase de Nietzsche. Mas mesmo assim haveria *vida*. Sem sexo, sem água ou proteínas, a raça humana teria deixado de existir. Sem quartas perfeitas, nós teríamos aniquilado o ritmo marcante do contrabaixo de "Under Pressure"* – e de quase todas as outras peças musicais compostas nos últimos séculos –, mas teríamos sobrevivido enquanto espécie.

---

* Um dos sucessos da banda Queen. (N.T.)

Acredito que a música tenha surgido não por necessidade, mas como uma novidade: um som ressoando de forma incomum emergindo por acaso da estrutura de um objeto oco – um caniço ou um osso – e criando uma tonalidade tão diferente da cacofonia normal do mundo que o ouvido notou. O som ainda não tinha significado, nem era carregado com o tipo de nuances emocionais que os humanos associam agora à música. Era simplesmente novo. E assim como a tonalidade incomum da púrpura de Tiro, por ser novo, era um som interessante, que valia a pena ser repetido, valia a pena ser manipulado. E como aqueles primeiros instrumentos começaram a disparar oitavas quando tocados em conjunto, talvez nossos distantes ancestrais tenham considerado o som especialmente evocativo porque as vozes masculina e feminina apresentam um intervalo de mais ou menos uma oitava, na média, e por isso a estranha consonância da protoflauta parecia ecoar o som de uma conversa entre um homem e uma mulher. Talvez o canto harmônico seja anterior aos primeiros instrumentos, e quando uma variação aleatória da evolução casualmente produziu um osso ou caniço que gerou uma oitava por pura coincidência, e nós topamos com esse osso ou caniço e consideramos os ecos tão atraentes, partimos para produzir o mesmo efeito nós mesmos.

Como a música tem uma história tão longa na sociedade humana, alguns cientistas acreditam que o anseio por uma canção faça parte da herança genética do *Homo sapiens*, que nosso cérebro desenvolveu interesse por sons musicais da mesma forma que desenvolveu a percepção de cores ou a capacidade de reconhecer rostos. A questão de a música ser uma invenção cultural ou uma adaptação evolutiva tem gerado controvérsias na última década, uma discussão provocada inicialmente por um manifesto de psicologia evolucionária de grande sucesso chamado *Como a mente funciona*, de Steven Pinker. Pinker é famoso por considerar a mente uma espécie de caixa de ferramentas com uma série de atributos específicos formados pelas pressões evolutivas dos ambientes de nossos ancestrais. Mas ele considera a música uma brecha cultural, surgida para acionar circuitos no cérebro que evoluíram para tarefas mais urgentes.

Em um dos trechos mais controversos do livro, ele compara a música a uma torta de morango:

> Nós gostamos de torta de morango, mas não por termos desenvolvido um gosto por ela. Nós desenvolvemos circuitos que nos despertam prazer com o gosto doce da fruta madura, a sensação cremosa de gorduras e óleos de nozes na boca, da carne e do frescor da água pura. Torta de morango envolve um toque sensual diferente de qualquer coisa do mundo natural, por ser uma mistura de megadoses de estímulos agradáveis que tramamos com o propósito expresso de apertar nossos botões de prazer … a música é uma torta de morango auditiva, uma confecção sofisticada, elaborada para tocar pontos sensíveis em pelo menos seis de nossas faculdades mentais.[1]

Alguma coisa nessa metáfora da torta de morango não repercutiu bem com outros cientistas, e nos anos que se seguiram muitos argumentaram que o gosto pela música deve ter tido algum valor adaptativo direto, dada a proeminência dos instrumentos musicais nos mais antigos registros arqueológicos – e a onipresença da música em todas as sociedades humanas. Alguns acreditam que a música cantada pode ser anterior à própria linguagem, que palavras e sentenças evoluíram a partir de uma comunicação pré-linguística com ritmo e harmonia. Os pesquisadores que descobriram um dos conjuntos de flautas de osso na Alemanha argumentam que a música pode ter tido um papel-chave na argamassa de ligações sociais entre os primeiros humanos. "A presença da música na vida dos primeiros povos do Alto Paleolítico não produziu diretamente uma economia de subsistência mais eficaz e maior capacidade reprodutiva", escrevem. "Contudo, considerada num contexto comportamental mais amplo, a música do início do Alto Paleolítico pode ter contribuído para a manutenção de redes sociais maiores, e assim talvez ajudado a facilitar a expansão demográfica e territorial dos humanos modernos em relação a populações neandertais mais conservadoras e isoladas demograficamente."[2] Outros apontam as conquistas sexuais dos músicos modernos como sinal de que o talento musical pode ser um traço estimulado pela seleção sexual: ter talento musical não aumentava a probabilidade de sobreviver aos desafios da vida no Alto Paleolítico, mas aumentava a probabilidade da reprodução desses genes.[3]

Há uma premissa que une os dois lados desse debate: a de que a música "aperta nossos botões de prazer", como define Pinker. Mas há algo demasiado simples nessa definição de nosso apetite pela música. Açúcar e opiáceos, para citar apenas dois exemplos, apertam botões de prazer no cérebro de uma forma relativamente direta. Quando saboreamos um deles, voltamos instintivamente para ter mais da mesma coisa, como aqueles lendários ratos de laboratório apertando sem parar a alavanca para ganhar mais estimulantes. E investimos nossa criatividade para preparar mecanismos de entrega cada vez mais eficientes dessas formas de prazer: refinamos o ópio para transformá-lo em heroína; começamos a vender refrigerantes em grandes recipientes. Mas a música – como os estampados e as cores despertados pela revolução da moda – parece ressoar com nossos centros de prazer em um ângulo mais indireto. O prazer de ouvir esses sons cativantes não estabelece uma demanda para mais da mesma coisa. Ao contrário, a música parece nos mandar em busca de novas experiências: mais da mesma coisa, porém diferente.

Sempre que caímos na questão evolutiva, a música nos confronta com um inegável paradoxo: esse mais abstrato e etéreo dos entretenimentos – criado a partir de simetrias invisíveis de vibração de moléculas de ar – tem uma história mais longa de inovações tecnológicas do que qualquer outra forma de arte. Desde que os primeiros tons gerados por aquela primeira flauta de osso ressoaram em nosso ouvido, nós estamos à caça de novos sons, novos timbres, novas harmonias. E essa busca nos levou a incontáveis inovações tecnológicas que moldaram a vida moderna em aspectos totalmente não musicais.

A busca por novidade é constante na história da diversão. Uma das formas de imaginar isso é que a evolução nos deu dois tipos de botões de prazer. O primeiro é um botão do tipo que todo mundo precisa: precisamos de comida; precisamos de calor; precisamos de filhotes. Se não tivermos essas coisas, nós morremos, ou nossos genes não são passados para a próxima geração. Assim, existem "botões de prazer" associados à satisfação dessas necessidades: os prazeres do sexo, a ingestão de proteínas e carboidratos. Mas existem outros prazeres, menos urgentes, como o som do ar sendo soprado pelo osso de um abutre. Nós não temos nenhuma necessidade existencial de ouvir esse som, mas ainda assim alguma coisa capta a nossa atenção, nos incita a buscar a experiência em ambientes futuros. No entanto, ao mesmo tempo, algo nos compunge a variar a experiência. Os botões de puro prazer no cérebro, como o sistema de endorfina, não nos levam a procurar qualquer outra coisa a não ser aumentar a quantidade de endorfina. Na verdade, o prazer associado a eles é tão poderoso que a maioria das pessoas que se vicia em versões artificiais, como heroína ou analgésicos, perde totalmente o interesse por outras experiências. A atração dos opiáceos é centrípeta; a maioria das vítimas da heroína morre por uma só razão. Mas a música, como outras formas semelhantes de diversão, é um impulso: impele a buscar novas nuances.

Essa motivação exploratória e expansiva é o que separa o deleite da exigência: quando estamos em modo de diversão, estamos abertos a novas surpresas, enquanto nossos apetites básicos se concentram em necessidades urgentes para continuarmos vivos. A compreensão dessa distinção é crucial para entender por que a diversão – apesar de seu verniz aparentemente mais frívolo – estimulou tantas descobertas e inovações importantes. A questão de por que o cérebro do *Homo sapiens* manifesta esse desejo pela surpresa e pela diversão é fascinante, e vou voltar a ela nas páginas finais deste livro. Mas, por ora, precisamos estabelecer até que ponto essas explorações do deleite nos levam.

O som das flautas de osso deve ter encantado os humanos primitivos do Alto Paleolítico. Mas foi apenas o começo.

OS BANU MUSA – aqueles brilhantes projetistas de brinquedos da era de ouro islâmica – ganharam um lugar permanente no panteão de engenharia e robótica com *O livro de dispositivos engenhosos*. Mas os irmãos omitiram dessa coleção o que pode ter sido seu dispositivo mais engenhoso, uma máquina que introduziria um dos mais importantes conceitos da era digital mais de mil anos antes da construção dos primeiros computadores. A prova desse projeto está num tratado em separado, transcrito por um estudioso no século XII e descoberto cem anos atrás numa biblioteca no Colégio Três Luas, na Síria. Como a maioria dos trabalhos dos Banu Musa, o documento é um guia estritamente técnico para construir uma máquina com centenas de componentes distintos. Mas o nome já tem uma cativante clareza em si: "O instrumento que toca sozinho."

"Nós queremos explicar", anunciaram os irmãos nas primeiras linhas introdutórias, "como um instrumento é feito para tocar continuamente sozinho qualquer melodia que desejarmos, às vezes em um ritmo mais lento e outras vezes em ritmo rápido, e também que podemos mudar de melodia em melodia quando quisermos."[4] O instrumento em questão era um órgão hidráulico, movido a água, de desenho semelhante aos órgãos construídos pelos gregos e romanos séculos antes. Mas o dispositivo dos Banu Musa apresentava um aspecto crucial que nenhum criador de instrumentos jamais implementou. As notas tocadas pelo órgão não eram acionadas por dedos humanos em um teclado. Eram acionadas pelo que veio a ser conhecido como um rolo perfurado – um tambor com pequenos "dentes", como os irmãos o chamaram, distribuídos de forma irregular pela sua superfície. Quando o tambor girava, os dentes ativavam uma série de alavancas que abriam e fechavam os tubos do órgão. Diferentes padrões dos "dentes" produziam diferentes melodias quando o ar passava pelos canos em sequências específicas. Os irmãos explicaram como a melodia podia ser codificada naqueles cilindros ao captar a nota tocada por um músico ao vivo em um tambor rotativo coberto de cera preta, um indicador de uma tecnologia fonográfica que só seria inventada mil anos depois. (O sistema dos Banu Musa registrava as notas específicas tocadas, não ondas sonoras, porém.) As marcas na cera podiam então ser transcritas nos dentes do cilindro. Antecipando o jargão desenvolvido afinal pela indústria fonográfica, os Banu Musa definiram esse processo como "gravar" uma melodia. Aludindo a algumas inovações musicais que os precederam, os Banu Musa chegaram a incluir uma descrição de como

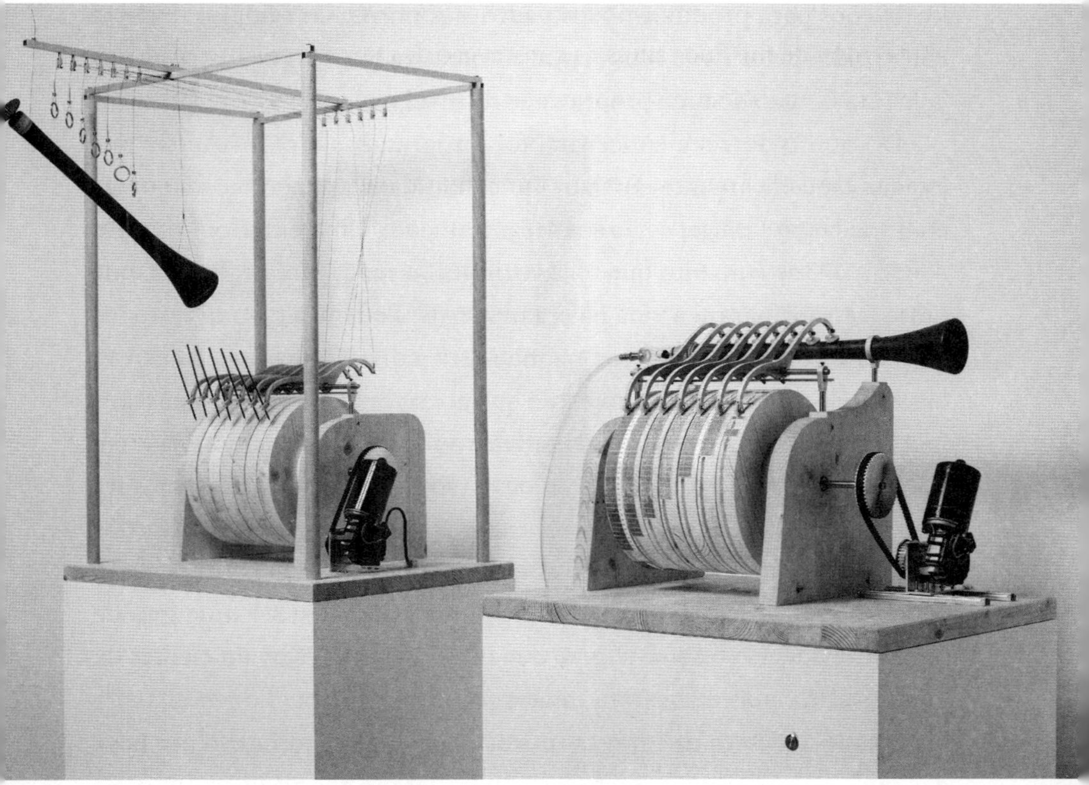

Reconstrução do autômato dos irmãos Banu Musa.

o instrumento poderia ser embutido em um autômato, criando a ilusão de que o músico robô estava tocando a melodia codificada numa flauta.

O resultado não era somente um instrumento que tocava sozinho, por mais maravilhoso que possa ter sido. Os Banu Musa foram mestres da automação, sem dúvida, mas os humanos vinham explorando a ideia de construir máquinas que se movessem como se estivessem vivas desde os tempos de Platão. Pavões animados, relógios de água, dançarinas robóticas – todas essas engenhocas eram maravilhas da engenharia, mas todas apresentavam uma limitação fundamental. Eram reduzidas a uma rotina finita de movimentos. Contudo, o instrumento que tocava sozinho não sofria essa restrição. Era possível criar novas melodias, fornecer instruções para produzir novos padrões sonoros. Os relógios de água construídos pelos Banu Musa eram automatizados. Mas o "instrumento" deles era dotado de uma propriedade de nível mais alto. Era *programável*.

Do ponto de vista conceitual foi um grande salto: máquinas projetadas especificamente com sua funcionalidade em aberto, máquinas controladas por *códigos* e não só mecanicamente. Uma linha lógica direta conecta o "Instrumento que toca sozinho" às máquinas de Turing, que tanto transformaram a vida na era moderna. Podemos pensar nesse instrumento como o momento que inaugura a divisão maniqueísta entre hardware e software. Uma invenção que por si torna a invenção mais fácil, mais rápida, mais receptiva à tentativa e ao erro. Uma máquina virtual.

Mas deve ter sido difícil ver (ou ouvir) sua importância na época. Para o espectador leigo, a máquina era menos notável que os pavões animados. Algumas vezes o órgão tocava uma sequência de notas, outras vezes tocava novas melodias – mas até que ponto isso podia ser uma grande coisa? A evidência textual sugere que os Banu Musa estavam cientes daquele avanço, pois dedicaram muitas páginas do manual de montagem discutindo a técnica de "gravar" novos cilindros e modificar o playback das melodias existentes. Mas eles não poderiam ter previsto até onde aquele primeiro passo chegaria.

Alguma coisa relacionada com o conceito de música programável continuou a atrair a atenção de engenheiros e projetistas de instrumentos durante os séculos que se seguiram. Os relógios e caixinhas de música tiveram como base alguns dos maiores avanços da engenharia mecânica nos séculos XVI e XVII; quase sem exceção, esses dispositivos empregavam os cilindros perfurados imaginados pelos Banu Musa para programar a melodia e os acordes. Como o autômato que os sucedeu, aquelas engenhocas tinham a função de deliciar e divertir a elite, não competir com intérpretes musicais mais sérios. Eram brinquedos, novidades – mas, por meio daqueles brinquedos, uma ideia mais ampla e mais revolucionária lentamente tomava forma.

O MARCO SEGUINTE na evolução dessa ideia teria sido visível a qualquer parisiense curioso do final dos anos 1730. Quem entrasse na recepção do Hôtel de Longueville em Paris, no local agora ocupado por parte do Jardin des Tuileries, veria em meio ao mobiliário ornamentado um pastor de ovelhas em tamanho real, agachado sobre um pedestal, tocando uma flauta. Embora na verdade fosse uma máquina, o pastor tocava flauta como um ser humano: soprando pela boca em ritmos variados, tapando e destapando os furos no corpo do instrumento. Escondidas dentro do pedestal, bombas de ar e manivelas controlavam a pressão do ar lançado pela boca do pastor, bem como os movimentos dos dedos do autômato. Um cilindro perfurado controlava o volume e a sequência de notas tocadas; um conjunto de cilindros rotativos permitia que o pastor tocasse doze músicas diferentes.

O flautista foi uma criação do francês Jacques de Vaucanson, um projetista de autômatos que ficara muito famoso com seu Pato Digestor. (O pato apareceria no Hôtel de Longueville num pedestal próximo ao flautista no ano seguinte.) Vaucanson foi o primeiro dos projetistas de autômatos a se concentrar em comportamentos quase vivos em suas máquinas, com movimentos apoiados em meticulosos estudos anatômicos. Depois de uma década de trabalhos erráticos e viagens expondo um punhado de seus primeiros projetos, Vaucanson conquistou o patrocínio de um cavalheiro parisiense chamado Jean Marguin. Com suficiente apoio financeiro pela primeira vez na vida, Vaucanson partiu para projetar uma máquina que correspondesse às suas ambições: uma tecnologia tão avançada que simularia o próprio alento da vida. Sem perceber, ele estava seguindo os passos dos fabricantes de ferramentas do Paleolítico de 40 mil anos antes. Vaucanson usou os conhecimentos de engenharia mais avançados que o mundo conhecia para criar razões de 4:3 em ondas sonoras no ar exalado por furos em um tubo oco.

A mímica biológica do trabalho dos dedos do flautista e a respiração impressionaram os Banu Musa, mas o princípio fundamental por trás do projeto de Vaucanson era essencialmente o mesmo do "Instrumento que toca sozinho". A "programação" que controlava o comportamento da máquina vinha da sequência dentada de um cilindro rotativo, cuja função estava atrelada a tocar música. Não podemos deixar de notar a estranha natureza da história tecnológica nesse caso: há oitocentos anos os humanos já dispunham do recurso proteiforme de programação, e com o tempo tinham usado esse recurso exclusivamente para gerar sequências agradáveis de ondas sonoras no ar. (E, no caso do flautista, para acompanhar essas ondas sonoras com movimentos físicos que imitavam o comportamento de músicos humanos.) Pense em todas as maneiras com que o mundo já foi transformado por softwares, por máquinas cujo comportamento pode ser moldado e reformulado por uma nova série de instruções. Durante quase mil anos nós tivemos essa metaferramenta na nossa caixa de ferramentas coletiva, mas não fizemos nada com ela a não ser tocar música.

O flautista de Vaucanson, porém, nos tiraria daquele beco sem saída funcional. O projeto de cilindros programados que trouxeram o pastor musical à vida sugeriu outra aplicação para Vaucanson, esta com promessas de muito mais vantagens comerciais do que expor androides em saguões de hotel. Se era possível usar cilindros perfurados para acionar complexos padrões de ondas sonoras, pensou Vaucanson, por que não usar o mesmo sistema para acionar complexos padrões de *cor*? Se era possível construir uma máquina com destreza mecânica suficiente para tocar flauta, por que não poderia ser construída uma máquina para tecer estampados de seda?

Em 1741, o espetacular triunfo de Vaucanson com o Pato Digestor o transformou numa pequena celebridade na França, aclamado tanto por seus espetáculos como por sua engenharia; ele explorou esse sucesso em uma audiência com a realeza, aconselhando Luís XV com planos para revitalizar a indústria têxtil francesa, que quase todos consideravam ter ficado para trás de concorrentes mais ambiciosos tecnicamente do outro lado do Canal. Fez uma turnê pelos teares pré-industriais do país e começou a planejar uma máquina que faria com tecidos o que os Banu Musa haviam feito com a melodia. Em vez de abrir furos em um órgão ou mexer os dedos de um androide, o tear de Vaucanson controlaria um conjunto de ganchos e agulhas que percorriam diferentes fios de meada de

Jacques de Vaucanson

acordo com instruções codificadas em um cilindro perfurado. A mesma máquina poderia aprender a tecer um vasto conjunto de estampados com seda. Pela primeira vez, a programação escaparia dos limites da música.

Pelo menos era essa a teoria. Na prática, a máquina que Vaucanson acabou construindo foi tolhida pela dificuldade de transcrever os estampados nos cilindros perfurados e pelo alto custo da "gravação". As estampas tinham de se adequar a desenhos repetitivos, já que o padrão se repetia a cada rotação do cilindro. Embora tenham sido construídos diversos protótipos funcionais, a máquina não chegou a se instalar na indústria têxtil francesa. Mas um desses protótipos sobreviveu tempo suficiente para encontrar lugar na coleção do Conservatoire des Arts et Métiers, um instituto fundado nos primeiros dias da Revolução Francesa, mais de uma década após a morte de Vaucanson. Em 1803, um ambicioso inventor de Lyon chamado Joseph-Marie Jacquard fez uma visita ao conservatório para examinar o tear automático de Vaucanson. Reconhecendo tanto a genialidade como as limitações dos cilindros perfurados, Jacquard teve a ideia de usar uma sequência de cartões perfurados com o programa do tear. No projeto de Jacquard, pequenos bastões ligados a um único fio passavam pelo cartão perfurado; se o bastão tocasse a superfície do cartão, o fio permanecia estacionário. Mas se o bastão passasse por um furo do cartão, o fio correspondente seria tecido no material. Do seu jeito, era uma espécie de sistema binário, com os orifícios correspondendo a estados ligado/desligado para cada fio. Os cartões eram muito mais fáceis de se fabricar que os cilindros de metal, e podiam ser dispostos de forma a criar um número infinito de estampados. A natureza automatizada do tear de Jacquard também era mais de vinte vezes mais rápida que os teares tradicionais. "Usando o tear de Jacquard", escreve James Essinger, "um tecelão habilidoso podia produzir 65 centímetros de belíssimo tecido de seda por dia, comparados aos 2,5 centímetros de tecido por dia, que era o que melhor se conseguia com o tear de pente."[5]

O tear de Jacquard, patenteado em 1804, foi uma das mais importantes inovações da história da produção de têxteis. Mas seu legado mais importante encontra-se no mundo da computação. Em 1839, Charles Babbage escreveu uma carta a um amigo astrônomo em Paris perguntando sobre um retrato que tinha acabado de encontrar em Londres, um retrato que, quando visto do outro lado da sala, parecia ter sido pintado a óleo, mas uma inspeção mais de perto revelava ter sido totalmente tecido em seda. O tema do retrato era o próprio Joseph-Marie Jacquard. Em sua carta, Babbage explicou seu interesse pelo lendário inventor têxtil:

> Você está ciente de que o sistema de cartões que Jacard [sic] inventou é uma forma com a qual podemos comunicar a um tear muito comum ordens para tecer padrões que possam ser desejados. Beneficiando-me da mesma bela invenção, comuniquei por meios similares à minha Máquina Calculadora ordens para calcular qualquer fórmula, por mais complicada que fosse. Mas avancei um estágio à frente e, sem fazer todos os cartões, comuniquei pelos mesmos meios para seguir certas leis no uso desses cartões, e assim a Máquina Calculadora pode resolver quaisquer equações, eliminar qualquer número de variáveis e realizar as mais altas operações de análise.[6]

Joseph-Marie Jacquard expondo seu tear.

Babbage tomou emprestado um instrumento projetado para tecer estampados coloridos em tecidos, que por sua vez fora tirado de um instrumento projetado para gerar padrões de notas musicais, e o pôs para trabalhar num novo tipo de função: o cálculo mecânico. Quando sua colaboradora Ada Lovelace fez sua famosa observação de que a máquina analítica de Babbage poderia ser usada não só para matemática, mas em potencial para "compor elaboradas … peças de música", ela estava, sabendo ou não, trazendo a máquina de Babbage de volta às suas raízes, de volta ao "Instrumento que toca sozinho" e ao flautista de Vaucanson.[7] Sempre pronto a celebrar suas influências, Babbage conseguiu adquirir um dos retratos em seda de Jacquard e o expôs com destaque em sua casa de Marylebone, ao lado da dançarina de Merlin e sua própria Máquina de Diferenças.

O fio que liga Jacquard a Babbage e aos pioneiros digitais dos anos 1940 já foi bem repisado, e por boas razões. A maioria dos historiadores da computação menciona os cartões perfurados de Jacquard, ainda que, tecnicamente falando, ele não estivesse programando um dispositivo computacional. Mas os cartões perfurados continuaram sendo um dispositivo dominante de acesso e armazenamento de dados de informação digital até a segunda metade do século XX. (Eu me lembro de ter usado cartões perfurados como estudante de graduação nos anos 1970.) Os cartões perfurados foram substituídos por teclados como dispositivos de acesso, e por fita magnética como dispositivos de armazenamento: essas duas tecnologias, como veremos, foram originalmente projetadas para tocar ou gravar melodias.

Mas existe outra razão pela qual os historiadores da tecnologia são tão céleres ao homenagear o papel de Jacquard como precursor da era da computação. A passagem do tear para uma máquina analítica segue o padrão mais abrangente de mudanças econômicas paradigmáticas: a indústria que lançou a Revolução Industrial – a têxtil – fornece as sementes para a revolução digital dois séculos depois. Há uma espécie de poesia macroeconômica em contar a história dessa maneira – um modo de produção dominante construindo o terreno para uma de suas sucessoras.

Mas quando damos um passo atrás e vemos a história de um ângulo mais aberto – dos Banu Musa às curiosas caixas de música e a Vaucanson e sua flauta –, não se pode deixar de notar o quanto a ideia de uma máquina programável foi mantida em circulação pela força propulsiva do prazer, não da ambição industrial: primeiro os padrões sonoros produzidos por instrumentos que tocavam sozinhos, depois os estampados de cor em tecidos. Os empreendedores e industrialistas podem ter transformado a ideia da programação em grande negócio, mas foram os artistas e ilusionistas que lançaram a ideia no mundo antes de qualquer um.

EM OUTUBRO DE 1608, Ferdinando I, grão-duque da Toscana e líder da dinastia Médici, hospedou por um mês em Florença um pastor para comemorar o casamento de seu filho Cosimo com uma arquiduquesa austríaca. Devido à vasta fortuna do clã dos Médici e aos anos de negociações geopolíticas que precederam a união, o casamento estava destinado a ser um evento extravagante: nos dias de hoje, algo mais próximo de uma cidade sendo anfitriã das Olimpíadas do que do casamento de uma celebridade. Houve torneios de justa, balés equestres, até uma falsa batalha naval no rio Arno foi montada nos dias que precederam a cerimônia. O banquete oficial do casamento foi coroado com a produção teatral de uma peça (escrita pelo filho de Michelangelo) intercalada por seis números musicais, conhecidos como *intermezzi*, todos baseados em novas partituras escritas por uma equipe de compositores da corte para as festividades do casamento. O sexto e último *intermezzo* foi apresentado em um elaborado palco montado em que os deuses desciam dos céus para estender suas boas-vindas e congratulações aos recém-casados. Um esboço desenhado pelo jovem Michelangelo mostra cerca de cem músicos, cantores e dançarinos no palco – alguns deles parecendo flutuar acima da plateia em nuvens simuladas.

A tradição de longas séries de *intermezzi* – que pode ter alcançado seu clímax no banquete de casamento de Cosimo – é de particular interesse para os historiadores da música, pois serviu como uma espécie de transição que se solidificaria, no decorrer dos anos 1600, em um conjunto de convenções dramáticas e orquestrais que agora chamamos de ópera. Mas, para nossos propósitos, vamos considerar aquele extravagante espetáculo puramente em termos de amostra de *tecnologia*. Primeiro pense nas ferramentas disponíveis aos artistas e cientistas nos primeiros anos do século XVII: a prensa de tipos móveis tinha só 150 anos; os telescópios estavam sendo utilizados pela primeira vez; os microscópios só surgiriam cinquenta anos depois. Além da prensa, as ferramentas de um escritor seriam indistinguíveis das penas e das tintas usadas pelos gregos e romanos mais de 2 mil anos antes. Os pintores tinham acesso a novas tintas a óleo desenvolvidas no século anterior; alguns usavam a tecnologia mais antiga da câmara escura para criar o realismo característico das pinturas renascentistas. Desnecessário dizer que as tecnologias da fotografia e do cinema eram inimagináveis para a classe criativa que os Médici apoiavam.

Em contraste, os compositores dos *intermezzi* do banquete de casamento tinham à sua disposição um rico e diversificado conjunto de tecnologias musicais para entreter os Médici e seus convidados. Uma relação dos instrumentos tocados durante o *intermezzo* final – um conjunto que apresenta uma clara semelhança com uma orquestra moderna – fornece um quadro vívido da dominância da tecnologia musical no início dos anos 1600.[8] Para criar aquela extravagância sonora, os compositores da corte usaram múltiplas variações de instrumentos de corda, que incluíam alaúdes, guitarras e cítaras – instrumentos que datam pelo menos do antigo Egito. Utilizaram também um instrumento atualmente quase extinto chamado corneto, feito de madeira com bocal de marfim, além de órgãos de tubo com teclados que permitiam notas prolongadas, um instrumento que data dos tempos de Roma. Os sons percussivos eram gerados por címbalos de bronze e triângulos. (Interessante notar que faltava ao conjunto quaisquer tipos de tambores tradicionais.) Os *intermezzi* também contaram com trombones de metal com um tubo deslizante específico para mudar o diapasão – um acréscimo relativamente novo à paleta dos compositores, inventado apenas poucos séculos antes. Os instrumentos mais avançados no conjunto teriam sido os de cordas e arcos: violinos, violas, violinos baixos – uma tecnologia tão avançada que, segundo a maioria dos registros, chegou ao auge menos de um século depois do casamento dos Médici, com a produção do lendário violino Stradivarius, tocado até hoje por solistas internacionais. E, claro, o conjunto incluía flautas, as descendentes daquelas flautas de osso de mamutes e abutres do Alto Paleolítico.

Por mais diversificada que possa parecer essa proto-orquestra florentina, vários instrumentos importantes usados comumente naquele período ficaram de fora da apresentação: trompetes, harpas e, em especial, o novo clavicórdio de teclado e o cravo. (O pianoforte, hoje chamado simplesmente de piano, só seria inventado mais ou menos um século depois.) Em termos de inovações tecnológicas à disposição, os poetas e pintores do começo do século XVII viviam na Idade da Pedra em comparação à alta tecnologia disponível para os compositores. Esse grande inventário de instrumentos sonoros ilustra como, desde o começo, nosso apetite pela música vem sendo satisfeito tanto por aptidões mecânicas e de engenharia quanto pela inspiração artística. As inovações inspiradas pela música acabaram destrancando outras portas no adjacente possível, em campos aparentemente não relacionados à música, da mesma forma que o "Instrumento que toca sozinho" abriu o caminho que levou aos projetos têxteis e ao software de computador. A busca por novos sons nos levou a criar novos instrumentos – que invariavelmente sugeriram novos usos para esses instrumentos.

Vamos considerar uma das invenções mais essenciais e comumente usadas da era do computador: o teclado QWERTY. Muitos de nós passamos hoje uma porção significativa das nossas horas de vigília apertando teclas com a ponta dos dedos para gerar uma sequência de símbolos numa tela ou página: digitando números numa tabela, escrevendo e-mails ou textos em teclados virtuais ou telas de smartphones. Qualquer um que trabalhe num computador o dia inteiro provavelmente passa muito mais tempo interagindo com teclados do que com invenções modernas mais célebres, como automóveis. Outrora província de grandes romancistas, escriturários e datilógrafos, o teclado se tornou tão onipresente que raramente o consideramos uma invenção, preferindo reverenciar as máquinas tecnicamente mais avançadas às quais os teclados são agora acoplados. Mas a ideia de usar a ponta dos dedos para gerar linguagem – com teclas individuais ligadas a letras do alfabeto – foi um tremendo avanço; sem ele, a revolução digital teria sido no mínimo bem retardada. Tecnicamente falando, os teclados não eram tão essenciais para a computação avançada quanto a ideia de programação herdada por Babbage, indiretamente, dos Banu Musa. Mas no nível prático, a existência de teclados de texto fez com que os computadores realizassem façanhas surpreendentemente complexas. Outros mecanismos de inserção, como cartões perfurados, eram lentos demais. Os microcircuitos podem ter seguido o arco progressivo da lei de Moore por algum tempo, mas o hardware teria batido num teto imposto pelo software: sem teclados, escrever um código, digamos, até mesmo para um *mainframe* dos anos 1970 teria sido inacreditavelmente tedioso.[9] Entradas de voz chegaram a oferecer um poderoso meio equivalente para escrever aplicativos, mas é improvável que conseguíssemos criar softwares inteligentes o suficiente para reconhecer a linguagem falada com as mesmas velocidade e precisão propiciadas pelos teclados. Você não precisa de teclados para inventar um computador, mas é extremamente difícil fazer um computador realizar algo interessante sem a invenção de um mecanismo de datilografia para ser usado em conjunto.

Ainda assim, apesar de sua óbvia utilidade, mesmo na era pré-digital, o conceito de um teclado alfanumérico parece ter sido estranhamente difícil de imaginar. Os inventores só começaram a especular com "máquinas de escrever" no início dos anos 1800, e a primeira máquina datilográfica comercial de sucesso – a Remington Nº 1 – só entrou no mercado em 1874. Assim como a bicicleta, que só foi inventada em meados dos anos 1800, a máquina datilográfica é uma das poucas tecnologias que parecem ter surgido bem mais tarde do que deveriam. Nos anos 1400, Gutenberg já tinha demonstrado a utilidade e o valor comercial do assentamento mecânico de tipos; os relojoeiros da Renascença e do Iluminismo – e projetistas de autômatos – dispunham de conhecimentos de engenharia para projetar máquinas muito mais complexas que a Remington original. "Do

Oficina do lendário construtor do violino Stradivarius.

ponto de vista mecânico", escreve o historiador Michael Adler, "não há razão para que uma máquina de escrever funcional não pudesse ser construída no século XIV, ou até antes."[10] Mesmo assim, ninguém pensou em fazer isso.

O que afinal levou os inventores a burilar projetos de teclados para máquinas de escrever? A resposta fica visível na própria palavra: as "teclas" que apertamos quando escrevemos descendem, etimologicamente, do significado musical da palavra. Embora ninguém tenha pensado em construir teclados para inserir linguagem até o século XIX, as pessoas já vinham construindo teclados para fazer música desde os órgãos de tubos dos tempos de Roma. Enquanto Gutenberg aperfeiçoava seu sistema de tipos móveis, dezenas de projetistas de instrumentos em toda a Europa faziam experiências com diferentes modelos de instrumentos de corda baseados em teclados, instrumentos que acabaram se firmando nos gêneros de música barroca, o clavicórdio e o cravo. No começo dos anos 1700, o bisneto de Cosimo II de Médici – cujo casamento em 1608 foi comemorado com uma grande gama de instrumentos musicais – recrutou um construtor de instrumentos chamado Bartolomeu Cristófori para administrar sua grande coleção de instrumentos. Com o patrocínio do clã dos Médici, Cristófori se dispôs a inventar o pianoforte, o primeiro instrumento de teclado em que as notas podiam ser tocadas em diferentes níveis de volume. (*Pianoforte* significa "suave-forte" em italiano.) Nos anos 1800, o piano já tinha se tornado um dos instrumentos mais tocados no mundo.

Os instrumentos baseados em teclados se mostraram sedutores para os músicos, pela mesma razão que teclados alfanuméricos nos agradam hoje: por nos possibilitar o uso dos dez dedos de forma independente. Quando o piano começou a se tornar cada vez mais proeminente, nos anos 1700, os inventores começaram a pensar em como um sistema de teclado poderia ser usado não só para tocar música, mas também para captar notas tocadas em algum tipo de mídia permanente. Em 1745, um alemão chamado Johann Friedrich Unger propôs um dispositivo que extraía notas musicais de uma folha de papel rolante para um teclado como o do piano em apresentações ao vivo. Cada nota seria representada por uma linha reta, com seu comprimento determinado pela duração da nota na tecla pressionada. (A partitura proposta por Unger é muito parecida com o layout do "rolo de piano" Midi usado em softwares de música hoje em dia.) Como toda a engenhoca dependia de um rolo de papel se desenrolando a uma velocidade constante, Unger manteve um estranho silêncio sobre como seu dispositivo funcionaria de forma tão consistente, o que pode ser a razão de ele nunca ter construído a coisa. Outros inventores seguiram seus passos, inclusive um certo Miles Berry, que em 1836 patenteou um dispositivo que fazia furos em papel-carbono com um estilete, uma técnica que mais tarde se tornaria essencial para as pianolas.

Mas o grande interesse pelo uso de teclados para escrever notas musicais sugeria outra aplicação, com potencial ainda maior de mercado:

usar teclados para registrar letras, palavras, sentenças inteiras. Inspirado pela maneira como pianistas tocavam acordes pressionando várias teclas simultaneamente, em 1827 um bibliotecário francês chamado Benoît Gonod inventou uma máquina de datilografia taquigráfica que usava apenas vinte teclas para imprimir um fluxo de pontos que podiam ser revertidos em código alfanumérico. (O sistema de Gonod é usado pelos estenógrafos até hoje.) Os detalhes são turvos, mas em algum momento nos anos 1830 ou 1840 um italiano chamado Bianchi parece ter apresentado à academia de Paris um "cravo de escrever", que usava um teclado de piano e um cilindro revestido de papel para imprimir letras diretamente na página. A primeira máquina funcional que um observador moderno poderia identificar com uma máquina datilográfica foi patenteada em 1855 por um italiano chamado Giuseppe Ravizza, obcecado pela ideia de

A primeira máquina de escrever Remington.

uma máquina de escrever havia trinta anos. Ele usou a mesma metáfora já utilizada por Bianchi, chamando sua criação de *cembalo scrivano*, o "cravo de escrever".

Outros inventores de máquinas datilográficas durante esse período usaram teclados como o do piano – com teclas pretas e brancas alternadas –, inclusive uma "máquina de imprimir", inventada por um nova-iorquino chamado Samuel Francis em 1857. Mas quando a Remington Nº 1 chegou ao mercado, nos anos 1870, as raízes musicais da máquina de datilografar já haviam sido abandonadas, restando apenas a palavra *teclado*. O teclado da máquina datilográfica reinventaria a forma como os humanos se comunicam. Mas a ideia dessa ferramenta, atualmente indispensável, começou na música.

POR QUE A MÚSICA tem um papel tão importante na nossa história tecnológica? Uma razão provável é que a música leva naturalmente à criação de códigos, mais que qualquer outra atividade humana que não a linguagem e a matemática. Tabletes cuneiformes datados de 2000 a.C. foram encontrados com uma forma simplificada de notação musical, com notas organizadas de acordo com o que chamamos agora de escala diatônica. Mais uma vez, a música aparece pulando na frente do que deveria estar logicamente na hierarquia das necessidades. Em 2000 a.C., a maioria dos assentamentos humanos ao redor do mundo ainda não tinha inventado um sistema de notação para a *linguagem*. Mas, de alguma forma, os antigos sumérios já estavam escrevendo partituras.

O ritmo também pode funcionar como uma espécie de código informacional, como Samuel Morse descobriu com a invenção do telégrafo. As primeiras redes de comunicação sem fio de longa distância foram os "tambores falantes" da África Ocidental, instrumentos percussivos afinados de forma a imitar os contornos das línguas africanas.[11] Complexas mensagens de alerta sobre iminentes invasões ou transmissão de novidades e fofocas sobre mortes ou cerimônias de casamento podiam ser transmitidas quase à velocidade do som por dezenas de quilômetros, com tambores repetidores situados em cada aldeia. Instrumentos projetados originalmente para estabelecer cadência para danças e outros rituais musicais acabaram se mostrando surpreendentemente úteis também para codificar informação. As origens da tecnologia dos tambores falantes foram perdidas na história; não existe um Samuel Morse para homenagear, algum engenhoso inventor do código original. Mas é presumível que a ideia tenha seguido mais ou menos a mesma sequência que levou outras civilizações das flautas de osso às caixinhas de música: padrões de som sincronizados sendo acionados de início pela estranha e inebriante sensação que invocavam nos ouvintes. Mas, com o passar do tempo, a exemplo de Vaucanson muitos séculos depois, inventores da África Ocidental começaram a perceber que esses padrões podiam transmitir mais do que simples ritmos ou melodias. Assim como os padrões de ondas sonoras que nós traduzimos em linguagem falada, os padrões de tons gerados pelos tambores podiam transportar outra camada de significado. Pela primeira vez, símbolos estavam flutuando pelo ar, viajando para bem além do alcance da voz humana.

Hoje, claro, nossa vida está cercada de informação codificada e entretenimento. Assistimos a filmes, compartilhamos fotografias de família e nos divertimos com jogos que foram transcritos e comprimidos em código binário, captados em algum meio de armazenamento, distribuído por discos ópticos ou, cada vez mais, pela internet – e afinal, bem no fim da cadeia, o código é traduzido de volta aos sons, imagens e palavras que podemos entender, por máquinas construídas para traduzir esses códigos ocultos para nós transformando-os em informação com significado. Esse vasto ciclo de codificação e decodificação é agora tão onipresente em nossas vidas quanto a eletricidade, um ciclo que para todos os propósitos práticos era inexistente meros 150 anos atrás.

Não surpreende que as primeiras tecnologias que introduziram o ciclo de codificação/decodificação na vida cotidiana tivessem a forma de um instrumento, vindo de uma linha direta de Vaucanson e dos Banu Musa: a pianola. Embora sua pré-história remeta à Casa da Sabedoria, a pianola se tornou um foco importante para os projetistas de instrumentos na segunda metade do século XIX; dezenas de inventores dos Estados Unidos e da Europa contribuíram com soluções parciais para o problema de projetar uma máquina que conseguisse imitar o sentimento de um pianista humano. As novas oportunidades para expressar o que o pianoforte de Cristófori introduziu colocaram um desafio radical para automatizar essa expressão; não era suficiente gravar a sequência correta de notas – o piano autônomo precisava também captar a altura de cada nota individual, o que os softwares de música digital chamam hoje de "velocidade". O primeiro piano autônomo a alcançar verdadeiro sucesso comercial foi uma pianola construída por um inventor de Detroit chamado Edwin Scott Votey, em 1895. Alimentada pneumaticamente pela sucção produzida por um humano apertando pedais (que, por sua vez, determinava o tempo da apresentação), a pianola codificava suas músicas em rolos de papel perfurados – uma versão em rolo dos cartões perfurados de Jacquard. Embora dezenas de outros pianos autônomos tenham invadido o mercado no começo dos anos 1900 (inclusive um chamado Tonkunst – "arte musical", em alemão –, de onde o termo *honky-tonk* deriva), a pianola alcançou tanto sucesso que chegou a ser tão conhecida como as marcas Kleenex e Band-Aid. Durante o apogeu do piano autônomo, que durou até mais ou menos 1930, muitos consumidores simplesmente as chamavam de pianolas, independentemente da verdadeira marca do dispositivo.

Na esteira do sucesso comercial das pianolas surgiu um novo modelo de negócio inovador: vender novas canções codificadas no formato do rolo de piano. Hoje em dia todo mundo está acostumado a esse tipo de transação: a gente compra um aparelho e passa os anos seguintes adquirindo softwares, códigos que possibilitam novas funções à máquina. Mas em 1900 o conceito de pagar por novos programas era uma ideia inteiramente nova. Centenas de milhares de canções – de composições clássicas a *honky-tonk* – foram gravadas em formato de rolo de piano nas primeiras décadas do século XX. O piano autônomo seria praticamente eliminado pelo rádio e os fonógrafos nos anos 1930, mas o modelo comercial estabelecido – pagar por um código – acabaria originando algumas das empresas mais lucrativas da história do capitalismo.

Propaganda de jornal da pianola, anos 1920.

Há algo de enigmático no fato de o piano autônomo ter alcançado um sucesso tão radical durante esse período. O rádio só se tornou uma tecnologia de massa nos anos 1920, por isso não deveria nos surpreender que a pianola tenha fincado pé nos lares americanos e no gosto do público antes disso. Mas o fonógrafo foi inventado por Edison em 1877, quase vinte anos *antes* da pianola de Votey. O fonógrafo era um dispositivo muito menos desajeitado – e mais barato – e substituiria o piano autônomo como máquina "programável" nos anos 1930. Mas por que demorou tanto? Como costuma acontecer no caso da história das inovações, a explicação para essa estranha sequência revolve em torno da natureza em cadeia do progresso tecnológico. Invenções são quase sempre solitárias, criaturas isoladas; elas dependem de outras invenções que as complementem, ou as capacitem com novas aplicações que seus inventores originais jamais consideraram. O fonógrafo em si foi uma inovação genuína, que captou pela primeira vez as verdadeiras ondas analógicas da música e da fala humana. Mas demandava outra tecnologia, paralela, para chegar a ser um sucesso de massa. Uma pianola era em essência um simples piano, com marteletes ferindo cordas materiais; gerava um som capaz de preencher um salão ou uma sala barulhenta. Mas o fonógrafo só era amplificado pela passagem das ondas sonoras através de um cintilante megafone. Era preciso se aproximar para ouvir, e o som era efetivamente inaudível numa sala com qualquer tipo de ruído ambiental. O fonógrafo era de longe mais versátil que a pianola; você podia ouvir cantores, bandas de metais, orquestras ou poesia. Só que o volume não era suficientemente alto. Era preciso uma amplificação, que acabou chegando via duas invenções relacionadas: a corrente elétrica quantificada e os tubos a vácuo. No momento em que puderam ser ligados ao fonógrafo, os dias da pianola estavam contados.

A DISTINTA PLATEIA REUNIDA no dia 19 de junho de 1926 no Théâtre des Champs-Élysées, o grande salão de concertos art déco no oitavo arrondissement, deveria saber que não estava lá apenas para mais uma noite na ópera no instante em que avistou os instrumentos montados no palco. Além de um punhado de instrumentos de percussão que não estariam deslocados no casamento dos Médici – xilofones, carrilhões, bumbos – o conjunto ainda incluía uma pianola, diversos pianos tradicionais, uma sirene, martelos, serrotes, uma série de campainhas elétricas e duas enormes hélices de avião.

Os músicos que tocavam aqueles bizarros instrumentos estavam lá para apresentar uma peça chamada *Ballet Mécanique*, criada pelo compositor americano George Antheil, de 24 anos. Assim como muitos artistas e intelectuais da era do jazz, aos 21 anos Antheil tinha trocado a banalidade americana em que fora criado por zarpar para as luzes ofuscantes da bonomia da vanguarda parisiense. Na ocasião de sua estreia no Théâtre des Champs-Élysées, ele já tinha se abrigado entre uma elite de conhecedores: alugando um quarto em cima da Shakespeare and Company de Sylvia Beach; sonhando com colaborações com James Joyce e Ezra Pound; brigando com Igor Stravinsky. Inspirando-se na obsessão dos futuristas pela estética do maquinário industrial, Antheil ganhou reputação como um compositor ousado, ansioso por ampliar a definição do que constituía um instrumento musical. (Anos depois, num gesto de marca pessoal que teria deixado Prince impressionado, Antheil deu o título *The Bad Boy of Music* a sua autobiografia, ainda que algumas de suas inovações musicais reproduzissem experimentos anteriores de Stravinsky e Darius Milhaud.) O *Ballet Mécanique* foi concebido originalmente como uma partitura para um pequeno filme experimental com o mesmo título, mas as duas obras logo ganharam vidas separadas – em parte a peça de Antheil acabou sendo quase duas vezes mais longa que o filme.

Por mais eclética que parecesse no palco do Théâtre des Champs-Élysées, a "orquestra" formava um conjunto muito mais enquadrado e convencional do que Antheil pretendia. A peça central de sua partitura original era um conjunto de dezesseis pianolas tocando quatro peças diferentes, muitas delas atonais. O "balé mecânico" que Antheil planejava apresentar de início tinha máquinas automáticas no lugar de dançarinos – o ritmo pulsante e barulhento da era industrial transformado numa espécie de música, não pela destreza de um músico virtuoso, e sim pelas notas perfuradas do rolo de piano. Mas, no fim, a tecnologia da pianola sabotou o projeto de Antheil, em grande parte por ele querer que a tecnologia fizesse algo que quase nunca era exigido no uso comum. Um rolo de piano podia efetivamente imitar o tempo e a articulação de um bom pianista, coordenando a atividade de todas as 88 teclas. Mas não era fácil sincronizar a atividade de *múltiplos* pianos autônomos. Mesmo que fossem acionados exatamente ao mesmo tempo, minúsculas diferenças entre os tempos de cada máquina logo fariam com que saíssem de sincronia. Hoje, os concertos modernos conseguem sincronizar dezenas de diferentes instrumentos com facilidade graças ao código digital Midi, mas, em meados dos anos 1920, esse era um problema que ninguém sequer havia concebido. Os instrumentos tocavam no mesmo compasso porque eram acionados por seres humanos, que podiam acompanhar os gestos do regente ou ouvir o andamento gerado pela seção rítmica. Mas uma máquina precisava de dicas mecânicas para se manter em sincronia com outras máquinas. Antheil tentou montar um sistema de tubos pneumáticos e cabeamento elétrico para coordenar suas pianolas, mas suas tentativas não funcionaram. Afinal, ele acabou desistindo e reescreveu a partitura para uma só pianola, acompanhada por pianistas tradicionais.

Mesmo sem os dezesseis pianos autônomos, a estreia de 1926 conseguiu provocar um pequeno tumulto no teatro. Com uma plateia formada por estrelas da elite intelectual de Paris – que incluía Joyce, Pound, T.S. Eliot e Man Ray –, a plateia começou a gritar invectivas ao palco no meio do concerto; quando as hélices de avião entraram em ação, os espectadores abriram guarda-chuvas numa pantomima de que estavam sendo arrastados pelo fluxo de ar. Depois, um amigo de Antheil escreveu: "O *Ballet* começou a parecer uma fera monstruosa e abstrata, lutando contra os nervos da plateia, e eu comecei a ponderar quem iria vencer."[12] A certa altura, parece que Pound se levantou e gritou aos que vaiavam: "*Vous êtes tous des imbéciles!*" ("Vocês são todos uns imbecis!") Depois, Aaron Copland insinuaria que a reação ao *Ballet Mécanique* foi ainda mais tumultuosa que a famosa irrupção que marcou a estreia de *A sagração da primavera*, de Stravinsky. (Nas palavras de Copland, Antheil tinha "superado *Le Sacre*".)[13] Antheil, claro, viu o caso todo como um grande triunfo: "A partir desse momento", escreveu em sua autobiografia, "eu sabia que, pelo menos durante um tempo, seria o novo queridinho de Paris."[14]

A apresentação do *Ballet Mécanique* desperta uma estranha nostalgia em relação aos dias de hoje: eram os bons e velhos tempos em que apresentações de música experimental em salas de concerto provocavam confusão pelos corredores. Mas acredito que aquela noite de 1926 incorpora uma série de verdades mais profundas sobre a maneira como há muito tempo a música caminha entrelaçada com a inovação tecnológica. Alguma coisa na natureza da música estimula subculturas a buscar novos tipos de som, em geral construindo novos instrumentos, como os pianos autônomos sincronizados da partitura original de Antheil. Com o tempo, esses novos sons – por mais estridentes ou ininteligíveis que possam soar à primeira geração de ouvintes – acabam se tornando mais familiares, com compositores e intérpretes mais convencionais integrando-os em temas e arranjos mais tradicionais, da mesma forma que a música eletrônica e o *dubstep* se tornaram presentes na lista das mais tocadas de hoje. E essa ânsia exploratória por novos sons acaba criando novas possibilidades tecnológicas, com aplicações fora do domínio da música. Antheil fracassou ao divisar um esquema de sincronização de seus dezesseis pianos autônomos. Mas, quase duas décadas depois, a tentativa de resolver esse problema – em nome da arte e da experimentação sonora – levaria a uma inovadora tecnologia militar que acabaria se tornando um componente crucial nas comunicações sem fio entre civis. Da forma como aconteceu, para dar esse salto, Antheil precisava de uma parceira absolutamente improvável: Hedy Lamarr, na época uma das mais glamorosas estrelas de cinema do mundo.

Ignorada por muitas décadas, nos últimos anos a história da estranha colaboração de cama e mesa entre Lamarr e Antheil tornou-se parte da erudição em história da tecnologia. Lamarr começou sua carreira de atriz na Alemanha de Weimar, tendo se casado com um comerciante de armamentos que afinal revelou ter ligações com os nazistas. Ela fugiu da Europa em 1937 e aportou nos estúdios da MGM, onde logo se tornou uma das mulheres mais sedutoras do cinema americano. Fora da tela, no entanto, Lamarr era uma inventora amadora, sempre especulando com ideias que pudessem ajudar a causa dos Aliados. Quase sempre evitava o circuito de festas de Hollywood, preferindo ficar em casa numa sala atulhada de livros sobre engenharia e pranchetas cheias de diagramas. Quando um submarino alemão afundou o navio de refugiados *City of Benares*, em setembro de 1940 – matando setenta crianças –, Lamarr começou a planejar um torpedo comandado por controle remoto que pudesse atingir um submersível. Por conta da época em que viveu na periferia do negócio de munições austríaco, Hedy conhecia muito bem as dificuldades dos mecanismos de controle sem fio. Utilizando frequências de rádio, era fácil enviar um sinal que pudesse alterar a direção de um torpedo na água; o problema era que os inimigos podiam detectar esse sinal e interferir com facilidade. Mas ocorreu a Lamarr que um sistema poderia evitar essa interferência mudando constantemente sua frequência, de acordo com um padrão preestabelecido. Ela chamou essa técnica de "salto de frequência".

Por casualidade, Lamarr conheceu Antheil no momento em que essa ideia começava a tomar forma. Desde os tempos tumultuados de sua apresentação do *Ballet Mécanique*, Antheil tinha seguido o mesmo caminho de Scott Fitzgerald, de Paris a Hollywood, onde teve uma carreira bem-sucedida, embora menos escandalosa, como compositor de temas para uma série de filmes esquecíveis. (Surpreendentemente, ele também manteve uma coluna como conselheiro de relacionamentos para a *Esquire*.) Depois de saírem para jantar várias vezes no outono de 1940, Lamarr e Antheil começaram a trabalhar juntos no projeto do salto de frequência. Pode muito bem ter sido a parceria mais bizarra da história das invenções: uma estrela de cinema e um compositor experimental/colunista sentimental trabalhando até tarde da noite em Hollywood Hills, formulando ideias de ponta para protocolos de comunicação naval.

A ideia original de Lamarr sobre o salto de frequência, por mais brilhante que fosse, apresentava um desafio crucial: o mecanismo receptor teria de mudar de frequência em sincronia com o dispositivo transmissor. Em certo sentido, era um problema de sincronização. Foi aí que a experiência de Antheil com o *Ballet Mécanique* forneceu o elemento que completava a invenção de Lamarr. Durante as muitas noites no estúdio de Lamarr, engalfinhado com o problema de coordenar um conjunto variável de frequências numa sincronia perfeita, Antheil voltou a pensar na-

Hedy Lamarr

quelas dezesseis pianolas e em seu sonho de programar todas em perfeita sincronia usando uma rosca sem fim. Ele propôs um sistema pelo qual as instruções da frequência eram codificadas em duas fitas perfuradas. Onde os orifícios do rolo de piano sinalizavam uma nota musical, os furos nas fitas sinalizariam uma mudança de frequência. Seria um padrão impossível de ser detectado e alterado por um inimigo escaneando o espectro de sinais. Mas se as fitas fossem ativadas ao mesmo tempo, o receptor no torpedo interpretaria os disparos aleatórios do ruído, saltando pelo espectro, como informação. Numa alusão às raízes musicais da ideia, Antheil propôs que o sistema contivesse 88 saltos de frequência distintos, o mesmo número de teclas de um piano.

Embora a marinha tenha ignorado solenemente a proposta de Lamarr e Antheil, os dois inventores patentearam o produto em 1942, que foi considerado valioso o suficiente para ser trancado como informação classificada. (Depois, Antheil matutou se aquela analogia musical não teria prejudicado o caso na cabeça dura dos analistas militares: "Até posso vê-los dizendo: 'Meu Deus, nós vamos pôr uma pianola num torpedo'", escreveu.)[15] Mas a ideia do salto de frequência era boa demais para se perder para sempre nos cofres de patentes classificadas. Uma versão atualizada da invenção de Lamarr e Antheil foi instalada em navios da marinha durante a crise dos mísseis de Cuba. Hoje, o salto de frequência evoluiu para uma tecnologia de espectro abrangente, utilizada por inúmeros sistemas essenciais, inclusive redes de telefones celulares, Bluetooth e Wi-Fi.

GEORGE ANTHEIL PREVIU corretamente a extraordinária explosão de novos sons prometida pela era da eletricidade, ainda que possa ter se mostrado um pouco míope a respeito da tecnologia de dados que esses sons utilizariam. "Ainda veremos máquinas orquestrais com mil sons novos, com milhares de novas eufonias, bem diferente dos sons simples dos dias atuais, de cordas, metais e sopros", ele escreveu em 1924 em seu "Manifesto Mecânico-Musical". "É só um pequeno passo até que toda [performance musical] possa ser perfurada num rolo de papel."[16] Pessoas razoáveis podem discordar que cordas, metais ou sopros sejam "mais simples" que os novos sons criados pela música eletrônica, mas é um fato empírico que as "máquinas orquestrais" na forma de sintetizadores, samplers e software de música digital introduziram milhares de novos sons para o ouvinte moderno. E essas novas texturas sonoras não são apreciadas apenas pelo ouvido educado dos aficionados de vanguarda, encontram-se onipresentes no Spotify ou no SiriusXM. Sem dúvida, o ultraje teria sido ainda maior se aquela plateia de 1926 tivesse sido exposta às bandas Kraftwerk ou Aphex Twin. Mas hoje aqueles sons produzidos por máquinas – e em geral saturados de ruído – já ganharam o gosto do público de massa.

Como quase todos os inovadores na história da manufatura de instrumentos, os pioneiros da música eletrônica abriram um caminho que acabaria sendo seguido por exploradores menos aventureiros. Hoje tiramos fotografias e fazemos filmes com câmeras digitais; escrevemos romances em computadores; projetamos edifícios usando o software CAD. Mas as primeiras ferramentas eletrônicas digitais voltadas para a criatividade eram quase todas exclusivamente de natureza musical. Algumas dessas ferramentas – e as pessoas por trás delas – se tornaram nomes conhecidos, como o sintetizador Moog, de autoria do brilhante engenheiro Robert Moog. (Sempre ansiosos por experimentar novos sons, os Beatles foram uns dos primeiros músicos a incorporar o Moog em suas gravações – você pode ouvir o instrumento no som semelhante ao de órgão em "Here Comes the Sun".) Mas, como qualquer mudança de modelo digna do nome, grandes equívocos e becos sem saída produtivos impulsionaram a mudança quase tanto quanto as histórias de sucesso.

Um desses becos sem saída faz parte da coleção do Museu de Ciência de Londres. Com espirais de cabos e fitas transparentes jorrando de uma estrutura aberta do tamanho de um gaveteiro, a peça lembra uma fotocopiadora de escritório dissecada numa mesa de autópsia. Mas na verdade esse estranho artefato é um instrumento musical, um dos primeiros instrumentos eletrônicos funcionais já construídos. Seu nome é Máquina de Oramics, seguindo o nome de sua criadora, Daphne Oram.

Daphne pertencia a uma geração de mulheres que teve papel crucial na produção e programação das primeiras máquinas da era digital. Era engenheira de som na BBC e compositora de música experimental. (Partindo de onde Antheil tinha parado, ela especulou com composições usando múltiplas fitas de gravação e osciladores de ondas senoidais.) Por acaso, um de seus primeiros trabalhos na BBC coincidiu com os últimos dias dos bombardeios alemães: durante transmissões ao vivo de músicas clássicas pelo rádio, Daphne sincronizava as apresentações com a gravação da música. Se uma bomba alemã interrompesse a apresentação, ela imediatamente mudava para a versão gravada. (Dada a baixa qualidade do rádio AM e dos auto-falantes dos anos 1940, os ouvintes em casa raramente notavam a mudança.) Nos anos 1950, ela já contava com um capital político suficiente na BBC para defender a criação da BBC Radiophonics Workshop, um influente laboratório de efeitos sonoros que funcionou por quarenta anos.

A ideia da Máquina de Oramics se originou durante um curso de treinamento técnico que ela fez em 1944. Foi a primeira vez que Daphne viu um osciloscópio de raios catódicos, um dispositivo que converte ondas de som em uma linha trêmula e rolante na tela, não diferente de um ECG moderno. Décadas mais tarde, ela recordou a experiência:

> Deixaram que eu cantasse na máquina e vi minha voz como padrões na tela, gráficos, e perguntei aos instrutores por que não podíamos fazer isso ao contrário, desenhar os gráficos e extrair o som deles. Acho que eu tinha dezoito anos e eles pensaram que era uma tolinha, uma adolescente boba fazendo perguntas bobinhas. Desde então fiquei determinada a estudar aquilo, mas eu não tinha um osciloscópio.[17]

A pergunta de Oram pode ter surpreendido seus instrutores, mas alguma coisa sobre a ideia de extrair aquele som ficou em sua cabeça. Quando o mundo da eletrônica amadureceu, nos anos 1950, com a adoção de transistores, fotocélulas e fitas magnéticas, Daphne se convenceu de que era o momento certo para transformar seu palpite de adolescente em realidade. A primeira coisa que fez foi procurar a BBC para dizer que eles deveriam financiar o desenvolvimento de uma máquina que pudesse, como ela definiu depois, "[explorar] esse vasto continente da música". O chefão da BBC ficou perplexo com o pedido. "Fui falar com o chefe da pesquisa e disse que tinha uma ideia para compor música gráfica, será que posso usar algum equipamento, por favor", recordou. "Ele se levantou da cadeira e disse: 'Senhorita Oram, nós empregamos cem músicos para fazer todos os sons que desejamos, muito obrigado' ... Essa foi a atitude oficial: eles já tinham a Orquestra Sinfônica da BBC, que estava lá para produzir toda a música que desejassem, e nada mais interessava."

Rejeitada por seu empregador vitalício, em 1962 Daphne partiu para trabalhar de forma independente com seu dispositivo Oramics, apoiada por uma série de subvenções e uma equipe rotativa de engenheiros. Remetendo às fitas perfuradas projetadas por Antheil e Lamarr, o dispositivo usava tiras de filme de 35mm para controlar o som. O "compositor" desenhava uma linha sinuosa que designava mudanças no timbre, amplitude ou tom. Fotocélulas escaneavam as fitas e passavam a informação aos geradores de som. A iteração final da máquina incluía dez tiras de filme separadas que podiam ser processadas simultaneamente. O dispositivo tinha quatro "vozes" que podiam tocar partes diferentes em perfeita sincronia. As notas eram programadas com uma grade de retângulos seguindo as indicações do rolo de piano. Os outros elementos – volume, digamos, ou revérbero – eram controlados por formas livres desenhadas no filme. Vaucanson e os Banu Musa tinham enfrentado a dificuldade de "gravar" um cilindro perfurado para programar uma máquina musical. Daphne Oram achou que aquilo seria tão simples quanto desenhar uma linha.

Em uma carta de 1966, ela descreveu seu progresso:

> Estamos encantados em dizer que conseguimos provar que informação gráfica pode ser convertida em som. Podemos traçar qualquer padrão de forma de onda e escaneá-lo eletronicamente para produzir sons. Ao variar o padrão escaneado, o timbre varia de acordo ... Acreditamos que não existe equipamento similar em qualquer outro lugar do mundo.

Ela estava certa. Não somente a Oramics foi a primeira máquina do tipo, como também, de certa forma, foi a última. Daphne estava certa ao argumentar que um "vasto continente de música" estava para surgir. Em meados dos anos 1970, músicos aventureiros já estavam gravando álbuns inteiros com sons eletrônicos – mas os sintetizadores que usavam se valiam de mecanismos muito mais tradicionais: os tons controlados por um painel de diais e botões e as notas controladas pela mais antiga das convenções – um teclado. Quando a música eletrônica se tornou popular, graças a bandas pós-punk como Devo e New Order, controlar um sintetizador desenhando linhas ou com uma fita de filme teria parecido tão sem sentido quanto o controle com cartões perfurados.

Mas não devemos nos deixar distrair pelo espetáculo daquelas tiras de filme. Sim, essa parte da solução acabou se mostrando um beco sem saída. Interfaces de computadores acabaram sendo muito mais eficientes na tarefa de informar os sintetizadores que notas tocar, não linhas ondulantes em tiras de filme. Mas observe qualquer software de gravação de música moderno – Pro Tools, Logic, até o GarageBand: o denominador comum de todas essas ferramentas atualmente indispensáveis é uma pilha de linhas ondulantes rolando por uma tela no ritmo da música. Algumas dessas linhas controlam o tom; outras controlam volume e revérbero. Havia centenas de instrumentos eletrônicos provocativos em desenvolvimento durante os anos 1960, muitos dos quais produziram descendentes mais diretos que a máquina de Oram. Mas nenhum desses dispositivos apresenta tanta semelhança com as modernas ferramentas de software como a Máquina de Oramics. O meio físico imaginado por Daphne tornou-se obsoleto assim que foi inventado. Mas a *interface* que ela imaginou era uma coisa do futuro.

A SEQUÊNCIA TECNOLÓGICA SEGUIDA pelos instrumentos musicais – de mecanismos a eletrônicos e softwares, de entalhes no rolo de piano a códigos invisíveis de zeros e uns – também moldou a evolução da música *gravada*: o gramofone de manivela foi substituído por amplificadores de tubo dos

Daphne Oram desenhando timbres na Máquina de Oramics.

equipamentos estereofônicos e depois por bits digitais do CD de áudio. A migração para a música digital é recente o bastante para que a maioria de nós perceba suas repercussões mais abrangentes: pense nos ainda fervilhantes debates sobre música na era pós-Napster, os desafios impostos às nossas leis de propriedade intelectual e à economia de todas as indústrias de criação. Porém, como sempre, o que começou com uma tentativa de criar e compartilhar novos tipos de sons acabou provocando outras revoluções em outros domínios. A primeira rede de compartilhamento de informação verdadeira foi projetada especificamente para troca de arquivos de música. Ainda é cedo para dizer, mas essa inovação pode se tornar tão influente quanto os teclados de piano e cilindros perfurados se plataformas de compartilhamento como a Bitcoin acabarem, de fato, se tornando um importante aspecto da infraestrutura financeira global, como muita gente acredita. É inteiramente possível que o avanço mais significativo na história do dinheiro desde a invenção de uma moeda apoiada pelo governo acabe tendo suas raízes em um adolescente compartilhando músicas do Metallica.

Sempre que novas ondas da tecnologia da informação se agitaram, a música estava lá para recebê-las. A música foi uma das primeiras atividades a ser codificada, a primeira a ser automatizada, a primeira a ser programada, a primeira a ser digitalizada como produto comercial, a primeira a ser distribuída via redes de compartilhamento. Há algo inegavelmente prazeroso nessa litania, algo esperançoso. Pense na história por trás do equipamento mais influente da era moderna: um computador compartilhando informações através de redes sem fio. Quais foram as tecnologias que tornaram possível inventar esse dispositivo? A visão majoritária é que os computadores – e a internet – descendem de tecnologia militar, já que muitos dos primeiros computadores foram projetados especificamente para decifrar códigos em tempos de guerra ou calcular trajetórias de foguetes. Mas a invenção de um computador também exigiu outros tijolos fundamentais: caixas de música, flautistas automatizados, teclados de cravos, pianos autônomos. É muito frequente ouvirmos a velha cantilena de que as inovações seguem invariavelmente o comando dos guerreiros. Mas acontece que os menestréis e maestros também nos conduziram a uma porção de avanços, em especial com tecnologias que envolvem algum tipo de código. Sim, o Departamento de Defesa ajudou a construir a internet. Mas os cilindros perfurados das caixinhas de música nos deram o *software*. Quando se trata de gerar novas ferramentas para compartilhar e processar informação, os instrumentos de destruição não superam os instrumentos de música.

3

PALADAR

O NAUFRÁGIO DA PIMENTA

A história mais profunda pode ser detectada nos artefatos mais banais, se soubermos para onde olhar. Considere um dos itens mais desdenhados nas gôndolas de um supermercado moderno: o simples salgadinho Doritos. Originalmente introduzido em 1964 como atração exclusiva para os visitantes da Disneylândia, oferecido na "Casa de Fritos" na Adventureland, o Doritos se tornou a joia da coroa do império de salgadinhos Frito-Lay. Desde a inauguração do parque de diversões, a família Doritos vem se diversificando numa ampla gama de sabores e oportunidades para outras marcas: Cool Ranch, Sour Cream and Onion, Taco Bell's Taco Supreme, Pizza Hut's Pizza Cravers, Nacho Chipotle Ranch Ripple, Four Cheese, Spicy Nacho. Como todos os alimentos vendidos nos Estados Unidos desde a lei relativa à rotulagem de alimentos e educação nutricional dos anos 1990, a embalagem de Doritos contém, em letras quase microscópicas, uma lista dos ingredientes utilizados na produção dos salgadinhos:

> Milho integral, óleo vegetal (óleo de milho, soja e/ou girassol), sal, queijo cheddar (leite, culturas de queijo, sal, enzimas), maltodextrina, soro de leite, glutamato monossódico, sólidos de leitelho, queijo romano (partes de leite de vaca escumado, culturas de queijo, sal, enzimas), concentrado de proteína de leitelho, pó de cebola, grão de soja parcialmente hidrogenado

> e óleo de semente de algodão, farinha de milho, fosfato dissódico, lactose, sabor natural e artificial, dextrose, tomate em pó, temperos, ácido lático, cor artificial (inclusive Amarelo 6, Amarelo 5, Vermelho 40), ácido cítrico, açúcar, alho em pó, pimentões vermelho e verde em pó, caseína de sódio, inosinato dissódico, guanilato dissódico, sólidos de leite desnatado, isolato de proteína de leitelho, sólidos de xarope de milho.

Todos esses ingredientes são misturados para produzir um pacote de salgadinho de dois dólares. Vamos deixar de lado todas as misteriosas substâncias químicas de laboratório que associamos à junk food processada – caseína de sódio, inosinato dissódico, guanilato dissódico – e considerar apenas os ingredientes que na verdade reconhecemos como comida. Cada Doritos oferece uma lembrança do quanto nossas cadeias alimentares se tornaram globalmente entrelaçadas. Imaginamos os produtos da Frito-Lay como uma grande avenida de lojas de conveniência não alimentares, mas de certa forma eles são verdadeiros cidadãos do mundo. O milho foi originalmente domesticado no México como maís; o feijão de soja surgiu na Antiguidade, nas lavouras do leste da Ásia; o girassol era nativo da América do Norte; o queijo cheddar tem sua origem na Inglaterra, enquanto o romano vem da Itália. O leitelho e outros queijos datam das primeiras vacas domesticadas para laticínios no sudoeste da Ásia, 10 mil anos atrás. Ninguém sabe ao certo de onde veio a cebola, mas é provável que seja tão antiga quanto a própria agricultura. Apesar de pensarmos em tomates como ingrediente das culinárias da Espanha e da Itália, o tomateiro tem origem nos Andes da América do Sul. A cana-de-açúcar aparece no sul da Ásia, o alho veio da Ásia Central, e os pimentões verdes e vermelhos são nativos da América do Sul e América Central.

Sabores do mundo inteiro convergem toda vez que você saboreia o gosto penetrante e aguçado de um Doritos. Mas como esse gosto tão globalizado veio a surgir? A resposta a essa pergunta está bem ali na embalagem do Doritos, no item mais enigmático da lista de ingredientes: especiarias.

MAIS OU MENOS TREZENTOS quilômetros a leste da Indonésia há uma série de pequenas ilhas tropicais com verdejantes cones vulcânicos que só se formaram 10 milhões de anos atrás. Hoje os geólogos sabem que essas ilhas encontram-se numa posição singular na superfície do planeta: o único lugar da Terra para onde convergem quatro diferentes placas tectônicas. Formalmente, elas são chamadas ilhas Molucas, mas cinco ilhas na ponta norte do arquipélago – Ternate, Tidore, Moti, Makian e Bacan – há muito são conhecidas por outro nome: ilhas das Especiarias. Até o final dos anos 1700, todo o cravo-da-índia consumido em qualquer parte do mundo brotava do solo vulcânico dessas cinco ilhas.

Apesar da localização remota e de seu tamanho minúsculo, as ilhas serviram como nódulos de uma rede global de comércio durante pelo menos 4 mil anos. Arqueólogos encontraram no sítio de Terqua, na Síria, cravos-da-índia preservados em recipientes de cerâmica da antiga Babilônia datados de 1721 a.C.[1] Costumamos pensar no comércio de especiarias como uma prática da era das explorações, mas suas raízes são muito mais antigas. De alguma forma, numa época anterior às bússolas, à cartografia de precisão ou às prensas de tipos móveis, notícias sobre o cativante sabor e o aroma do cravo-da-índia já tinham se espalhado pelo planeta, resultando numa rede de comércio para transportar esses minúsculos botões de flores por 10 mil quilômetros, desde o mar das Molucas até as margens do Eufrates.[2]

As dimensões da rede de transporte usada para levar os cravos até a Síria parecem quase impossíveis, dadas as limitações de navegação do período. Um babilônio vivendo 2 mil anos a.C. não teria ideia da existência das ilhas das Especiarias nem da Indonésia – ou nem mesmo do oceano Índico, aliás. Isto é, aquelas pequenas especiarias viajaram milhares de quilômetros, mais do que qualquer indivíduo humano já tinha viajado. A épica corrida de revezamento que transportou esses cravos para o que é hoje a Síria se perdeu para nós, mas nosso conhecimento das rotas do comércio de especiarias desde os tempos de Roma sugere uma vaga noção do itinerário. Guigas ou comerciantes chineses teriam transportado os cravos pelo mar de Java, seguindo pelos estreitos das Molucas. Em cidades portuárias de Sumatra ou da atual Malásia, eles seriam vendidos a comerciantes indianos que os levaram para Malabar, no litoral da Índia, passando pela baía de Bengala e contornando o Sri Lanka. De lá, embarcações árabes transportavam a especiaria pelo golfo da Pérsia, descarregando-a nas caravanas do deserto cujos camelos atravessavam o que é hoje o Iraque para chegar às cozinhas da Babilônia.

Os primeiros a substituir essa rede de distribuição de comerciantes locais por um sistema global integrado foram os comerciantes muçulmanos que entraram em cena no século VII d.C. O novo sistema eliminou os intermediários locais, criando um grande mercado unificado que se estendia do arquipélago da Indonésia à Turquia e aos Bálcãs, passando pela África subsaariana e seguindo os rios Senegal e Níger. Os comerciantes muçulmanos operavam por todo o trajeto desse imenso sistema, e suas interações com as comunidades locais introduziram mais do que apenas o gosto por cravo-da-índia: levaram também o islã para essas regiões do mundo. Em quase todos os lugares em que os muçulmanos tentaram converter comunidades locais pela força das armas – na Espanha e na Índia, por exemplo –, a fé islâmica não conseguiu se enraizar. Mas os comerciantes se mostraram emissários muito mais eficientes da religião. Mais de um milênio depois, o mundo moderno continua sendo moldado por essas conversões. O mapa do comércio de especiarias dos muçulmanos por volta de 900 d.C. corresponde quase exatamente ao mapa das populações islâmicas do mundo atual. Na verdade, é bem possível que o islã não tivesse se tornado uma grande religião global não fosse o longo alcance dessa rede integrada de comerciantes de especiarias. A geografia do islã no século XXI, com efeito, é uma pós-imagem de um mapa muito mais antigo: locais onde os muçulmanos obtiveram lucros introduzindo novos e deliciosos sabores aos incipientes paladares dos consumidores.

O cravo-da-índia não foi a única preciosidade botânica produzida pelas ilhas a leste da Indonésia. Ao sul das Molucas, um arquipélago ainda menor conhecido como ilhas Banda, com uma porção de terra total de apenas 44 quilômetros quadrados, era o único local onde crescia a árvore de noz-moscada até os tempos modernos. O arquipélago incluía duas ilhas, Pulau Ai e Pulau Run, anglicizadas historicamente como Puloway e Puloroon. Esta última é tão pequena que seria difícil fazer caber um aeroporto em seu território, mas assim mesmo, no auge do comércio de especiarias, Jaime I se referia formalmente a si mesmo como "rei da Inglaterra, da Escócia,[3] da Irlanda, da França, de Puloway e de Puloroon". Algumas décadas mais tarde, os britânicos cederiam suas possessões nas ilhas Banda aos holandeses em troca de uma ilha no outro lado do mundo, um pouco maior, porém menos específica em termos botânicos: Manhattan.

Quando Cristóvão Colombo retornou triunfante em 1493 para anunciar à corte espanhola que tinha conseguido encontrar uma passagem ocidental para o Oriente, o navegador trouxe três principais evidências para confirmar sua afirmação: papagaios, um pequeno séquito de nativos do Caribe – que por engano ele chamou de indianos – e canela. (No fim, ele estava tão enganado em relação à canela quanto aos indianos:

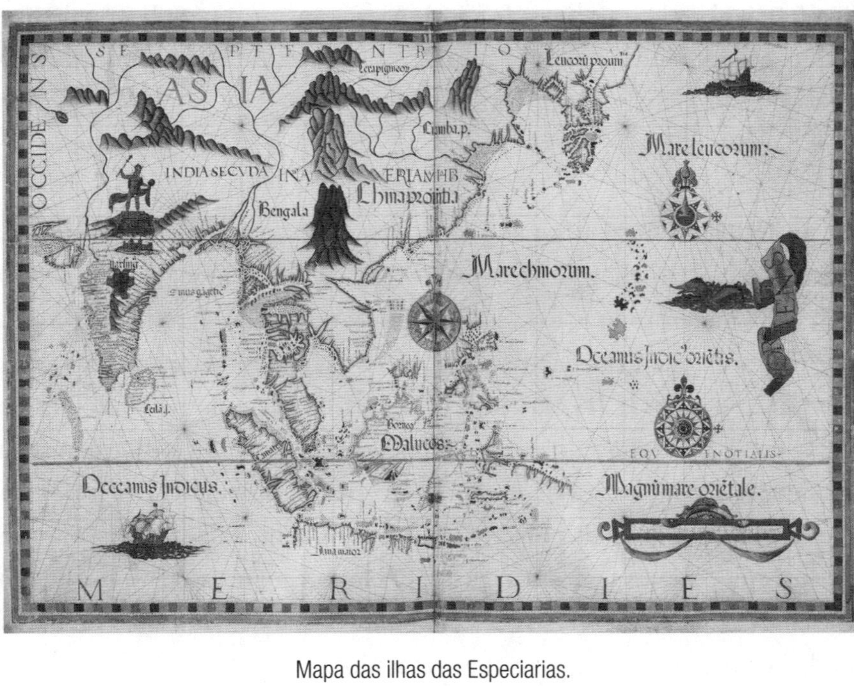

Mapa das ilhas das Especiarias.

a especiaria era apenas a casca de uma árvore caribenha e não tinha gosto nenhum de canela.) Arriscar a própria vida e grandes quantias de dinheiro para velejar por águas não mapeadas só para sair em busca de condimentos? Agora isso soa quase cômico. Mas ainda que o gosto por especiarias possa nos parecer frívolo nos dias de hoje, esse desejo – *apetite* é a palavra errada para um gênero com valor nutricional tão limitado – é o ponto de origem da mistura cosmopolita de sabores assados do Doritos, sem mencionar o cadinho internacional em que o supermercado moderno se transformou. Mais do que isso, as sementes e botões de cravo-da-índia, canela e noz-moscada foram também as sementes das quais brotou toda a ideia de um mercado global pela primeira vez. Como escreve o historiador Jack Turner em seu competente relato *Spice: The History of a Temptation*: "Em nenhum lugar a história do Oriente e do Ocidente[4] é mais incestuosa do que à mesa. Por conta das especiarias, Oriente e Ocidente mantêm uma antiga relação. Em vista do surgimento de especiarias nos períodos mais remotos, é uma possibilidade razoável que tenham se conhecido por causa das especiarias." E nenhuma especiaria fez mais para transformar o planeta do que a que agora brinda qualquer mesa de sala jantar, tão onipresente que costuma ser distribuída de graça: a pimenta.

EM SETEMBRO DE 1606, um navio de carga português chamado *Nossa Senhora dos Mártires* chegou à foz do rio Tejo, não muito longe de Lisboa. O barco estava retornando de uma viagem de nove meses com os depósitos cheios, com uma pequena fortuna em artigos trazidos da Índia. Mas antes que o *Nossa Senhora dos Mártires* conseguisse chegar ao porto de Lisboa pelos perigosos canais do norte do Tejo, o vento mudou e a embarcação foi arremessada contra os rochedos do promontório de São Julião da Barra. A intensidade da colisão e a força dos ventos fizeram com que a estrutura do navio se despedaçasse. O barco chegou ao leito do rio em frangalhos, perto da recém-construída fortaleza de São Julião da Barra, onde permaneceu por quase quatro séculos.

Gravura de noz-moscada, por volta de 1798.

Com o passar dos anos, a lenda de um tesouro naufragado em São Julião da Barra ganhou novas dimensões. Mergulhadores começaram a explorar a área nos anos 1950 e vislumbraram o casco do navio enterrado no lodo. Em 1996, o Museu de Arqueologia de Portugal patrocinou a escavação de um sítio de cem metros quadrados onde uma grande seção do navio tinha assentado. A promessa de um vasto tesouro acabou se revelando um mito: os arqueólogos recuperaram pedaços de arenito de Burma, porcelana e um punhado de moedas de ouro e prata. Mas o verdadeiro tesouro do *Nossa Senhora dos Mártires* estava bem à vista: as moedas, berloques e cerâmica estavam enterradas abaixo de uma manta negra de grãos de pimenta.[5]

Sem valor para um moderno caçador de tesouros, os grãos de pimenta valeriam milhões se o *Nossa Senhora dos Mártires* tivesse chegado a um porto seguro em Lisboa. Quando o navio afundou, em 1606, deixou uma maré negra de grãos de pimenta que chegaram às margens do Tejo, onde foram ansiosamente pilhados pelos moradores locais que correram para recolher o tempero. Atualmente, o "Naufrágio da Pimenta" – como veio a ser chamado – é um surpreendente lembrete do quanto esse tempero, hoje corriqueiro, valia em seu surgimento. Durante a Idade Média, quinhentos gramas de pimenta valiam muito mais que quinhentos gramas de ouro. (Hoje, quinhentos gramas de ouro rendem quase 20 mil dólares, enquanto quinhentos gramas de pimenta podem ser comprados por cerca de cinco dólares.) Grãos de pimenta foram usados regularmente como forma de pagamento, servindo como uma espécie de "moeda universal", como Turner os chama. O costume de pagar (ou complementar) o pagamento de um aluguel com poucos gramas de pimenta continuou em vigor em partes da Europa até os anos 1900.[6] Quando a rainha Isabela de Portugal se casou, em 1526, parte significativa de seu dote veio na forma de grãos de pimenta.[7]

Nenhuma civilização na história foi tão louca por especiarias como o Império Romano. Um prato normal servido em um banquete para a elite romana incluía uma prateleira inteira de temperos a serem saboreados. O *Livro de receitas* de Apicius, do século I, recomenda uma boa porção de pimenta em 80% de suas receitas, inclusive "uma variedade de sobremesas temperadas com uma fritura apimentada de farinha de trigo com mel e um confeito de tâmaras, amêndoas e pinhão assados com mel e um pouco de pimenta".[8] Não é de estranhar que quando os bárbaros sitiaram Roma, em 408, seu líder, Alarico, o Godo, tenha proposto suspender o cerco em troca de um butim de ouro, prata, seda e 1.400 quilos de pimenta. Pode parecer absurdo – como pedir um butim de garfos de plástico e guardanapos de papel –, mas o gosto dos romanos por especiarias teve consequências momentosas. Alguns historiadores acreditam que o déficit comercial de Roma com a Índia – consistindo em grande parte de importação de pimenta – teve um papel crucial nas causas da queda do próprio império. Em seu *História natural*, Plínio, o Velho observou: "Não há um ano em que a Índia não drene o Império Romano em 50 milhões

Mergulhadores içam parte do casco do "Naufrágio da Pimenta".

de sestércios."[9] A lendária decadência do final do Império Romano não foi apenas um declínio moral: aqueles banquetes regados a especiarias tiveram também um peso econômico.

Mas se a pimenta ajudou a provocar o colapso de uma das maiores cidades da Europa, também ajudou a construir outras. Um visitante atual percorrendo os canais de Veneza ou de Amsterdã, admirando os palácios ao longo do Grande Canal ou as elegantes mansões da Herengracht, poderia fazer uma pausa e considerar que muito daquela sofisticação mundana foi originalmente financiada pela pimenta. Veneza se tornou o principal centro de distribuição de pimenta e de outras especiarias em meados do século XIII, quando os comerciantes muçulmanos trouxeram os temperos da Índia em caravanas pelo Adriático. Os lucros obtidos por Veneza na venda do lendário vidro de Murano eram secundários comparados às tarifas cobradas como intermediárias do comércio de especiarias. Nos anos 1600, as rotas marítimas diretas para a Índia já tinham começado a reduzir seu preço no mercado aberto, mas a pimenta ainda era preciosa o bastante para inspirar uma nova era de impérios e corporações globais. A Companhia Holandesa das Índias Orientais[10] – a primeira corporação a lançar ações públicas no mercado – foi fundada para explorar a imensa lucratividade do comércio de especiarias. Economistas modernos estimam que a margem de lucro dos holandeses na noz-moscada e no cravo-da-índia chegava a 2.000%.

O gosto pela pimenta e outras especiarias também provocou alguns dos capítulos mais sombrios da história da globalização. Para aumentar a produtividade de suas plantações de pimenta, a Companhia Britânica das Índias Orientais instituiu praticamente uma colônia de escravos na ilha de Sumatra. No final dos anos 1600, os holandeses começaram a trocar ópio plantado na Índia pela pimenta da Indonésia, provocando uma epidemia de dependentes que perduraria por séculos. Em 1711, um comerciante inglês escreveu: "Os malaios [agora malásios] são tão admiradores do ópio que penhoram tudo o que têm de mais valor para obter o produto."[11] Um século depois, comerciantes norte-americanos adotariam as mesmas táticas brutais. "Nada é mais certo do que o ópio obter 100% [de lucro] quando vendido aos malaios em Barter", escreveu um mercador americano chamado Thomas Patrickson a um amigo em 1789, "e o único motivo que se pode alegar para não visitar as Costas Malaias é o Perigo."[12]

Em termos de pura brutalidade, poucos regimes na história do comércio de especiarias se comparam à dominação holandesa das ilhas das Especiarias, iniciada no começo dos anos 1600. Quando a população da ilha de Banda teve a audácia de ser contra a ideia de um punhado de euro-

Primeiros navios holandeses nas Índias Orientais, 1596
(Van Kesteren, cerca de 1870).

peus ter direitos exclusivos às riquezas da ilha, os europeus reagiram com uma fúria mercantilista genocida, assustadora em sua rapidez e eficiência. No que o historiador Vincent Loth[13] chamou de "uma das páginas mais sombrias da história da expansão marítima da Holanda", os holandeses, liderados pelo governador-geral Jan Pieterszoon Coen, conseguiram matar 13 mil nativos da ilha de Lonthor em poucas semanas de selvageria organizada. Coen levou mercenários japoneses para assassinar a elite da ilha de Banda, da qual quarenta membros foram decapitados; suas cabeças foram expostas em estacas para intimidar outras dissensões. Em questão de décadas, a população indígena de Banda tinha desaparecido das ilhas, a maioria assassinada. Em seu lugar, os holandeses importaram escravos e detentos para trabalhar nas plantações, criando vastas riquezas para a Companhia das Índias Orientais. Seja qual for a sua opinião sobre as modernas corporações multinacionais, é fato inegável que as primeiras raízes da instituição foram alimentadas pelo sangue de seres humanos, primeiro nas ilhas das Especiarias e depois com os escravos das plantações do Caribe, da América do Sul e de outros locais tropicais que fossem amaldiçoados com bom solo, chuvas regulares e sol abundante.

A brutalidade do regime holandês – e sua determinação de manter o monopólio total do fornecimento de cravo e noz-moscada no mundo – acabaria voltando para assombrá-los. Em meados dos anos 1620, negociando e trucidando, os holandeses conseguiram assumir o controle das ilhas onde essas plantas tão lucrativas cresciam. Mas essa dominação acabou levando alguns rivais a investigar a possibilidade de cultivar essas plantas em outros lugares, livres da hegemonia holandesa. E a semente dessa ideia acabaria fazendo surgir um dos maiores atos de espionagem comercial da história do capitalismo.

EXISTE CERTO DEBATE ENTRE historiadores se o missionário, botânico e grande contrabandista francês Pierre Poivre (literalmente, Pedro Pimenta) foi de fato o Peter Piper original que, segundo a lenda, se aproveitou do pico da pimenta. Com certeza seu nome sugere uma ligação direta (*piper* significa "pimenta" em latim), e embora não conste em sua biografia, ele realmente conseguiu surrupiar valiosas especiarias do epicentro do monopólio holandês. Nascido em 1719, Poivre teve uma vida multidisciplinar de viajante pelo mundo. Foi missionário no Extremo Oriente; navegou com a Companhia das Índias Orientais da França; escreveu memórias de viagem; realizou pesquisas botânicas que influenciaram Thomas Jefferson; e atuou como administrador das ilhas francesas Île de France e Bourbon, hoje conhecidas como Maurício e Réunion.

Aos 26 anos, Poivre foi atingido por um tiro de mosquete em uma escaramuça naval com os britânicos; a gangrena fez com que seu braço direito fosse amputado e ele demorou meses para se recuperar na colônia holandesa de Batávia, atual Jacarta. Sua convalescença deu a ele tempo de sobra para observar de perto o monopólio holandês de especiarias.

Seus conhecimentos de horticultura – e seu desejo nacionalista de ajudar a economia da França – o fizeram pensar que, com o devido cuidado, o cravo e a noz-moscada poderiam ser cultivados em outras partes do mundo com climas semelhantes ao das Índias Orientais. Em sua viagem de volta à França, ele passou um tempo em Île de France e em Bourbon, e considerou que as duas ilhas tinham florestas tropicais idênticas às das ilhas Banda das Molucas. Mais tarde, ele escreveria: "Então eu percebi que a posse de especiarias, que é a base do poder holandês nas Índias, era baseada na ignorância e na covardia de outras nações mercantis da Europa. Alguém só precisava saber disso e ser ousado o suficiente para dividir com eles essa inesgotável fonte de riquezas que eles possuem em um canto do globo." Poivre começou a esboçar um plano para "liberar" as sementes do cravo e da noz-moscada do controle dos holandeses, um plano que quase certamente o tornaria o bandido maneta mais bem-sucedido da história.

O plano de Poivre era ao mesmo tempo arrojado e extremamente perigoso. Àquela altura, os holandeses já tinham desenvolvido algumas de suas práticas mais sanguinárias, e o monopólio de especiarias valia bilhões em dólares atuais para a economia do país. Não era provável que eles entregassem as sementes daquele império a um francês sem uma boa luta. Poivre zarpou pelo oceano Índico em 1750, chegando a Manila na primavera de 1751, onde logo encontrou contrabandistas que lhe venderam um suprimento de sementes frescas de noz-moscada, prontas para serem plantadas. Destas, 32 plantas brotaram com sucesso, um primeiro triunfo que o manteria motivado pelos muitos anos infrutíferos que se seguiriam. Mas as mudas de noz-moscada eram apenas a metade do prêmio. Como os cravos-da-índia eram botões, e não sementes, se quisesse introduzir os dois temperos em solo francês, Poivre precisaria obter de alguma forma uma árvore de verdade.

Àquela altura, Poivre passou a ter uma existência dividida e quase cômica: enquanto tentava freneticamente assegurar sua entrada nas Molucas para roubar um ativo de 1 bilhão de dólares debaixo do nariz dos holandeses, cuidava carinhosamente de seu jardim particular de noz-moscada, que começou a morrer. (Diz uma das teorias[14] que as sementes foram envenenadas por um agente da Companhia Holandesa das Índias Orientais, a versão hortifrúti da KGB envenenando a água de um espião rival com plutônio.) Primeiro, Poivre tentou convencer os espanhóis a levá-lo para as ilhas das Especiarias, mas eles se recusaram, não querendo desagradar os holandeses. Por fim, ele acabou alugando dois barcos e um capitão malaio para levá-lo às Molucas, mas foi tão retardado por batalhas navais nas ilhas do sul que acabou sendo imobilizado pela estação das monções e teve que voltar. Quando Poivre finalmente desistiu dos cravos-da-índia, em fevereiro de 1753, sua plantação de noz-moscada estava reduzida a dezenove pés. Ao fazer uma escala em Pondicherry antes de contornar o chifre da Índia, ele relatou ter apenas doze plantas ainda vivas. De alguma forma, cinco dos brotos de noz-moscada sobreviveram aos últimos 1.600 quilômetros da viagem até o porto seguro de Maurício.

Uma vez lá, Poivre teve que decidir sobre a melhor estratégia para salvaguardar seu tesouro botânico. "Eu conhecia por experiência própria a incompetência dos jardineiros da Companhia em Maurício", escreveu depois, "e o pouco cuidado que tinham com as plantas de todas as variedades que eu havia trazido do Cabo e da Cochinchina. A maior parte das plantas tinha sido arrancada por vizinhos ou morrido por negligência."[15] Poivre resolveu distribuir os pés de noz-moscada entre vários amigos na ilha, plantando-os em três jardins particulares para obter maior proteção. Pouco tempo depois ele estava de volta às Índias Orientais, dessa vez em um navio chamado *Colombe*, em que conseguiu percorrer todo o trajeto até as ilhas das Especiarias. Mas essa viagem também se mostrou malfadada. Ele teve dificuldades em atracar em várias ilhas; a certa altura, o cirurgião do navio fugiu num escaler para alertar os holandeses, embora tenha sido apreendido antes de causar qualquer prejuízo. As tentativas de Poivre de persuadir os trabalhadores das plantações e outros moradores não holandeses foram malogradas. Depois de meses, ele abandonou o esquema e zarpou para o oeste de mãos vazias.

A missão de Poivre poderia ter terminado ali, reduzindo-o a uma nota de pé de página na história das especiarias, se ele não tivesse resolvido

Pierre Poivre

escrever suas memórias, que acabou publicando como *As viagens de um filósofo*. Thomas Jefferson leu o livro e montou um esquema para levar plantações de arroz para o sul dos Estados Unidos, baseado na descrição de Poivre dos arrozais chineses. Em Paris, um ministro também leu as memórias com grande interesse. Inspirado pela visão de Poivre de levar valiosas especiarias – e lucros – para as ilhas colonizadas pelo Império Francês, o ministro conseguiu para Poivre um cargo como administrador de Île de France e Bourbon, assegurando apoio oficial para o plano de plantar especiarias holandesas em solo francês. Em 1770, Poivre despachou dois navios para as ilhas das Especiarias, comandados por capitães de longa experiência na região. Eles voltaram com milhares de brotos de noz-moscada e trezentas mudas de cravo-da-índia. As primeiras plantas de cravo-da-índia a se desenvolverem em qualquer lugar fora do raio de

160 quilômetros da Indonésia foram colhidas em 1776 em Île de France. Parece absurdo, mas um dos eventos-chave que puseram fim ao império financeiro holandês dos séculos XVII e XVIII foi um francês maneta roubando um punhado de sementes do outro lado do planeta.

De certa forma, o triunfo de Poivre marcou o começo do fim do comércio de especiarias, ou ao menos da fase grandiosa desse comércio. Não muito tempo depois, descendentes do lote inicial de mudas de cravo-da-índia de Poivre foram usados para desenvolver um florescente negócio do produto em Madagascar e em Zanzibar. "Quase duzentos anos depois", observa Turner, "o fluxo de especiarias pelo oceano Índico tinha sido revertido, com a Indonésia agora no papel de importadora de cravo-da-índia."[16] A recém-descoberta diversidade geográfica dos cravos-da-índia e da noz-moscada, da canela e da pimenta – e a eficiência cada vez maior dos sistemas de cultivo – logo rebaixou as especiarias de produto de luxo a mercadoria.

É INTERESSANTE OBSERVAR que a última especiaria a descer a ladeira até o status de mercadoria não se originou no Extremo Oriente, mas sim nas Américas. Perto da costa do México, nas florestas tropicais de uma região hoje conhecida como Veracruz, crescia uma trepadeira com flores de um amarelo pálido específico. Tecnicamente, essa trepadeira faz parte da família das orquídeas, mas é a única entre mais de 25 mil variedades que produz uma colheita: o grão de baunilha. Depois da polinização, os ovários da planta se expandem em frutos longos e finos contendo milhares de sementes pretas. Há milênios, o povo totonaca, da região de Veracruz, descobriu uma técnica de secagem e cura desses frutos que liberava um aroma encantador, um perfume que acabaria difundido em quiosques de sorvete e festas de aniversário em todo o planeta.

"Talvez o primeiro uso conhecido para os grãos de baunilha tenha sido como simples e eficaz odorizador para as casas dos índios", escreve o historiador Tim Ecott, "e ainda são usados dessa maneira até hoje no México, onde se amarra um saquinho de grãos secos com um cordão num prego na parede. Tradicionalmente, as mulheres totonacas e de outras tribos em cujo território cresce essa planta usam grãos de baunilha com óleo nos cabelos, perfumando-os com o aroma sutil da planta."[17] Quando os europeus chegaram às Américas, a baunilha tinha se tornado parte importante, até luxuosa, da cultura asteca. A elite moía os grãos e os usava para amenizar o gosto amargo das bebidas de chocolate que faziam a partir da planta do cacau. Regiões produtoras dessa especiaria costumavam pagar seus impostos ao estado asteca em favas de baunilha.

Hoje a baunilha é vista como o yin do yang do chocolate, uma oposição ressaltada pela tonalidade luminosa totalmente arbitrária do sorvete e do bolo de baunilha, mas na verdade a baunilha ganhou lugar no paladar dos europeus como uma espécie de realce do chocolate. Um tratado intitulado *The Manner of Making Coffee, Tea, and Chocolate*, de 1685, discorre sobre bebidas de chocolate: "Todo mundo usa esse confeito, adicionando Três Palhinhas ou, como os espanhóis chamam, Baunilhas de Campeche. Nossas baunilhas são usadas no preparo de Chocolate, o que fica muito elegante à vista, pois tem o cheiro de Erva-doce, e talvez não muito diferente em qualidade, pois todos afirmam que elas não esquentam demais e não impedem a adição de semente de Anis."[18] A baunilha acabou rompendo sua dependência do chocolate. Thomas Jefferson desenvolveu um gosto pela especiaria durante os anos que passou em Paris, e voltou aos Estados Unidos com uma receita escrita à mão de sorvete de baunilha, uma de suas muitas contribuições duráveis à cultura norte-americana. Em 1791, Jefferson enviou uma nota ao emissário americano em Paris pedindo assistência especial para localizar grãos de baunilha para serem embarcados aos Estados Unidos, junto com caixas de finos vinhos Bordeaux: "[Meu mordomo] me informa que andou pela cidade toda procurando Baunilha, & ela é desconhecida por aqui. Devo rogar que me mande um pacote de 50 favas (bastões) que podem muito bem vir no meio de um pacote de jornais. Custa aproximadamente 24 sous um bastão quando vendido por unidade."[19] A baunilha nunca suscitou a obsessão de massa causada pela pimenta ou por compostos psicoativos como o café, o chá e o chocolate. Mas é suficientemente saborosa – e, o que é crucial, escassa o bastante – para que, em meados dos anos 1700, favas de baunilha valessem seu peso em prata.

Essa escassez é resultado de um estranho capricho da evolução. A espécie de orquídea que produz a grande maioria da baunilha consumida no mundo – *Vanilla planifolia* – só pode ser fertilizada, na natureza, por uma espécie de abelha nativa do México e em partes da América Central; os órgãos reprodutivos da planta são tão cuidadosamente resguardados que outras abelhas e insetos que não evoluíram com a flor quase nunca a fertilizam acidentalmente, apenas pairando ao redor em busca de néctar e colhendo um pouco de pólen no processo. Em certo sentido, a *Vanilla planifolia* desenvolveu uma espécie de cadeado com combinação no formato de suas pétalas, que somente um inseto específico consegue abrir. Durante séculos, a complexidade desse sistema confundiu também os humanos. Quando Cortés e seus homens levaram notícias da baunilha para a Europa, mudas da *Vanilla planifolia* foram plantadas em lugares tropicais – e até mesmo em estufas no norte da Europa – pelo mundo todo. Como a maioria das orquídeas, era linda de ser vista, mas sem as abelhas mexicanas a planta teimosamente se recusou a dar flores. Os holandeses podem ter protegido o monopólio do cravo-da-índia e da noz-moscada com navios de guerra e genocídios, mas o monopólio mexicano da baunilha era protegido pelas pétalas de uma flor.

A história de como a fechadura que protegia o tesouro da *Vanilla planifolia* acabou sendo destrancada pode ser o maior exemplo da maneira como o comércio de especiarias interligou o planeta em uma rede de afiliações improváveis. A história começa onde deixamos Pierre Poivre – nas ilhas francesas Île de France e Bourbon. O sonho de Poivre de reproduzir as lucrativas colheitas das ilhas Banda e de Île de France e Bourbon ainda não tinha sido abandonado nos anos que se seguiram ao seu ousado furto nas Índias Orientais. (As plantações de cravo-da-índia, por exemplo, só decolaram quando chegaram a Madagascar.) Mas Bourbon se mostrou um porto útil para navios franceses que retornavam da Índia e das Índias Orientais, em parte porque a ilha era totalmente inabitada quando os

Orquídeas e coloquíntida de baunilha.

europeus chegaram às suas praias. Com o tempo, mais de mil espécies de plantas do mundo todo foram cultivadas nas ilhas; escravos da África foram levados para trabalhar nas plantações costeiras onde café, açúcar e algodão geraram bons lucros para o Império Francês. Os nomes das ilhas mudaram com a alteração dos regimes políticos em Paris: com a queda da Casa de Bourbon, Bourbon foi rebatizada como Île de la Réunion; passou-se uma década até a Île Bonaparte voltar a ser Bourbon durante a Restauração. Só depois da revolução de 1848 a ilha finalmente ganhou seu nome atual: Réunion.

As plantas de baunilha[20] foram introduzidas em Réunion diversas vezes antes de seu nome mudar pela última vez; um lote de mudas que chegou de Paris em 1822 foi espalhado por inúmeras plantações. As trepadeiras cresceram durante duas décadas, e às vezes floriam. Porém, sem o toque particular das abelhas mexicanas, as plantas quase nunca produziam frutos. Mas tudo isso mudaria graças às engenhosas explorações de horticultura de um garoto de doze anos: Edmond Albius, um escravo que trabalhava numa plantação conhecida como Bellevue. Albius encontrou um método de fertilizar a planta, uma delicada manobra que envolvia abrir os lábios da flor com o polegar e usar uma varinha para juntar duas partes de seus órgãos reprodutores. Como depois lembraria seu senhor e pai adotivo Ferréol Bellier-Beaumont: "Esse garoto esperto percebeu que a flor da baunilha também tinha elementos masculinos e femininos e descobriu sozinho como juntar os dois."[21] A técnica de Albius – "*le gest d'Edmond*", como foi chamada – logo se disseminou pela ilha. Em pouco tempo, as plantações de Réunion despachavam toneladas de favas de baunilha curadas. Em meio século desde a descoberta de Albius, a ilhota produziu mais baunilha que todo o México.

Enquanto os franceses prosperaram enormemente com *le gest d'Edmond*, o próprio Edmond não se saiu tão bem. Libertado em 1848, foi preso por roubo de joias alguns anos mais tarde, embora sua sentença tenha sido comutada como reconhecimento de sua contribuição para a economia de Réunion, depois de intensa pressão de Bellier-Beaumont. Morreu na pobreza na ilha em 1880. O jornal local registrou seu falecimento envolto em panos quentes: "O homem que, com grandes lucros para esta ilha, descobriu como polinizar as flores de baunilha, morreu no hospital público de Sainte-Suzanne. Foi um fim miserável e sem dignidade."[22]

A história de Edmond resume a história das especiarias, em que plantas e pessoas de todo o planeta são envolvidas – às vezes em grandes triunfos e às vezes em grandes tragédias – para transformar os gostos mais raros em mercadorias. Uma planta indígena do México e controlada por espanhóis é plantada numa ilha no oceano Índico por franceses, onde é fertilizada pela primeira vez por um garoto cujos antepassados na África foram levados até lá por mercadores de escravos franceses. E esse ato aparentemente trivial – de um garoto enganando uma flor na produção de sementes nas colinas de uma ilha remota – de alguma forma transferiria bilhões de dólares de atividade econômica de uma parte do mundo a outra, transformando uma especiaria antes adquirida somente pelas elites da sociedade em um sabor onipresente.

QUALQUER LIVRO DE HISTÓRIA do ensino médio vai dizer que o comércio de especiarias teve papel crucial na história do mundo. Mas vale a pena fazer uma pausa por um momento para constatar como muitos costumes e elementos-chave – muitos dos quais persistem até os dias de hoje – têm sua origem nas especiarias: comércio internacional, imperialismo, as descobertas marítimas de Cristóvão Colombo e Vasco da Gama, a queda de Roma, o capital social de corporações, a resistente beleza de Veneza e Amsterdã, o islã global e até mesmo o sabor multicultural do Doritos. O gosto por especiarias não é o único luxo que o mundo moderno nos proporciona: em parte, gostar de especiarias é a razão de vivermos em um mundo moderno. O mais desconcertante desse legado não é o fato de as especiarias já terem sido fabulosamente caras e agora serem baratas. (O padrão de artigos de luxo se tornarem bens de consumo de massa é em certo sentido a macronarrativa do capitalismo: da canela ao algodão e aos microcomputadores.) A verdadeira questão é por que os seres humanos se dispuseram a pagar tanto dinheiro por gostos tão frívolos.

O equivalente mais próximo das especiarias nos tempos modernos do impacto global é nosso apetite atual por petróleo. Assim como a busca por especiarias, a procura por petróleo tem levado os humanos a reformular fronteiras políticas, lançar guerras devastadoras, realizar brilhantes avanços científicos e tecnológicos e criar algumas das mais lucrativas companhias da história. Mas ao menos os combustíveis fósseis, com todos os seus problemas, são realmente *necessários*, em vista das exigências do nosso estilo de vida. Afinal, dá para entender facilmente o surgimento de guerras, impérios e corporações em nome da alimentação básica. Mas conquistar o mundo em nome de um sabor? Onde está o sentido disso?

A explicação convencional para a loucura das especiarias é atribuída indiretamente à necessidade de alimentação básica. Nos tempos de Roma ou da Idade Média, diz a história, o alimento disponível exigia grandes quantidades de tempero para ser ingerido. A pimenta e seus substitutos eram considerados um suplemento do sal: uma forma de preservar o alimento durante os rigores do inverno e de disfarçar o gosto da carne que começava a apodrecer. Essa teoria tem sido amplamente desacreditada por razões relativamente diretas. O preço fantástico de especiarias como a pimenta ou a noz-moscada significava que esses produtos foram usados quase exclusivamente pela elite da Europa até o preço começar a cair, nos anos 1600. Na Inglaterra medieval,[23] a família real e seus agregados dominavam por completo o mercado de especiarias. (Eduardo I, por exemplo, gastava o mesmo por ano em especiarias que um conde ganhava num ano típico.) A aristocracia europeia não sofria com a falta de carne ou peixes frescos para consumir, e tinha sal o bastante para preservar qualquer coisa que precisasse ficar muito tempo na prateleira. A especiaria era uma ânsia, não uma necessidade. "Limitar sua função à preservação de alimentos e explicar seu uso somente nesses termos", escreve o historiador alemão Wolfgang Schivelbusch, "seria o mesmo que chamar o champanhe de um bom mata-sede."[24]

Será que as especiarias foram apenas uma bolha, como as tulipas holandesas e as ações da Pets.com? Quase certamente não. Para começar, se as especiarias foram apenas uma bolha, foi a mais longa da história dos mercados, pois demorou quase 2 mil anos para estourar. Mais importante, o preço de mercado de especiarias como a pimenta e a canela quase nunca foi influenciado por especulações de segunda ordem, como pessoas apostando que o preço iria subir. Esses mercados, chamados derivativos, só vicejariam depois do apogeu das especiarias, em parte com o advento das instituições econômicas, como empresas com títulos públicos, que as especiarias ajudaram a inventar. Especiarias custavam caro porque pessoas ricas estavam dispostas a pagar quantias significativas por elas, não por conta de seu valor futuro.

Então, por que os aristocratas medievais eram tão obcecados por especiarias? Vamos considerar um ofício que já foi comum em casas abastadas, agora perdido na história: o *especiarius*, ou temperador. Segundo Turner, Felipe V da França tinha apenas quatro funcionários em sua câmara: um alfaiate, um barbeiro, um provador e um temperador; o rei inglês Eduardo IV tinha todo um "Gabinete de Grandes Especiarias".[25] Alfaiates e barbeiros ainda são ofícios reconhecidos, e os provadores fazem sentido em vista da ameaça de envenenamento. Mas por que montar todo um gabinete para temperadores? A palavra evoca a imagem de algum valete oficioso de prontidão o dia inteiro com um moedor de pimenta na mão. Mas o temperador medieval fornecia muito mais que sabores. Para começar, administrar uma coleção de temperos era em si um trabalho complexo e desafiador, dados o valor e a escala dos banquetes reais que os colocavam tão em proeminência. Mas o temperador também tinha um papel importante que não faz sentido no contexto moderno: situava-se entre um farmacêutico e um orientador de estilo de vida. Estava lá para assessorar a família real sobre os ritmos diários de sua saúde e bem-estar: sobre qualquer coisa, desde doenças crônicas a padrões de sono e movimentos intestinais. E as especiarias eram o principal meio de alterar ou preservar esses ritmos.

Durante sua longa história como suplemento de saúde, a pimenta foi considerada remédio para tudo, de câncer a dor de dente ou doenças do coração. O rei espanhol Felipe II mandou seu médico particular ao México em 1570 para analisar o potencial farmacológico de plantas locais. Só sua descrição das propriedades médicas da baunilha já indica o quanto esses novos componentes eram considerados poderosos: "Uma decocção de grãos de baunilha infusa em água faz com que a urina flua admiravelmente; quando misturados com mecaxuchitl, os grãos de baunilha provocam aborto; eles aquecem e fortalecem o estômago; diminuem a flatulência; amainam e atenuam os humores; dão força e vigor à mente; curam problemas femininos; e dizem ser bom contra venenos frios e picadas de animais venenosos."[26]

Disfunções sexuais também eram regularmente tratadas com remédios com base em especiarias. Em *De Coitu*, o manual sexual criado pelo monge beneditino do século XI Constantino, o Africano, são relacionadas quase vinte receitas de estimulantes sexuais, todas com base em especiarias e em seus poderes afrodisíacos. Aos ouvidos modernos, as descrições soam mais como ingredientes de um delicioso molho de salada do que como um Viagra medieval: Constantino descreve um "eletuário que preparei para homens impotentes de compleição frígida ou úmida: 6 gramas de gengibre, camomila, anis, cominho; 4 gramas de sementes de heléboro, semente de cebola, semente de repolho, amânoa; 2 gramas de pimenta-longa, pimenta-preta, óleo de nozes, tanto mel quanto for necessário".[27] Ainda em 1762, um médico alemão publicou um estudo em que afirmava: "Não menos que 342 homens impotentes, ao beber decocções de baunilha, se transformaram em extraordinários amantes de pelo menos o mesmo número de mulheres."[28] Talvez inspirado por esses relatos, o Marquês de Sade servia copiosas quantidades de baunilha com suas sobremesas para inflamar as paixões dos convidados aos seus jantares.

As especiarias não eram consideradas apenas por seus atributos medicinais na forma mais suave da New Age, como quando falamos das "propriedades curativas" da aromaterapia hoje em dia. Numa era em que não havia Tylenol, nem antibióticos ou Claritin, as especiarias *eram* um remédio, pertencentes ao escopo do que hoje chamaríamos de suplementos dietéticos e até para tratamentos de câncer ou demência. Muito dessa pseudociência derivava do então dominante paradigma dos humores corpóreos. Herdada dos gregos, essa abordagem concebia a saúde como uma questão de equilíbrio dos quatro humores e dos atributos que os definiam: sangue (quente e molhado); bile (quente e seca); muco (frio e molhado); e bile negra (fria e seca). Ao contrário de medicinas populares, o sistema humoral parece ter zero de correlação com quaisquer mecanismos corpóreos conhecidos atualmente pela ciência, mas isso não impediu que dominasse a prática da medicina por quase 2 mil anos. Um corpo não saudável era um corpo no qual um ou mais humores estivessem numa influência desproporcional, e essa harmonia corpórea (ou falta de) dependia muito do que você comia: porco e peixe, considerados frios e úmidos, o tornariam mais mucoso; legumes eram considerados secos, e assim

Gravura mostrando plantas medicinais africanas, século XVII.

exacerbavam a condição da bile. Por isso, as especiarias eram usadas para manter os humores em equilíbrio. Como muitas eram consideradas quentes e secas, costumavam ser usadas para combater os excessos em pratos úmidos ou frios, principalmente carne de vaca, porco e peixe.

Verdadeiros remédios, ingeridos fora das refeições podiam assumir uma complexidade espantosa. Esses "compostos", como às vezes eram chamados, passaram a ser receitados por temperadores para combater qualquer coisa, desde dores provocadas por gases até insônia e depressão. O mais famoso deles foi o teriaga. Supostamente criado pelo rei persa Mitrídates VI como antídoto para venenos de répteis, o teriaga era a panaceia completa, usado para tratar – ou curar – mais ou menos todos os males possíveis. Algumas receitas incluíam algo como cem ingredientes distintos. Comparados pela complexidade de suas partes componentes, o moderno Doritos não chega nem perto do teriaga. Um guia farmacêutico do final dos anos 1600 incluía pimenta-preta e pimenta-longa, canela, noz-moscada e cravo-da-índia, além de cinquenta outros ingredientes – e uma pitada de calamina, marroio-branco ou marroio-comum, capim-limão das Índias Ocidentais, alecrim-de-parede, cupressácea, louro-da-baía, e por aí vai.

Por outro lado, pode-se ver na inacreditável multiplicidade de receitas com teriaga um antecedente das modernas drogas milagrosas, para onde convergem bilhões de dólares e milhares de indivíduos para criar um complicado complexo molecular criado para preservar nossa saúde. Por outro, parece bizarro haver uma receita tão meticulosa com tão pouco valor medicinal. E isso nos ajuda a entender uma causa subjacente por trás da estranha proeminência da especiaria medieval: a pimenta, o cravo-da-índia, a noz-moscada e a canela se tornaram muito valiosos porque nem sempre os canais de inovação correm na mesma velocidade. Nós inventamos toda uma pletora de instituições e convenções que acabaram se tornando extremamente importantes para melhorar nossa saúde: dietas e livros de receita moldados por uma complexa compreensão de nossos sistemas corpóreos, compostos químicos formulados para tratar doenças e prescritos segundo sistemas padronizados de mensuração, prensas de tipos móveis e farmacêuticos que podiam divulgar essas receitas. Eram todas inovações importantes, não facilmente estabelecidas. Mas da forma como aconteceu, elas chegaram *antes* da invenção do método científico, de aplicações de remédios com grupos de controle e outros mecanismos reguladores que separaram os médicos autênticos dos charlatões. Em algum nível básico, as propriedades médicas das especiarias eram pura fantasia. Mas essa fantasia, apesar de todos os absurdos, estabeleceu um regime de saúde e melhorias que chegaram à vida moderna com mais sucesso. As especiarias foram uma espécie de ensaio para os farmacêuticos e as empresas de medicamentos modernos, só que ofereciam curas imaginárias. Nós divisamos a forma de manter um estilo de vida saudável antes de inventarmos um método de testar seu conteúdo cientificamente. Em *Middlemarch*, George

Eliot descreve esse processo, evocando a história da alquimia e suas desilusões, mas poderia também ser aplicado à medicina fraudulenta dos temperadores: "Sem dúvida, um enorme erro vigorosamente repetido foi impedir que aquelas fórmulas embrionárias respirassem: a busca do ouro sendo ao mesmo tempo um questionamento de substâncias, o corpo da química é preparado para sua alma, e nasceu Lavoisier."[29]

A maior parte desses medicamentos populares é inofensiva, clinicamente falando; em vista do efeito placebo, podem até exercer um impacto ligeiramente benéfico. Porém, pelo menos uma vez, o uso de especiarias como medicamento parece ter saído pela culatra de forma realmente catastrófica. Dizia-se que os aromas de especiarias orientais combatiam o ar miasmático que transmitia a peste. Um acadêmico de Oxford chamado John of Eschenden recomendava "pó de canela, babosa, mirra, açafrão, flor de noz-moscada e cravo-da-índia"[30] para combater a peste negra. Um século depois, um italiano endossou a receita de Eschenden, chamando-a de "medicamento maravilhoso contra a corrupção do ar em tempo de pestilência". O transmissor da peste bubônica era o rato-preto, com o memorável nome em latim de *Rattus rattus*, cujas pulgas transmitiam a doença aos humanos. O *Rattus rattus* não é nativo da Europa; a espécie se originou no sudeste da Ásia e com quase toda a certeza se espalhou pela Europa via canais de comércio de especiarias durante o final do Império Romano. Nos tempos medievais, o roedor já proliferava em toda a Europa, vicejando em seus poluídos centros urbanos. Em janeiro de 1348, segundo o escritor flamengo De Smet:

> Três galés aportaram em Gênova, impulsionadas por um vento feroz do leste, horrivelmente infectadas e carregadas com uma variedade de especiarias e outros bens de valor. Quando os moradores de Gênova souberam disso, e viram como de repente e irremediavelmente infectavam outras pessoas, seus tripulantes foram expulsos daquele porto por flechas de fogo e diversas máquinas de guerra; pois nenhum homem ousava tocar neles; tampouco nenhum homem foi capaz de comerciar com eles, pois, se o fizesse, com certeza morreria em seguida. Assim, eles foram dispersos de porto em porto.[31]

Em questão de meses, o continente estava sitiado pelo bacilo da peste. Acontece que os europeus entenderam tudo ao contrário em relação às especiarias. Elas não protegiam contra a peste negra. Foram a razão da chegada da peste negra à Europa.

OS MEDICAMENTOS POPULARES mascateados pelos temperadores não deveriam nos levar a uma explicação puramente utilitária do comércio de especiarias, por mais ilusórias que suas curas possam ter sido. Outro apelo, mais sutil, moldou a ânsia dos europeus por especiarias. A ingestão da noz-moscada, da canela ou da pimenta 2 mil anos atrás era, num sentido real, a maneira mais tangível de vivenciar os domínios místicos que jaziam nas margens do mapa, o que os europeus vieram a chamar de Oriente. Lembre-se de que, durante o auge da obsessão dos romanos pela pimenta, não existiam mapas precisos da Índia, e os cravos que chegavam das ilhas das Especiarias vinham de uma parte do mundo que nenhum romano tinha visitado. Os primeiros viajantes pelo mundo não foram seres humanos; foram as sementes, frutinhas silvestres e cascas de árvores transportadas pelo sistema de intercâmbio global, do Extremo Oriente aos banquetes de Roma. Não é de admirar que houvesse algo de mágico na experiência com esses sabores: não era possível *ver* o Oriente em fotografias ou imagens de televisão; não se podia sequer apontar o Oriente em um mapa. Mas era possível sentir o seu gosto.

O fascínio pelo Oriente era especialmente forte por causa do desenvolvimento de uma rica literatura insinuando que aquelas plagas distantes do mundo eram, literalmente, um paraíso terrestre, a localização real do Jardim do Éden ou algo bem aproximado. Essas origens ajudam a explicar por que se achava que as especiarias tinham tantos poderes medicinais importantes; você estava consumindo uma coisa originada fora do estado caído e devasso do homem civilizado. Saborear o cravo-da-índia ou a noz-moscada era o mesmo que se retirar a um estado pregresso, comer como Adão e Eva comiam antes do fatídico encontro com a macieira e a serpente.

Por mais lindas que possam ser as ilhas das Especiarias, a maioria de nós atualmente as consideraria um paraíso com *p* minúsculo e não o verdadeiro Jardim do Éden. Mas a enorme distância que aquelas especiarias percorreram levanta uma interessante questão. Quase todas as especiarias que acabaram dominando as cozinhas do mundo se originavam longe da Europa, principalmente no sudeste da Ásia: a pimenta na Índia; o cravo-da-índia, a noz-moscada e a canela nas proximidades da Indonésia. Cristóvão Colombo cometeu um erro famoso com a canela e a pimenta nas Américas, mas a América do Sul acabou contribuindo com a pimenta-malagueta e a baunilha para o gabinete de especiarias global. Se estivermos tentando explicar como se originou o sistema mundial de comércio internacional – com a mistura cosmopolita de culturas que hoje celebramos com motivo, e os horrores da escravidão e do imperialismo que temos razões para denunciar –, uma das questões centrais que temos de perguntar é a seguinte: por que os europeus tiveram de viajar para tão longe para encontrar especiarias? Imagine um cenário alternativo em que a pimenta crescesse naturalmente na Espanha, que a canela fosse abundante na França e que as árvores de cravo-da-índia pontilhassem os pés dos Alpes da Itália. É provável que o curso da história humana fosse totalmente redirecionado: os europeus teriam continuado muito mais insulares; Cristóvão Colombo e Vasco da Gama jamais teriam se preocupado com a busca de uma rota direta para o Oriente. Sem os enormes lucros de uma rede de especiarias global, a riqueza acumulada de Veneza, de Londres e de Amsterdã se dissipa, assim como todos os trabalhos pioneiros de arte e arquitetura financiados por essa riqueza. Sem um vibrante mercado de pimenta com a Índia, os tecidos de chita não chegam aos ateliês e lojas de vestuário de Londres; sem um crescente mercado para têxteis de algodão, a Revolução Industrial é atrasada em décadas.

A extensão em que o comércio de especiarias uniu o planeta foi bem entendida por muitos dos participantes – até mesmo pelos que jamais embarcaram em um navio ou puseram os pés no Extremo Oriente. Depois de licenciar a Companhia das Índias Orientais, em 1600, Elizabeth I enviou uma carta escrita à mão para o "Grande e Poderoso Rei de Aceh", que controlava boa parte do mercado de pimenta que prosperava ao redor de Sumatra (hoje Indonésia) nos anos 1500. A missiva foi entregue pessoalmente por um herói naval britânico chamado James Lancaster, que comandou uma pequena frota de navios da Companhia das Índias Orientais que chegou a Aceh em 1602. A linguagem de Elizabeth é notável em seu tom solícito: ela fala um bocado sobre o "amor" entre seu país e Sumatra, sem dúvida tentando diferenciar os britânicos dos rapinantes holandeses e portugueses. Mas talvez o trecho mais extraordinário seja o de suas tentativas de integrar a demanda global do comércio de especiarias numa história maior de Propósito Divino: Deus, ela explicou, achou adequado distribuir as "coisas boas de sua criação ... pelas mais remotas localidades do mundo universal ... tendo assim ordenado que uma terra possa ter necessidade de outra; e portanto não somente fomentar o intercurso e o intercâmbio de suas mercadorias desejadas em outros, mas também propiciar amor e amizade entre todos os homens, uma coisa naturalmente divina".[32]

Conhecendo a história sombria que se seguiria – quase quatrocentos anos de exploração colonial e escravidão na busca dessas "coisas boas" – é difícil não se mostrar cínico – ou até totalmente chocado com essa conversa de "amor e amizade entre todos os homens". Mas Elizabeth tocou em um fato essencial: que as especiarias estavam distribuídas "pelas mais remotas localidades do mundo universal". O gosto por essas especiarias compeliu seres humanos a inventar novas formas de cartografia e navegação, novos navios, novas estruturas corporativas, sem mencionar novas formas de exploração – tudo a serviço de encolher o planeta para que a pimenta plantada em Sumatra pudesse ser entregue com maior eficiência nas cozinhas de Londres ou Amsterdã. O autômato do Museu Mecânico de Merlin demonstrou como a busca do lazer e do divertimento pode ser, num nível conceitual, exploratória, motivando a criação de novos costumes sociais, novos materiais, tecnologias, mercados. Mas a busca por especiarias foi *literalmente* exploratória: aqueles exóticos novos sabores induziram seres humanos a viajar por todo o planeta de uma forma sem precedentes. A aldeia global de hoje tem suas raízes na frivolidade das especiarias.

Isso ainda não responde à pergunta de *por que* os europeus tiveram de viajar para tão longe, supondo que não estejamos satisfeitos com a providencial explicação de Elizabeth. Por que as montanhas da Espanha não vicejavam com arbustos de pimenta? Aqui, a abordagem dos ecossistemas para a história humana, famosamente apresentada em *Guns, Germs, and Steel*, de Jared Diamond, oferece a explicação mais esclarecedora. Diamond argumenta que a civilização fincou suas primeiras raízes nos climas mediterrâneos por causa das estações chuvosas curtas e dos longos períodos secos, que estimularam o cultivo de sementes de grãos grandes como o trigo e a cevada, que se tornaram cruciais para a agricultura moderna. Grandes e densos assentamentos humanos se tornaram possíveis longe dos climas do Mediterrâneo; na verdade, algumas das maiores cidades do mundo hoje se localizam no sudeste da Ásia e na América do Sul. Mas é muito difícil *criar* um assentamento grande e denso pela primeira vez em uma, digamos, floresta tropical. Por isso as primeiras sociedades que se aglomeraram em protocidades, abandonando o estilo de vida de subsistência dos caçadores-coletores, estavam quase todas localizadas fora dos trópicos, em lugares ricos em cereais de grãos grandes.

Mas os desafios impostos por climas tropicais à invenção da civilização transforma-se em oportunidade quando surge a invenção *biológica*. Existem mais sabores interessantes nos trópicos porque há também, em algum nível básico, mais de tudo nos trópicos; é por isso que qualquer um que valorize a biodiversidade fica tão aflito com a destruição de florestas tropicais. As plantas tropicais desenvolvem uma grande variedade de compostos químicos em seus frutos, bagas e sementes por interagirem com uma variedade muito mais ampla de parasitas, predadores e parceiros coevolutivos do que suas equivalentes nos climas mediterrâneos da Espanha ou da Itália. Boa parte dessas inovações químicas acaba se mostrando inútil para os humanos, mas uma pequena porção se mostra valiosa em forma de medicamentos, matéria-prima, substâncias inebriantes ou simplesmente sabores interessantes.

Em suas críticas à dependência dos romanos às especiarias importadas, o historiador Plínio observou: "É notável que o uso [da pimenta] tenha sido tão agraciado; pois alguns alimentos têm seu apelo na doçura, outros apresentam uma aparência convidativa, mas nenhuma fruta ou pimenta tem qualquer coisa que as recomende. A única característica agradável é sua pungência – e por causa disso agora nós vamos à Índia!"[33] Agora nós entendemos a bioquímica desse sabor pungente. A pimenta-preta contém uma molécula chamada piperina, que ativa um conjunto de receptores na superfície da língua conhecidos como canais potenciais de receptores transitórios. Esses receptores "PRT" evoluíram para detectar substâncias potencialmente prejudiciais que entrassem em contato com nossa pele, funcionando como uma espécie de sistema de alarme para o corpo. Quando seguramos uma panela muito quente, os receptores PRT convertem uma reação química acontecendo na camada epidérmica num sinal elétrico nervoso que cria no cérebro uma aguda sensação de dor nos dedos. Tanto a piperina como o ingrediente ativo da pimenta-malagueta, a capsaicina, ativam os canais PRT. É por isso que, em nível bioquímico, não é apenas uma metáfora dizer que alimentos temperados são "quentes", mesmo que servidos à temperatura ambiente. A piperina e a capsaicina criam uma espécie de ilusão de calor, acionando o mesmo alarme corpóreo que soa quando você pisa num carvão em brasa sem querer.

Com quase toda certeza a piperina e a capsaicina evoluíram em resposta à biodiversidade de suas origens tropicais; do ponto de vista da planta, em um mundo vicejando com organismos que poderiam potencialmente consumir suas sementes, faz sentido armar essas sementes com uma substância que faça outro organismo sentir como se a boca estivesse em chamas. (As frutas desenvolveram uma estratégia diferente, criando sementes que podiam sobreviver à digestão e assegurando uma ampla distribuição ao embrulhar essas sementes numa polpa deliciosamente açucarada.) A pungência da pimenta que Plínio invectivava servia originalmente como uma espécie de arma química, ameaçando queimar qualquer criatura que ousasse comer os frutos da planta. Assim, a história da pimenta é uma espécie de versão invertida do relato de Diamond em *Guns, Germs, and Steel*: a civilização fincou raízes nos climas mediterrâneos porque grãos de grandes sementes como o trigo e a cevada estavam próximos e eram fáceis de serem consumidos; o mercado global de comércio de especiarias surgiu porque a pimenta só crescia em distantes

Colheita de cravo-da-índia.

climas tropicais cuja biodiversidade tornou vantajoso que os grãos de pimenta fossem dolorosamente difíceis de serem consumidos.

A estratégia da arma química não evoluiu somente nas plantas. Em 2006, uma equipe de pesquisadores anunciou que tinha demonstrado, pela primeira vez, que o veneno da tarântula nativa das Índias Ocidentais ativava o mesmo receptor PRT que a piperina e a capsaicina. Em algum momento no distante passado, os ancestrais da tarântula chegaram a uma estratégia de sobrevivência que envolvia simular um calor intenso e doloroso com seu veneno. Hoje, a corporação Frito-Lay vende bilhões de dólares em salgadinhos que se baseiam exatamente nos mesmos canais bioquímicos para criar a percepção de calor. Quando você come um Doritos, está recebendo um sinal que a evolução vem elaborando há milhões de anos, um sinal com uma mensagem simples e universal: "Fogo!"

E aí temos uma coisa surpreendente: pegamos aquele sinal e o transformamos em algo agradável e inofensivo, em algo que podemos comer por prazer. Nossos genes querem que fiquemos em alerta em relação aos compostos que ativam os receptores PRT, mas não somos escravos dos nossos genes. Às vezes, os padrões e convenções da cultura humana escapam naturalmente da nossa herança evolucionária, como acontece com rituais de casamento, línguas faladas e tabus contra o incesto. Mas com frequência a verdadeira medida da inovação cultural vem da estimativa de até onde vão os hábitos, costumes e apetites que a cultura tirou de nossos genes. Assim como muitas formas de deleite, o gosto por especiarias nos propeliu para longe de nossas raízes – não apenas geograficamente, mas também existencialmente. Esse estranho novo gosto na língua, que faria qualquer criança gritar de dor, podia ser saboreado por um adulto, com essa dor se transformando em prazer. As especiarias aumentaram o mapa de possíveis desejos, que por sua vez aumentaram o mapa do próprio mundo. Esse alargamento das fronteiras, essa constante recriação do que deveriam ser nossos apetites e necessidades, pode não ser uma "coisa naturalmente divina", como acreditava a rainha Elizabeth. Mas é o que nos faz diferentes da maioria dos organismos. O que torna os humanos humanos é, em parte, a capacidade de expandir as fronteiras do que significa ser humano. A necessidade de exploração de novas experiências, novos desejos e novos gostos é, quase sempre, a força por trás dessa expansão. Poderíamos até chamá-la de o tempero da vida.

4

ILUSÃO

OS CRIADORES DE FANTASMAS

Leipzig, 1771. Um punhado de jovens agitados e aventureiros está reunido na porta de uma sala do segundo andar, em cima de uma cafeteria na esquina da Klostergasse com a Barfussgasschen. Naquela noite estão na cidade para assistir a um novo espetáculo muito discutido entre panfletários e a classe média urbana do norte da Europa. Depois de alguns minutos de espera, uma figura encapuzada surge do salão escuro e os manda entrar. Máscaras da morte forram as paredes; um altar recoberto de tecido negro se ergue diante deles. O cheiro de enxofre permeia o espaço, iluminado apenas por algumas velas bruxuleantes. O anfitrião está no meio de um círculo no centro da sala e começa a ler em voz alta antigos encantamentos conjurando o mundo espiritual. De repente, um ruído explosivo irrompe no recinto e as chamas são extintas. Na escuridão aparece um espírito, pairando sobre o altar escuro. Os convidados sentem um literal choque quando o espectro os confronta, uma corrente de eletricidade percorrendo seus corpos. O anfitrião estoca o fantasma evocado com uma espada para demonstrar sua presença etérea; sua boca se abre e ele começa a falar, em "um tom roufenho e terrível".[1]

Este macabro espetáculo foi criação de um jovem alemão chamado Johann Georg Schröpfer, um perturbado artista de palco que por um breve período se tornaria um dos homens mais famosos de toda a Europa.

Em meados dos anos 1760, Schröpfer trabalhou como garçom em uma estalagem de Leipzig usada pela maçonaria local para suas reuniões ritualísticas. Ele logo assimilou o dogma maçom e começou a se apresentar como um canal para o mundo espiritual. Como muitos que orbitavam os maçons, Schröpfer vivia no terreno difuso situado entre a ciência e o ocultismo; era versado na nova tecnologia de projeções da lanterna mágica e especulava em química. Mas também era fascinado por sessões espíritas, e parece que acreditava que o uso da tecnologia para criar a ilusão de aparições espectrais poderia na verdade possibilitar contato com o mundo dos espíritos.

A combinação de artista e espiritualista se mostraria letal. Em 1769, Schröpfer comprou a cafeteria de Leipzig, e logo transformou seu salão de bilhar em um teatro de terror imersivo e multimídia. Em pouco tempo, estava conduzindo sessões espíritas para seus clientes adeptos, usando lanternas mágicas para projetar imagens fantasmagóricas em cortinas de fumaça, enquanto assustadores efeitos sonoros trovejavam no pequeno espaço. Antecipando os dispositivos de "Sensurround" de Hollywood dos anos 1950, como o simplório clássico *Força diabólica* estrelado por Vincent Price, Schröpfer aplicava choques elétricos em sua clientela usando máquinas de eletricidade estática, que se tornaram populares em divertimentos de salão durante aquele período.

Schröpfer tinha topado com uma forma de entretenimento que acabaria amadurecendo como o extremamente lucrativo gênero de filmes de terror. Em pouco tempo ele se tornou uma lenda em toda a Europa: o *Gespenstermacher* – ou "criador de fantasma" – de Leipzig. Panfleteiros discutiam se sua magia era realidade ou ilusão, mas Schröpfer parece ter caído em seu próprio feitiço. Além de suas ilusões necromantes, Schröpfer arquitetou uma persona inteiramente fictícia para si mesmo, como homem de grandes posses cuja fortuna, por alguma obscura razão, havia tomado a forma de um tesouro escondido protegido por banqueiros de Frankfurt. A mistura de ocultismo e constante ilusão acabou forçando os limites de um já perturbado Schröpfer. Em 1774, ele saiu para um passeio em um parque de Leipzig com alguns amigos, prometendo "uma coisa que vocês nunca viram".[2] A certa altura do passeio, Schröpfer virou uma esquina e desapareceu da vista de seus companheiros, que pouco depois se assustaram com um estridente barulho. Quando encontraram o amigo, viram que estava sangrando no chão, já moribundo, vítima de um ferimento à bala autoinfligido na cabeça. Nitidamente perturbado, Schröpfer tinha prometido voltar à vida durante uma futura sessão espírita. Nenhum autor de histórias de terror jamais mostrou tanta fé no que acreditava.

A morte chocante do criador de fantasmas só aumentou sua reputação. "Ao morrer", escreve Deac Rossell, "Schröpfer se tornou um Lautréamont, um James Dean, um Jimi Hendrix de sua geração."[3] Enquanto perdurava o debate feroz quanto à legitimidade das artes obscuras de Schröpfer, dezenas de artistas montavam espetáculos de palco em todo o continente para recriar seus efeitos especiais. O mais bem-sucedido desses discípulos foi outro misterioso alemão chamado Paul Philidor, que começou a montar espetáculos de terror em Viena no final dos anos 1780. Ao contrário de Schröpfer, Philidor não fingia estar realmente conjurando os mortos. (Ele se referia a si mesmo como "O Físico", talvez para se diferenciar da criação de fantasmas de Schröpfer.) Um artigo de jornal de 1790 descrevia o espetáculo: "Assim que começa a peroração, ouve-se um nítido trovão se aproximando, acompanhado por vento, granizo e chuva; as luzes se apagam uma a uma, e na impenetrável escuridão, após uma tormenta muito furiosa e uma lufada de vento, um fantasma vivo aparece da Terra, para em seguida afundar lentamente no abismo abaixo."[4]

Philidor fez três contribuições essenciais para o gênero. Primeiro, começou a projetar as imagens de fundo sobre uma cortina fina e semitransparente que não era visível para o espectador. (A técnica de Schröpfer de projeção sobre nuvens de fumaça era inegavelmente assustadora, mas também menos confiável como tela para as imagens – e ao encher uma pequena sala com fumaça densa tornava a sessão desagradável.) Philidor também foi pioneiro na técnica de montar a lanterna mágica sobre rodas; ao mover lentamente o projetor em direção à tela, ele criava a ilusão de que os espectros iam ficando maiores ao se aproximarem dos aterrorizados espectadores. (Pouco mais de um século depois, a técnica seria recriada como a tomada cinemática com a câmera sobre trilhos.) A contribuição final de Philidor foi linguística. Ele deu um nome ao seu espetáculo de fantasmas, um nome que assombraria a imaginação de europeus durante as décadas por vir: Fantasmagoria.

As raízes do Fantasmagoria brotaram em solo alemão, mas o espetáculo floresceu de fato em Paris. Philidor levou sua mostra ao Hôtel des Chartres em 1792, no auge da rebelião revolucionária; multidões de surpresos parisienses tremiam com as ilusões de Philidor enquanto Luís XVI era julgado ante a Convenção Nacional. Em abril de 1793, ainda realizando espetáculos para casas lotadas, Philidor misteriosamente encerrou seu Fantasmagoria e se escondeu. (Rumores indicam que por alguma razão ele caiu em desgraça com o Comitê de Segurança Pública.) Alguns anos depois, o artista belga Étienne-Gaspard Robertson reviveu o Fantasmagoria com grande sucesso, conduzindo suas mostras espectrais nas catacumbas de um mosteiro franciscano abandonado no subsolo das ruas de Paris. Os espetáculos eram uma espécie de fusão de dois aspectos modernos de terror: a plateia gritava e se encolhia como as plateias nos modernos filmes de terror, mas os fantasmas conjurados por Robertson pertenciam ao Terror político, pois as lanternas mágicas projetavam as máscaras mortuárias de Robespierre, Marat e Luís XVI assomando na luz difusa.

Novas tecnologias ou formas de entretenimento popular mudaram o mundo de maneira direta: deram origem a indústrias, possibilitaram formas de escapismo inéditas, às vezes até promoveram novos tipos de opressão e danos físicos ao ambiente. Mas também mudaram o mundo de uma maneira mais conceitual. Todas as tecnologias emergentes significativas inevitavelmente entram no universo da linguagem como uma nova metáfora, uma forma de estruturar ou realçar algum aspecto da realidade difícil de compreender antes que a metáfora começasse a circular. Como espetáculo, o Fantasmagoria podia ser visto como uma tolice, uma versão do século XVIII de um filme de terror barato. Mas, como metáfora, tornou-se um poderoso fascínio filosófico.

O espetáculo Fantasmagoria.

Hegel invocou a criação de Philidor em suas palestras de Jena, realizadas enquanto escrevia *A fenomenologia do espírito*: "Esta é a noite, o interior da natureza que existe aqui – o puro eu. Nas apresentações do Fantasmagoria é noite por todos os lados; aqui surge de repente uma cabeça sanguinolenta, ali outra figura branca aparece abruptamente, antes de voltar a desaparecer. Pode-se ter uma visão desta noite quando se olha para o olho de um homem – na noite em que se torna temível; é a noite do mundo que se apresenta aqui."[5] Schopenhauer definia o aparato sensorial humano como uma "fantasmagoria cerebral". Em seu romance satírico de 1833, *Sartor Resartus*, que continha uma velada caricatura do próprio Hegel, Thomas Carlyle popularizou o uso do termo como metáfora de um indivíduo ou sociedade que perderam sua compreensão da realidade: "Estamos em uma fantasmagoria e uma gruta de sonhos sem limites, pois a estrela mais esmaecida, o século mais remoto, não está nem mais perto da beira daquilo; sons e muitas visões coloridas pululam ao redor de nossos sentidos..."[6]

Essa definição mais abrangente de *fantasmagoria* como uma espécie de ilusão de massa teria um papel crucial em um dos parágrafos mais influentes de filosofia política já escrito, no trecho de *O capital* em que Karl Marx define pela primeira vez sua noção do fetichismo da mercadoria:

> Contra isso, a forma de mercadoria, e a relação de valor dos produtos do trabalho de onde surge, não tem absolutamente conexão com a natureza física da mercadoria e as relações materiais decorrentes. Não é nada mais que a definitiva relação social entre os próprios homens que assume aqui, para eles, a forma fantástica de uma relação entre coisas. A fim de, portanto, encontrar uma analogia, precisamos fugir para o enevoado domínio da religião. Ali os produtos do cérebro humano aparecem como figuras autônomas dotadas de vida própria, que entra em relação tanto com cada um e com a raça humana. Assim é no mundo das mercadorias com os produtos das mãos dos homens. Eu chamo isso de fetichismo que se apega aos produtos do trabalho assim que são produzidos como mercadorias e, portanto, inseparável da produção de mercadorias.[7]

"A forma fantástica de uma relação entre coisas" – a frase é de uma tradução de 1887, mas o original em alemão deixa claro que Marx estava deliberadamente invocando a tradição de Schröpfer e Philidor: "a forma fantástica" é no original "*die phantasmagoriche Form*", um "enevoado domínio" com "figuras autônomas dotadas de vida própria". Para Marx, o capitalismo não era apenas uma forma de opressão econômica, mas também, de maneira crucial, um sistema econômico no qual os objetos produzidos eram embrulhados numa espécie de ilusão fantasmal, uma irrealidade que evitava que seus participantes reconhecessem a verdade da opressão. Marx nunca hesitou em se basear em argumentos filosóficos arcanos ou em avançadas teorias econômicas para explicar sua visão da história: há dezenas de referências a Hegel, Adam Smith e David Ricardo ao longo dos três volumes de *O capital*. Mas num momento crucial dessa argumentação, introduzindo um conceito que se mostraria dos mais influentes, ele se inspirou no entretenimento popular, não na fenomenologia, para transmitir seu significado. Novas ideias precisam de novas metáforas, e no caso de Marx a nova metáfora veio de um show de horrores.

Lanterna mágica de dupla lente.

EM 1801, um homem chamado Paul de Philipsthal lançou uma nova versão do espetáculo Fantasmagoria no Lyceum Theatre, em Londres. Muitos historiadores acreditam que Philipsthal era de fato o próprio Philidor, retornando ao entretenimento com um novo nome artístico, mas a verdadeira identidade de Philipsthal continua um mistério. A fantasmagoria se tornou uma âncora no crescente mercado da ilusão que vicejou no West End durante as primeiras décadas do século. Em algum momento nessa sequência temporal – a data exata se perdeu na história –, o cientista escocês David Brewster começou a frequentar o espetáculo durante suas estadas em Londres. Brewster é um dos personagens do século XIX que realmente não têm equivalente nos dias de hoje. Ministro ordenado da Igreja da Escócia, começou a se interessar por astronomia e se tornou por um tempo o maior especialista do mundo na ciência da óptica. Mas também apreciava muito as diversões populares. Esses interesses o levaram a inventar o caleidoscópio, que durante anos foi o PlayStation do final da era georgiana. (Por incompetência ou indiferença, Brewster mal ganhou um centavo pelo dispositivo, pois imitadores logo inundaram o mercado com clones de sua ideia original.) Mas tais interesses também levaram Brewster a espetáculos de ilusão e terror no West End, à fantasmagoria e suas semelhantes. Em parte ele ia como arruaceiro, um cético tentando desvendar as habilidades secretas por trás das apresentações. Mas também sentia que havia algo profundo à espreita naqueles truques, que o artista estava explorando os caprichos do sistema sensorial humano. Essa exploração dos caprichos os tornava mais visíveis para o cientista.

Sobre as imagens espectrais da fantasmagoria, Brewster compilou a análise a seguir, acompanhada por diagramas:

> [O] fenômeno era produzido variando a distância da lanterna mágica AB, Fig. 5, da tela PQ, que permanecia fixa, e ao mesmo tempo mantendo a imagem na tela e aumentando a distância das lentes D dos slides em EF. Quando a lanterna se aproximava de PQ, o círculo de luz PQ, ou a seção do cone de raios PDQ, diminuía gradualmente e parecia uma pequena nuvem brilhante quando D estava perto da tela. Ao mesmo tempo, uma

nova figura era projetada, de forma que quando a lanterna recuava da tela, a figura anterior parecia ter se transformado em outra.[8]

A análise de Brewster não fornecia bom material para uma citação promocional do espetáculo. Mas ele não estava mesmo descrevendo, como crítico ou jornalista, os espetáculos. Estava lá estimulado por Walter Scott, fazendo anotações para um livro que mais tarde intitularia de *Letters on Natural Magic*. Brewster percebeu que, assim como a ciência do Iluminismo havia aberto muitas portas para criar distorções mágicas, tinha aberto também muitas portas para criar distorções mágicas da realidade. A capacidade de entender o mundo avançava mais ou menos no mesmo passo que a capacidade de iludir. Esse novo poder ilusório – magia *natural*, em oposição à sobrenatural – estava em seu auge no West End de Londres. Brewster estava lá, a pedido de Scott, para desvendar suas ilusões – e celebrá-las ao mesmo tempo.

O fato de um homem como Brewster sair em busca desse tipo de entretenimento é notável em si. As "exposições" que começaram a proliferar por toda a Europa se tornaram os primeiros locais onde uma cultura comum começou a tomar uma forma que levou filósofos eruditos, trabalhadores comuns e a aristocracia agrária a apreciar as mesmas diversões em termos mais ou menos iguais. Hoje nos parece natural que estrelas de cinema, políticos e operários compareçam felizes ao último filme da Pixar ou se reúnam em um estádio de futebol para torcer por seu time. Porém, trezentos anos atrás, as diferentes classes tinham poucos pontos em comum. "A curiosidade sempre foi o grande nivelador", escreve o historiador Richard Altick em sua magistral obra *The Shows of London*. "Exposições que chamavam a atenção dos 'extratos inferiores' também atraíam os mais cultos e, talvez até certo ponto, vice-versa. O espectro de espetáculos disponíveis não era dividido em uma categoria que fosse exclusivamente para o pobre e inculto, e outra, totalmente à parte, para os cultos e os abastados. Como um bom número de estrangeiros percebeu, nenhuma característica inglesa era mais disseminada por toda a estrutura social que o entusiasmo por exposições, e, pode-se

David Brewster

acrescentar, nenhuma característica foi mais eficaz na redução, ainda que por breve período, das barreiras convencionais que mantinham uma classe distante da outra."[9] O que as reunia era o prazer estranho e imprevisível de ser enganado.

Em seu *Letters on Natural Magic*, Brewster já havia observado que uma quantidade desproporcional de ilusões populares era direcionada ao sistema visual humano. "O olho é a fonte mais fértil de ilusões mentais ..., o lugar favorito do sobrenatural",[10] escreveu. Desde o tempo de Brewster, livros inteiros – alguns destinados a garotos de sete anos, outros a neurocientistas – foram catalogados como uma grande mistura de ilusões

Triângulo de Kanizsa

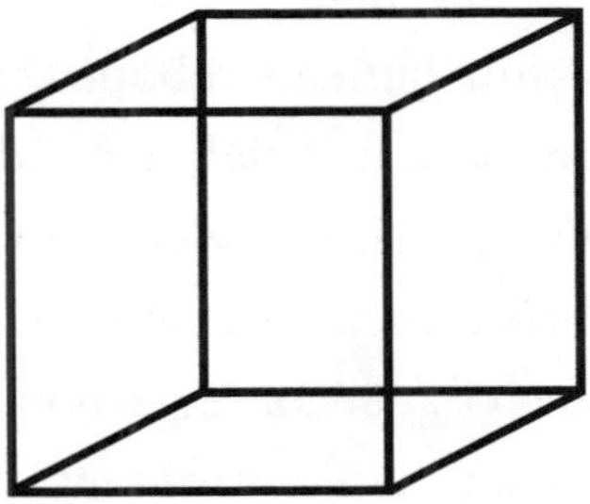

Cubo de Necker

de ótica. Vamos considerar dois famosos truques visuais, o triângulo de Kanizsa e o cubo de Necker.

Nos dois casos, o olho detecta algo que literalmente não está lá: um triângulo branco e uma caixa tridimensional. Nos dois casos, é quase impossível deixar de ver a ilusão. O cubo de Necker pode ser visualmente rebatido em duas diferentes orientações tridimensionais, mas a maioria de nós não consegue percebê-lo como realmente é: doze linhas interseccionadas sobre uma superfície bidimensional. Nossa mente invoca uma percepção de profundidade que não existe empiricamente. O menor deslocamento da imagem pode eliminar o efeito 3D, como no desenho conhecido como cubo de Kopfermann, onde a imagem parece alternar entre um cubo em 3D e o formato de um cata-vento em 2D.

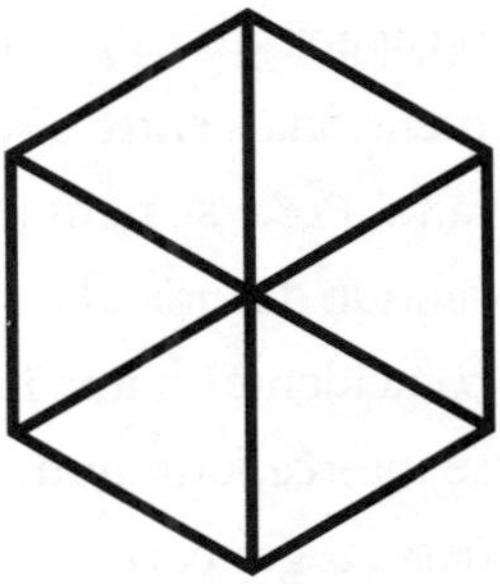

Cubo de Kopfermann

Centenas de ilusões semelhantes foram descobertas por artistas, organizadores de espetáculos e cientistas ao longo dos séculos. Estranhamente, parece que o cérebro humano se mostra bem menos vulnerável a ser enganado por outros sentidos que não a visão. Existem umas poucas ilusões auditivas, sendo a mais famosa a criada pelo som estereofônico, que faz os ouvidos perceberem o som emanando de um ponto entre os dois alto-falantes. Vários projetistas de autômatos do século XVIII tentaram criar uma "máquina falante" – um humano robótico que pudesse articular palavras e sentenças por um meio artificial, seguindo os princípios do flautista autômato de Vaucanson. Mas o ouvido humano não se deixa enganar facilmente por simulações discursivas: até hoje, com todo o nosso poder computacional, qualquer criança consegue notar a diferença entre o aplicativo Siri e uma voz humana. E os outros sentidos – tato, olfato, paladar – são ainda mais difíceis de ser enganados da forma como nossos olhos são iludidos pelo cubo de Necker. Existem poucas ilusões táteis; no paladar, o equivalente mais próximo seria a sensação de calor que a pimenta-malagueta provoca em nosso cérebro. Mas se você quiser enganar os sentidos de outro ser humano, a melhor aposta é fazer isso através dos olhos.

Existe algo de paradoxal nessa vulnerabilidade. O sentido da visão costuma ser considerado o mais desenvolvido dos sentidos humanos. Alguns estimam que 85% da informação que absorvemos nos chegam pelo sistema visual. Ora, então por que nossa mais potente ferramenta sensorial seria a mais vulnerável a ser enganada? Durante as últimas décadas, pesquisadores especializados em inteligência visual entenderam esse aparente paradoxo. O poder do nosso sistema visual não pode ser medido em simples resolução, como os megapixels das câmeras digitais. Na verdade, o percentual do nosso campo visual que pode ser atribuído no enfoque de "alta definição" é surpreendentemente pequeno. O que torna nossos olhos tão perceptivos está na forma como o cérebro *interpreta* a informação recebida pelo nervo óptico. Em certo sentido, o cérebro desenvolveu uma série de truques que o capacitam a detectar coisas como bordas, movimento e relações tridimensionais entre os objetos, preenchendo de improviso a informação que falta. Pode-se pensar que essas são as regras básicas que regem o nosso sentido da visão. Por exemplo, quando nossos olhos percebem duas linhas coincidentes numa imagem plana, nosso cérebro assume que essas linhas se interceptam num espaço tridimensional. (O cubo de Necker se baseia nessa regra para criar a sensação de profundidade na imagem.)

Milhões de anos de evolução estabeleceram regras para interpretar a informação visual, ajudando o olho a avaliar e prever a organização física e o movimento dos objetos que percebe. Mas depois de centenas de anos de evolução *cultural*, começamos a descobrir configurações incomuns que confundiam essas previsões, obrigando o olho a ver algo que não estava lá, tecnicamente falando. A seleção natural criou uma espécie de tecnologia neural para interpretar a informação transmitida por nossos olhos, e depois os seres humanos partiram deliberadamente para inventar uma tecnologia que desorienta as invenções da evolução. E isso acabou ficando surpreendentemente divertido.

Apesar de sua formação acadêmica em ciência óptica, Brewster gostava de desafiar as regras da percepção para divertir as massas. Mais tarde em sua vida, ele inventou o estereoscópio, uma tecnologia manual que faz com que o olho perceba duas imagens planas distintas como uma única cena em 3D. Ao contrário do que aconteceu com sua invenção anterior do caleidoscópio, Brewster conseguiu montar um negócio bem-sucedido vendendo sua engenhoca, apropriadamente chamada de "Estereoscópio de Brewster". Sabe-se que a rainha Vitória ficou maravilhada com esse dispositivo durante a Grande Exposição de 1851. O estereoscópio continua vivo até hoje na forma do popular brinquedo View-Master, e a ilusão básica do estereoscópio também é importante para a realidade virtual de dispositivos como os Óculos Rift.

Ilusões de ótica podem ser usadas para assuntos mais sérios. Até o final do século XIX, o "truque ótico" mais famoso e influente foi a invenção da perspectiva linear, atribuída ao arquiteto Filippo Brunelleschi, embora as regras fundamentais que regem a técnica tenham sido já esboçadas no livro *On Painting*, de Leon Battista Alberti. Assim como no cubo de Necker, é quase impossível não perceber as relações de profundidade numa pintura que aplique bem os princípios articulados por Brunelleschi e Alberti. Tecnicamente falando, a perspectiva linear não é nada mais que uma ilusão de ótica, mas é legitimamente considerada uma das inovações mais transformadoras da Renascença.

Durante um breve período no final do século XVIII, parecia que um pintor escocês chamado Robert Barker tinha topado com uma inovação de importância comparável. Em algum momento em meados dos anos 1780,

Barker foi fazer um passeio pelo cume da Calton Hill, em Edimburgo. Ao lado do que é hoje o Monumento a Nelson e olhando a cidade de cima, Barker teve a ideia de retratar toda aquela visão em 360 graus girando uma sequência de quadrados ao redor de um ponto fixo, desenhando cada parte da paisagem para depois juntá-las numa única imagem. Com a ajuda do filho de doze anos, Barker concluiu seu projeto épico, mas quando estendeu a imensa tela final e a dispôs ao redor do espectador, ele descobriu que a superfície côncava distorcia a imagem, fazendo as linhas horizontais parecerem curvas, se não fossem perfeitamente alinhadas com os olhos do espectador. Em certo sentido, era o problema oposto ao que Brunelleschi e Alberti tinham resolvido: em vez de criar a ilusão de 3D numa superfície plana, Barker tinha de eliminar as distorções que surgiam da pintura numa superfície tridimensional. Ele acabou elaborando uma técnica pela qual as linhas retas eram artificialmente curvadas para compensar a distorção, mais ou menos como os pontos de fuga aproximam as linhas paralelas numa perspectiva linear. Barker imaginou também toda uma estrutura construída para abrigar sua ilusão, com a iluminação vinda de cima e a entrada por uma escada que chegava por baixo da plataforma onde ficava o espectador. (Uma porta no meio da pintura quebraria o encanto.) Em 1787, ele patenteou seu "Dispositivo de Aparato inteiramente novo ... com o Propósito de mostrar Vistas da Natureza com amplitude".[11]

Depois de exposições bem-sucedidas de um protótipo em Edimburgo, Barker mudou-se para Londres, onde fundou uma sociedade anônima, apoiado por um punhado de ricos investidores, e começou a procurar um local no West End onde pudesse produzir seu espetáculo imersivo com efeito total. Mandou o filho para o teto do moinho de Albion, perto da ponte de Blackfriars, para desenhar o horizonte de Londres, da mesma forma como tinham captado Edimburgo a partir da Calton Hill. Seguindo a sugestão de um "amigo clássico", Barker encontrou um nome para sua criação, inspirado no termo grego para "visão abrangente". Ele chamou o dispositivo de Panorama.

Em 1793, Barker tinha construído um prédio de seis andares perto de Leicester Square, projetado com o propósito exclusivo de mostrar dois

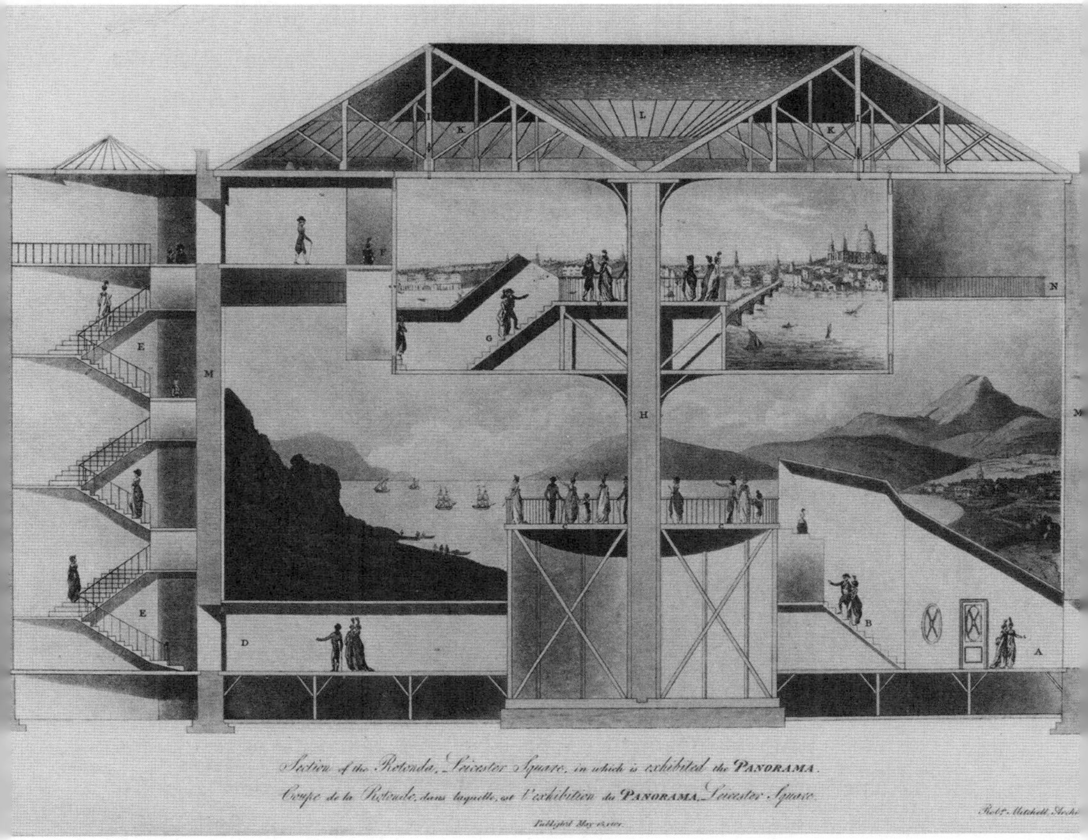

Seção transversal da rotunda de Londres onde Robert Barker expôs seus dois panoramas.

panoramas separados para uma multidão de espectadores pagantes. A principal atração era uma imensa vista de Londres baseada nos desenhos feitos a partir do moinho de Albion, que abrangia 137 metros quadrados. (Um panorama menor simulava a frota britânica navegando em Spithead, a baía perto de Portsmouth.) Barker fez anúncios que sugeriam modestamente que sua técnica era "o maior APERFEIÇOAMENTO na ARTE da PINTURA já descoberto".[12] Por algum tempo, a linguagem bombástica pareceu garantida. O espetáculo em si foi um grande sucesso. O rei e a rainha exigiram uma visita prévia, embora a rainha Charlotte tenha depois relatado que a ilusão a fizera ficar zonza. A recepção da crítica foi igualmente entusiasmada: "Nenhum dispositivo ... chegou tão próximo do poder de colocar a própria cena na presença do espectador", escreveu um observador. "Não é magia; mas a magia não poderia iludir o olho de forma mais eficiente, nem induzir uma convicção da existência real dos objetos sendo vistos."[13] Em pouco tempo surgiram imitações por toda a Europa, muitas recriando famosos conflitos militares, alguns extraídos de notícias atuais. O Panorama foi o primeiro dos templos de ilusão a encontrar uma grande plateia nos recém-formados Estados Unidos. Cunhada especificamente para se referir à casa de espetáculos de Barker, a palavra panorama entrou para o léxico comum de pelo menos doze idiomas, significando qualquer tipo de visão ampla, artística ou não.

De forma bastante apropriada, dada a estranha mistura do apelo erudito e não erudito do Panorama, a melhor descrição de seu impacto foi lavrada por Charles Dickens décadas após a inauguração da exposição de Leicester Square:

> É uma deliciosa característica destes tempos que novas e mais baratas formas sejam continuamente elaboradas para transmitir os resultados da experiência real aos que não conseguem obter tais experiências por si mesmos; e colocá-las ao alcance do povo – enfaticamente do povo; pois é principalmente a eles que se dirigem esses empreendimentos, e não para plateias exclusivas...
>
> Alguns dos melhores proveitos de uma viagem são sugeridos por essas formas àqueles cujo quinhão é ficar em casa. Novos mundos se abrem a eles, para além de seus pequenos mundos, ampliando seu escopo de reflexão, informação, empatia e interesse. Quanto melhor o homem conhecer o homem, melhor será para a fraternidade comum entre nós todos.[14]

O Panorama de Barker sinalizou um propósito mais alto para os ilusionistas. Além das emoções do espetáculo de fantasmas ou da distração do Pato Digestor, os espetáculos de ilusão podiam também ter quase uma função jornalística, relatando os eventos da atualidade. Os jornalistas já vinham enviando despachos das frentes de batalha havia pelo menos um século antes de Barker montar sua exposição, mas numa época em que não havia o telégrafo nem a fotografia, esses relatos demoravam a chegar e eram limitados basicamente a descrições textuais. (O rei George supervisionou a guerra da Grã-Bretanha contra as colônias norte-americanas com um atraso de quatro semanas – o tempo decorrido para as notícias das batalhas viajarem de navio pelo Atlântico.) Os ilusionistas não podiam acelerar a transmissão, mas podiam reunir seus poderes para recriar a experiência de estar numa batalha, como Barker fez com o Panorama.

Em setembro de 1812, o músico e inventor bávaro Johann Nepomuk Maelzel estava na Rússia, bem a tempo de testemunhar o lendário incêndio de Moscou que saudou a chegada de Napoleão àquela cidade, e que logo levaria à sua épica derrota. O fogo e a subsequente batalha por Moscou inspirariam grandes obras de arte nos anos subsequentes: *Guerra e paz* de Tolstói, a *Abertura 1812* de Tchaikovsky. Mas uma das primeiras – e talvez a mais original – tentativas de representar esse evento mundialmente famoso foi criada por Maelzel um ano após a derrota de Napoleão, na forma de um diorama animado chamado *A conflagração de Moscou*. A criação de Maelzel estreou em Viena, mas acabou sendo levada por toda a Europa e a América do Norte, maravilhando plateias durante décadas com sua hipnótica reconstrução da grande cidade em chamas.

Um detalhado apanhado do espetáculo que percorreu os Estados Unidos dá uma ideia da escala da produção. Estruturas móveis representando os edifícios de Moscou – o Kremlin, minaretes de igrejas, castelos – foram projetados para desabar no momento certo. Atrás do horizonte, Maelzel pendurou uma pintura transparente que mostrava uma névoa de fogo e fumaça; atrás disso, outra pintura retratava mais edifícios queimando a distância, com uma lua brilhando no céu noturno acima da carnificina. Na frente do palco, duas pontes e um passadiço sustentavam mais de duzentos soldados russos e franceses, apresentando "músicos, atiradores, cavalaria, minas de infantaria e canhões";[15] as tropas se movimentavam pelo palco sobre ranhuras escondidas, controladas à mão e por um guindaste. Telas corta-fogo permitiam que chamas reais devorassem a paisagem urbana sem atingir nenhum equipamento; Maelzel utilizou pequenos fogos de artifício e painéis de carvão em brasa para aumentar o efeito. Para acender aquele retrato vivo eram necessários "dezesseis lampiões, 25 lâmpadas de Argand, seis castiçais com molas, espevitadeiras, bandejas, quarenta lâmpadas patenteadas com refletores, nove lâmpadas quadradas, seis oblongas e treze lanternas japonesas comuns com suporte".

A experiência ao assistir *A conflagração de Moscou* não era, em termos estritamente técnicos, *narrativa* em sua forma. Sim, os eventos seguiam uma ordem preestabelecida no palco: o exército de Napoleão avançando; os russos se retirando; o movimento das chamas no horizonte. Mas o verdadeiro apelo do espetáculo vinha da sensação de imersão, assim como no Panorama de Barker. "A cidade estava diante de nós, bem construída e com as casas todas em chamas", relembrou um espectador décadas mais tarde. "Nós estremecíamos com a visão; víamos homens, mulheres e crianças fugindo dos prédios em chamas, com trouxas de roupas nas costas. A cena era terrível, e tão realista que quando fomos dormir, ao voltar do espetáculo, nos abraçamos e agradecemos por nossa casa não estar em chamas."[16] Com essa elaborada ilusão, os espectadores viveram a carga sensorial de um dos mais caóticos e aterradores eventos da história recente. Nisso, Barker e Maelzel identificaram nas plateias uma tendência que mais tarde seria satisfeita com uma interminável reciclagem de filmes-desastre, de *Desastre do Hindenburg* a *As Torres Gêmeas*. (Simulações imersivas sem narrativa de catástrofes famosas podem muito bem ganhar um renascimento, se a realidade virtual se transformar em entretenimento de massa.)

Enquanto a era da ilusão foi dominada por efeitos óticos, graças em grande parte à evolução do sistema visual humano, Maelzel fez mais que qualquer ilusionista de sua geração ao explorar a dimensão aural de seu teatro mecânico, usando uma variedade de instrumentos específicos para simular os sons de uma cidade sitiada:

> Uma máquina de mosquete tinha doze molas para disparar marteletes.
>
> Tambores de canhões eram tocados a punhos com luva de boxe…
>
> Uma "máquina de explosão de ferro" continha uma porção de pedras, e ao ser erguida criava um barulho semelhante ao ruído de prédios desmo-

> ronando e à explosão de pólvora. Havia guizos de mesa, sinos de vidro e gongos chineses para simular sinos de igreja e vários outros sons urbanos. Órgãos manuais de fole e uma série de cilindros produziam os dois tipos de música marcial empregadas ... Uma máquina de trompete, com doze trompetes acoplados, conseguia tocar uma dúzia de melodias. Um órgão manual fornecia os sons dos címbalos e dos bumbos.[17]

A tentativa de Maelzel de recriar a música dissonante da guerra se combinou com outro de seus projetos, um instrumento musical pau para toda obra chamado pan-harmônico, que conseguia simular os sons de toda uma banda militar, chegando até aos disparos e ao estrondo de canhões. A engenhoca, mais ou menos do tamanho de um armário, controlava seus instrumentos via um imenso cilindro rotativo, uma versão ampliada dos cilindros perfurados que controlavam as caixas de música e os autômatos dos séculos anteriores. Mantendo-se fiel ao tema militar de suas ilusões, Maelzel colaborou com um amigo para compor uma partitura específica para o pan-harmônico, a fim de celebrar a vitória de Wellington sobre os franceses na Batalha de Victoria. Por acaso, o amigo não era ninguém menos que Ludwig van Beethoven. Infelizmente, o pan-harmônico nunca encontrou lugar na música clássica tradicional. Embora a composição de Beethoven – agora conhecida como "Wellington Sieg" – tenha sido apresentada com o pan-harmônico de Maelzel em várias exposições ambulantes, os dois se desentenderam, e Beethoven acabou processando Maelzel e reescrevendo sua composição para uma orquestra tradicional.

A COLABORAÇÃO DE MAELZEL com Beethoven indica como é difícil para nós hoje colocar os ilusionistas no escopo das belas-artes e do divertimento popular. Do ponto de vista moderno, eles parecem mais mascates ou artistas de circo. Sem dúvida, alguns eram mesmo. Mas o elenco de personagens envolvido nessa estranha nova cultura – de Brewster a Beethoven – e a seriedade com que muitos dos mais inovadores espetáculos eram montados sugerem que havia algo mais profundo a caminho. Seja qual for o nicho onde os coloquemos no espectro das expressões artísticas, uma coisa fica clara: nas primeiras décadas do século XIX, o sucesso do Panorama de Barker e do espetáculo Fantasmagoria de Philipsthal estabeleceu uma espécie de versão em entretenimento da explosão cambriana. Novos e bizarros tipos de entretenimento proliferaram por todo o West End. (Versões menores dessa loucura ocorreram também em Nova York, Paris e outras cidades.) Os próprios termos – com seus estranhos neologismos gregos – já indicam o quanto a linguagem se contorcia para representar a novidade daquelas experiências. Além do Panorama e do Fantasmagoria, um turista em Londres nos anos 1800 poderia curtir uma "Nova Exposição Pictórica e Mecânica"[18] chamada Akolouthorama; um predecessor do espetáculo de fantasmas de Philipsthal chamado Fantascopia; uma exposição chamada Espectrografia, que prometia um "TRADICIONAL ESPETÁCULO DE FANTASMAS!";[19] uma influente exposição mecânica intitulada de Eidofusicon; a Panstereomaquia, "uma representação picto-mecânica", segundo o *Times*. Uma orquestra virtual criada por um pintor e músico chamado J.J. Gurk entretinha as plateias com apresentações de "Rule, Britannia". (Estranhamente, também se chamava Pan-harmônico, embora não tivesse nada a ver com o dispositivo de Maelzel.) Surgiram também dezenas de derivações das pinturas imersivas de Barker: o Diorama, o Cosmorama, o Poecilorama, o Fisiorama, o Naturorama. Um artista de espetáculos americano chamado John Banvard popularizou o "Panorama Móvel", que simulava um passeio pelo rio Mississippi desenrolando uma pintura que tinha mais de um quilômetro de comprimento.

Algumas dessas criações, como a paisagem rolante de Banvard, eram inovações genuínas; outras eram enganações baratas. (A *Literary Gazette* desdenhou o Naturorama: "Você pode olhar pelos vidros e ver infelizes representações de lugares, pessoas e paisagens; enquanto duas ou três pessoas desagradáveis comem cebola e chupam laranja ao seu lado."[20]) Mas o que tornava toda essa coleção tão notável era a total diversidade daqueles espetáculos mágicos e daquelas terras de maravilhas. Se você desfocar os olhos, o West End de Londres de 1820 não parece tão dife-

Anúncio de um dos primeiros projetores de slides, ou "lanterna mágica".

rente do West End de hoje, com suas marquises promovendo a última comédia de sucesso ou uma retrospectiva de Andrew Lloyd Webber. Mas a variedade de entretenimentos de hoje vive dentro das convenções formais de uma peça teatral: uma plateia reunida num auditório assistindo a atores representarem um roteiro escrito em um palco iluminado, às vezes acompanhados por música. A variedade do West End atual pertence ao conteúdo, não à forma. Dois séculos atrás, havia peças teatrais e música, mas havia também panoramas e espetáculos de fantasmas com lanterna mágica, pinturas animadas povoadas por pequenos robôs – e dezenas de outras permutações. O West End funcionava como uma grande feira de ilusões, onde cada atração dependia de sua tecnologia específica para realizar seus truques.

Talvez o fato mais significativo de todo esse circo seja o seguinte: quase todos os tipos desse gênero de ilusão desapareceram no começo do século XX. Muitas formas de entretenimento do final do século XVIII sobrevivem de forma reconhecível. Pessoas continuam assistindo a musicais, vão à ópera, leem romances e visitam galerias de arte. Mas à parte um ocasional diorama em um museu de história natural, a maravilhosa diversidade das ilusões do West End foi totalmente extinta. Todos aqueles panoramas em movimento e espetáculos com lanternas mágicas foram varridos do mapa por uma nova tecnologia: o cinema.

Em certo sentido, os templos de ilusão ajudaram a criar a tecnologia que acabaria os destruindo. A maioria de suas inovações acabou se mostrando um beco sem saída: ninguém mais se dá ao trabalho de pintar telas de trezentos metros, por razões óbvias. Mas o Fantasmagoria, o Panorama e seus muitos similares ajudaram a solidificar uma nova convenção: que os seres humanos pagariam para lotar um salão com o propósito de se perderem em imagens imersivas e iluminadas. Em 1820, essa prática era limitada a uma minúscula porção da população do planeta, reunida em poucas cidades afluentes, mas logo se tornaria um fenômeno mundial com o surgimento do cinema.

O modelo encenado nas ruas do West End retornaria muitas vezes nas décadas subsequentes. Surge uma série de inovações, todas experimentando com diferentes variações de um único tema, até aparecer uma solução específica que atinge uma massa crítica e elimina seus rivais. Pense no ecossistema de rede de computadores do início dos anos 1990: serviços proprietários como AOL e CompuServe; protocolos de arquivos compartilhados como Fetch ou Gopher; comunidades privadas de mensagens como The WELL ou ECHO; experiências de hipertexto como Storyspace ou HyperCard. Por trás de todas essas novas plataformas marginais era visível um consenso compartilhado: as pessoas começariam a consumir e compartilhar notícias, documentos, informações pessoais e outras mídias através de redes de hipertextos. Mas não estava claro se uma única plataforma uniria todas essas atividades disparatadas até que a World Wide Web se tornasse de fato o padrão em meados dos anos 1990. O processo aconteceu mais rapidamente do que nos tempos das ilusões do West End, mas o padrão subjacente foi o mesmo: experimentos iniciais, seguidos por uma diversidade explosiva, seguida por uma consolidação radical.

A inovação que triunfa ao fim dessa sequência costuma ser inferior às suas rivais de muitas formas: lembre-se de que o cinema, com todas as suas vantagens, não teve cores durante seus primeiros cinquenta anos, e mesmo na era do IMAX 3D, os filmes não têm a visão em 360 graus do Panorama. Mas o cinema não foi uma ruptura clássica no estilo de Clayton Christensen, em que um novo produto inferior e mais barato elimina um rival mais completo, porém mais caro. Por mais cativantes que fossem os dançarinos mecânicos de Merlin, ninguém os confundia com seres humanos genuínos. Quando foi possível projetar imagens de pessoas reais nas telas – dançando, gesticulando e sentindo emoções, mesmo sem cor e sem som –, o apelo dos espectros das lanternas mágicas se dissolveu em pleno ar. É certo que alguns dos primeiros filmes mais populares se inspiraram nos ilusionistas do West End, sendo os mais espetaculares os curtas-metragens carregados de efeitos especiais de Georges Méliès. Mas pode ser argumentado que a principal inovação que assegurou o domínio do cinema não foi a câmera nem o projetor, nem as trucagens de cena iniciadas por Méliès, mas sim a invenção do close-up.

Os primeiros filmes, ou o cinema "primitivo" – como os estudiosos de cinema se referem a eles –, foram efetivamente uma continuação dos espetáculos do West End: fosse imergindo o espectador na experiência de um lugar distante, como fazia o panorama móvel de Banvard ao levar a plateia por um passeio pelo rio Mississippi, ou sujeitando o espectador a uma série de efeitos especiais hipnóticos. A maioria desses filmes era rodada de uma forma que imitava a perspectiva da plateia em um teatro tradicional: uma única e longa tomada com os atores enquadrados por um palco. Mas, a partir dos anos 1910, diretores como D.W. Griffith começaram a experimentar com o close-up, uma técnica que levava o espectador a uma espécie de relação íntima com os atores que nenhuma produção teatral conseguia fazer. Esse foi o momento em que o cinema abandonou o mundo da diversão e se tornou uma arte.

Todos esses elementos – os protocinemas do West End, o poder transformador das imagens em movimento, a sedução formal do close-up – deixam claro o quanto é difícil situar exatamente o momento em que o cinema foi inventado. Assim como muitas outras tecnologias importantes, o cinema foi um amálgama de inovações bem diferentes, que em si mesmas se inspiraram em várias formas de conhecimento e foram desenvolvidas em escalas de tempo muito divergentes. A prática de projetar uma imagem numa tela acendendo uma luz estável atrás de uma placa semitransparente se tornou lugar-comum com o surgimento da lanterna mágica nos anos 1600; as lentes de vidro utilizadas pelas câmeras de filmagem e pelos projetores antecederam a lanterna mágica em alguns séculos. A captura de imagens diretamente em um material fotossensível se tornou possível no início dos anos 1800. O cinema moderno que começou a surgir na segunda década do século XX utilizou séculos de inovações – em química, em óptica, em fabricação de vidros e na mecânica –, sem mencionar as inovações criativas, como a câmera sobre trilhos ou o close-up. Além de todas essas inovações, o cinema contou com um modelo de negócio desenvolvido pelos homens de espetáculos do West End: cobrar um preço fixo por uma entrada para se imergir numa câmara escura de ilusão. Isso também foi uma invenção.

Plateia reunida para assistir a um espetáculo de lanterna mágica.

O cinema se destacou das técnicas do West End em um aspecto-chave. Na fantasmagoria ou no panorama móvel de Banvard, a percepção do movimento pelo espectador era baseada no movimento real de objetos físicos; a lanterna mágica rolando nos trilhos para a frente e para trás, o desdobramento constante da pintura de mais de mil metros de Banvard. Mas o movimento no cinema era apenas um truque para os olhos; até hoje, todos os filmes e programas de televisão são construídos a partir de um fluxo de imagens imóveis que nossos olhos percebem como movimento contínuo. Esse fenômeno é comumente chamado de persistência da visão, embora haja um acalorado debate na comunidade científica a respeito dos mecanismos neurais que tornam isso possível. Assim como muitos elementos importantes do sistema visual humano, isso foi descoberto por fabricantes de brinquedos, nas rodas giratórias e tambores rotativos dos primeiros dispositivos do século XIX, como o taumatrópio e o zootrópio, que giravam em torno de dezenas de imagens estáticas de uma dançarina ou de um cavalo trotando, criando a ilusão de movimento. (*Thaumatrope* quer dizer girador de maravilhas em grego, enquanto *zoetrope* se traduz mais ou menos como girador de vida, ou roda da vida.) Sejam quais forem suas raízes biológicas, a persistência da visão parece ser uma propriedade universal do olho humano: quando imagens estáticas piscam mais de dez ou doze vezes por segundo, nossos olhos juntam todas num fluxo contínuo.

Em um nível mais básico, essa propriedade do olho humano é um defeito. Quando assistimos a um filme, nossos olhos estão falhando empiricamente ao fornecer um relatório impreciso do que acontece na frente deles. Estão vendo *uma coisa que não está lá*. Muitas inovações tecnológicas exploram as vantagens que a evolução nos propiciou: ferramentas e utensílios favorecem nossa destreza manual e os polegares opostos; interfaces gráficas se valem da nossa poderosa memória visual para navegar pelo espaço informacional. Mas as imagens em movimento fazem uma abordagem oposta: elas funcionam justamente por causa de uma deficiência dos nossos olhos.

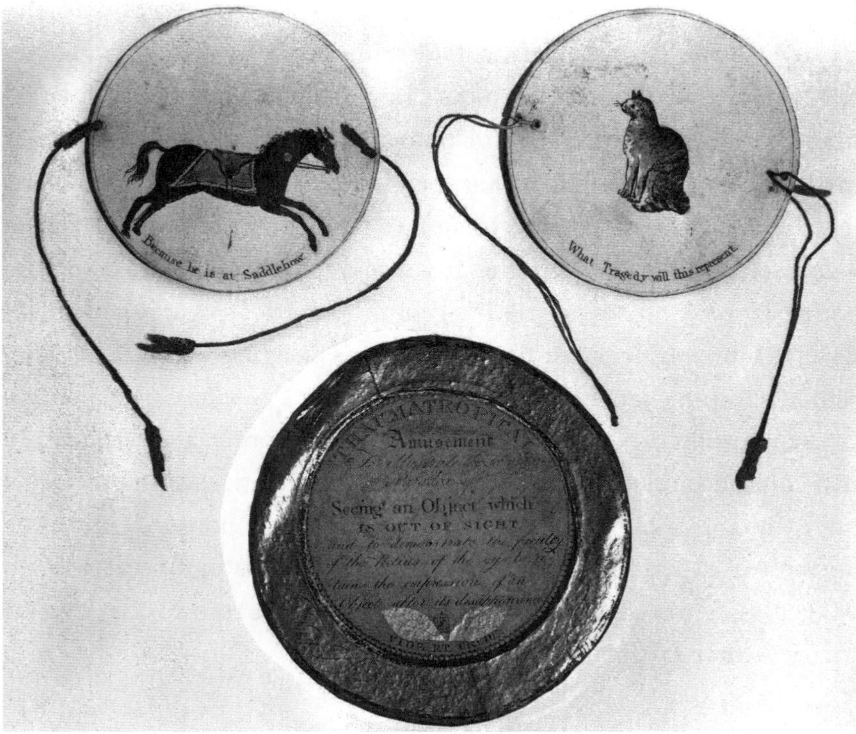

Dois dos primeiros taumatrópios, 1826.

Essa deficiência era inevitável. A visão humana pode ter se desenvolvido justamente para perceber uma sucessão de imagens estáticas dessa forma: como a sucessão de slides mais rápida do mundo. Ou nossos olhos teriam percebido isso como um borrão confuso. Não existe uma razão evolutiva para que o olho criasse a ilusão de movimento à razão de doze quadros por segundo; o ambiente ancestral em que nosso sistema visual evoluiu não tinha projetores cinematográficos, nem telas LCD ou taumatrópios. A persistência da visão é o que Stephen Jay Gould definiu muito bem como um tímpano* – uma propriedade acidental que surgiu como consequência de outras adaptações mais diretas. É interessante

* Arquitetura: espaço nos cantos sobre um arco, construído como um desfecho necessário da construção sobre arcos. (N.T.)

imaginar como teriam sido os últimos dois séculos se o olho humano não tivesse esse estranho defeito. Poderíamos estar vivendo num mundo com aviões a jato, bombas atômicas, rádio, satélites e telefones celulares – porém *sem* televisão ou cinema. (Computadores e redes de computadores provavelmente existiriam, mas sem algumas das sutilezas animadas das interfaces gráficas modernas.) Imagine o século XX sem propaganda em vídeo, sem Hollywood, sem sitcoms, sem o televisionamento do debate entre Nixon e Kennedy, sem as imagens filmadas dos manifestantes pelos direitos humanos sendo atingidos com jatos de água, sem *Cidadão Kane*, sem Macintosh e James Dean, sem *Happy Days* e *Família Soprano*. Todas essas marcantes experiências existem, em parte, porque a seleção natural não considerou necessário perceber imagens estáticas com precisão a um ritmo maior que doze quadros por segundo – e porque centenas de inventores, experimentando com protótipos cinematográficos ao longo de séculos, foram suficientemente inteligentes para transformar essa imperfeição numa forma de arte.

ARTE É O CHOQUE consequente do movimento de placas tecnológicas. Às vezes, o choque demora a chegar. O romance demorou trezentos anos para evoluir até sua forma moderna depois da invenção da prensa. O equivalente dos romances na televisão – os sofisticados dramas serializados como *The Wire* e *Breaking Bad* – levou setenta anos para ser desenvolvido, dependendo de onde se date suas origens. Algumas vezes o choque chega depressa: o rock'n'roll surgiu quase instantaneamente depois da invenção da guitarra elétrica. Mas algumas formas artísticas estão profundamente ligadas a inovações tecnológicas: Brunelleschi usando espelhos para enganar os próprios olhos e poder pintar com uma perspectiva linear; Walter Murch inventando o som surround para captar o turbilhão caótico do Vietnã em *Apocalypse Now*. A visão do artista exige novas ferramentas para realizar essa visão, e de vez em quando o artista se transforma ele próprio em uma ferramenta. Quando essas habilidades se acumulam em uma só pessoa, as coisas se movem depressa.

Animadora da Disney trabalha com celofane para
o desenho *Branca de Neve e os sete anões*.

Pode-se argumentar que o ponto de aceleração mais radical na história da ilusão aconteceu entre os anos 1928 e 1937, entre os lançamentos de *O vapor Willie*, o revolucionário desenho sonoro que apresentou Mickey Mouse, e a conclusão da obra-prima de Disney, *Branca de Neve e os sete anões*, o primeiro desenho de longa metragem da história. É difícil pensar num período em que as possibilidades formais de um meio artístico tenham se expandido de maneira tão radical, em tão pouco tempo. O *Vapor Willie* é apropriadamente reconhecido pelo que incorporou à arte da animação: o som sincronizado e um memorável personagem com personalidade definida. Mas vale a pena ser visto hoje por suas evidentes deficiências: não tem cor nem diálogos falados, somente uma sugestão de tridimensionalidade. A história, de apenas sete minutos de duração, gira inteiramente em torno de simples gagues visuais. *O vapor Willie* estava mais próximo de uma animação virando as páginas de um livro, com uma trilha sonora granulosa para animar as coisas. Comparado a *Branca de Neve*, *Willie* parece pertencer a outra era, o mesmo que comparar *Uma viagem à Lua* de Méliès, de 1902, com *Cidadão Kane* de Orson Welles, realizado quase quarenta anos depois. Disney conseguiu sintetizar um avanço comparável em complexidade em apenas nove anos.

E mesmo Welles, com toda sua genialidade, se valeu de inovações criadas por cineastas anteriores: o close-up de Griffith, a sincronização sonora inaugurada por *O cantor de jazz*, a câmera sobre trilhos popularizada pelo diretor italiano Giovanni Pastrone. O grande salto para a frente que Disney conseguiu com *Branca de Neve* foi propulsionado, quase exclusivamente, por inovações imaginativas criadas nos estúdios da Disney. Para produzir sua obra-prima, Disney e sua equipe tiveram de reinventar quase todas as ferramentas de animação até então utilizadas por animadores para criar suas ilusões. A física das animações anteriores era risivelmente simplificada; a gravidade quase não tinha papel nenhum em *O vapor Willie* ou nos curtas do Gato Félix que divertiam as plateias nos anos 1920. Em *Branca de Neve*, Disney quis que todo o mundo de animação agisse de acordo com as leis físicas do mundo real. Antes de *Branca de Neve*, segundo lembra um animador, "ninguém pensava em roupas esvoaçantes flutuando e caindo alguns fotogramas adiante, que é o que acontece naturalmente".[21] Disney encomendou milhares de estudos fotográficos em câmera lenta para os animadores analisarem para reproduzir os movimentos detalhados de músculos, cabelos, fumaça, vidro quebrando, passarinhos voando e outros incontáveis movimentos que tiveram de ser recriados com tinta e caneta. A equipe também inaugurou uma técnica de desenho que chamou de movimento justaposto, em que os personagens estavam sempre em constante atividade física, ainda que sutil, e não apenas circulando com uma série de poses estáticas. Essas inovações artísticas exigiram uma nova maneira de experimentos visuais antes do registro final. A equipe de Disney chegou a esboçar ideias em negativos baratos que podiam ser rapidamente processados e projetados numa minúscula tela de moviola. Eles chamaram esses ensaios experimentais de testes com lápis.[22] A simples duração de *Branca de Neve* exigiu ferramentas adicionais para mapear a longa narrativa; para isso, os "storymen" da equipe de Disney tiveram a ideia de fazer esboços correspondentes a cada cena principal e fixá-los num grande quadro de cortiça para que Disney e seus colaboradores assimilassem a narrativa numa olhada, inaugurando a tradição de "storyboard", que se tornaria uma prática onipresente em Hollywood tanto para filmes como para desenhos animados.

O som e a cor também obrigaram Disney e sua equipe a inventar novas soluções. Criar a ilusão de um diálogo falado pela boca de um personagem humano demandou um nível de sincronização e detalhamento anatômico que os primeiros desenhos sonoros, como *O vapor Willie*, não haviam exigido. Disney se associou a uma empresa iniciante, chamada Technicolor, para acrescentar uma paleta completa na versão final de *Branca de Neve*, com as animações em celulose pintadas pela equipe de animação. Eles acabaram criando uma nova espécie de tinta, usando uma base de goma-arábica "remolhável", que permitia aos animadores corrigir pequenos problemas sem descartar toda a celulose. Disney chegou a adquirir uma ferramenta de ponta chamada espectrofotômetro para aferir os níveis de cores com precisão, diante do desafio de convertê-los ao formato Technicolor, menos acurado.

A inovação técnica mais inovadora por trás de *Branca de Neve* foi a câmera multiplana que Disney e sua equipe construíram para criar a característica sensação de profundidade visual que *Branca de Neve* introduziu na animação. Antes de *Branca de Neve*, os desenhos animados viviam num mundo de duas dimensões, somente com sugestões de profundidade providenciadas por um ocasional truque de perspectiva linear emprestado de Brunelleschi. Mas pareciam sempre uma série de desenhos em papel branco que de alguma forma tinham ganhado vida. A maioria das animações usava personagens semitransparentes justapostos num fundo de celulose, de forma que os animadores não precisassem redesenhar todo o cenário para cada fotograma. Para *Branca de Neve*, Disney teve a ideia de usar múltiplas camadas correspondentes a diferentes pontos de vista no espaço virtual do filme, separando essas celuloses fisicamente umas das outras enquanto as filmava: uma camada para os personagens em primeiro plano, outra para um chalé no fundo, mais uma para as árvores atrás do chalé e assim por diante. Ao mudar a posição da câmera em minúsculos incrementos para cada quadro, simulava-se um efeito paralaxe, criando uma ilusão de profundidade ainda mais marcante que a inventada por Brunelleschi quinhentos anos antes. A câmera multiplana foi um feito de engenharia tão impressionante que ganhou um longo artigo na revista *Popular Science*:

> [O dispositivo] consiste em quatro hastes de aço verticais, com ranhuras onde podem ser encaixadas oito prateleiras, tanto na horizontal como na vertical. Em cada prateleira há um quadro contendo uma folha de celuloide, na qual é desenhada parte da ação ou cenário. Semelhante a uma prensa de tipos móveis, a câmera tem 3,4 metros de altura e meio metro quadrado. Construída com precisão quase milimétrica, permite fotografias de celuloses em primeiro plano e de fundo com precisão, mesmo quando a primeira é colocada a sessenta centímetros das lentes e a mais baixa fica num quadro a 2,7 metros de distância. Quando o roteiro pede que a câmera "se aproxime" para um close-up, as lentes na verdade continuam estacionárias, enquanto os vários celofanes se movem para cima. Dessa forma, casas, árvores, a lua e outros itens do cenário mantêm seus tamanhos relativos.[23]

Cinegrafistas de Disney tirando fotos com a câmera multiplana
enquanto mulheres pintam com cores abaixo.

Todas essas inovações técnicas e de processos se resumiram numa revolução artística: *Branca de Neve* foi o primeiro desenho animado a apresentar profundidade visual e emocional. Tocava nas cordas do coração de uma forma que nem os filmes realistas tinham conseguido. Mais do que qualquer outra coisa, esta é a razão de *Branca de Neve* ter sido um marco na história da ilusão. "Nenhum desenho animado podia ser comparado a *Branca de Neve*", escreveu Neal Gabler, biógrafo de Disney, "e com certeza nenhum expressou tanto impacto emocional."[24] Antes de o filme ser apresentado a uma plateia, Disney e sua equipe discutiram se o desenho teria força suficiente para provocar lágrimas – uma proposta implausível em vista da comicidade rasa que dominava todos os desenhos animados até então.[25] Mas quando *Branca de Neve* estreou no Carthay Circle Theatre, perto do Hancock Park de Los Angeles, no dia 21 de dezembro de 1937, pôde-se ouvir a plateia composta de celebridades soluçando alto e bom som durante as sequências finais, quando os anões encontram sua princesa envenenada e arranjam guirlandas de flores sobre seu corpo. Foi uma experiência que se repetiria 1 bilhão de vezes nas décadas subsequentes, mas que aconteceu primeiro no Carthay Circle: um grupo de seres humanos reunidos num recinto sendo comovido às lágrimas por imagens estáticas desenhadas à mão bruxuleando na luz.

Em apenas nove anos, Disney e sua equipe tinham transformado uma ilusão de fantasia – o rato dançarino está assobiando! – numa forma de expressão tão vívida que conseguiu levar pessoas às lágrimas. Disney e sua equipe haviam criado a ilusão definitiva: personagens fictícios desenhados à mão, gravados em celulose e projetados em 24 quadros por segundo, que de alguma forma eram tão críveis e humanos que era quase impossível *não* sentir empatia por eles.

AQUELES CHOROSOS ESPECTADORES presentes à estreia de *Branca de Neve* sinalizaram uma mudança fundamental na relação entre seres humanos e as ilusões criadas para diverti-los. Teóricos da complexidade têm um termo para esse tipo de mudança em sistemas físicos: *transições de fase*. Quando alteramos uma propriedade de um sistema – abaixando a temperatura de uma nuvem de vapor, por exemplo –, no primeiro momento as mudanças são lineares: o vapor esfria de forma regular. Mas depois, em certo ponto limítrofe, acontece uma mudança fundamental: abaixo de 100 graus Celsius, o gás se transforma em água em seu estado líquido. Esse momento assinala a transição de fase: não somente vapor mais frio, mas algo totalmente diferente. Quando ultrapassamos a fronteira da transição de fase, surgem novas possibilidades, que jamais poderíamos ter imaginado ao contemplar o estado anterior. No caso da água em estado líquido, uma dessas novas possibilidades foi a própria vida.

Doze quadros por segundo é o equivalente à fronteira entre o gás e o líquido. Quando atravessamos essa divisa, surge algo fundamentalmente diferente: imagens estáticas ganham vida. O poder desses doze quadros por segundo era tão irresistível que funcionava até com personagens desenhados à mão extraídos de uma história em quadrinhos. Mas assim como a fase de transição para a água, a ultrapassagem dessa divisa – ressaltada por som sincronizado – desencadeou outros efeitos quase impossíveis de serem previstos antecipadamente. Os consumidores de ilusões do começo do século XIX não se sentiriam nada surpresos ao descobrir que dois séculos depois pessoas estariam se reunindo em salas escuras para se assustarem e se surpreenderem com efeitos especiais. Mas se sentiriam *surpresos* com outro fator na cultura: a enorme quantidade de investimento que as pessoas fazem nas vidas de outras pessoas que elas jamais conheceram, pessoas que não fizeram quase nada mais interessante além de aparecer na tela. A transição de fase de doze quadros por segundo introduziu uma classe de pessoas virtualmente desconhecida antes do século XX: as celebridades.

A fama é uma história antiga, claro, tão antiga quanto a própria história. Reis, heróis militares, estadistas, clérigos, profetas – todos viveram vidas que reverberaram para bem além dos círculos de suas relações mais próximas. Como define o historiador Fred Inglis: "Celebridade era inseparável do reconhecimento público de uma realização."[26] Podemos rastrear as origens da cultura da celebridade moderna nas conversas de cafeteria em publicações antigas como a revista *Tatler*, que revelava histórias moderadamente sugestivas da aristocracia de Londres no início do século XVIII. No final do século essas vozes foram amplificadas com histórias impudicas sobre a vida libertina do príncipe regente; pouco depois, lorde Byron estabeleceu um modelo de gênio artístico e aventureirismo sexual renegado que seria emulado por milhares de astros do rock nos anos pós-guerra. Estrelas de palco como Sarah Siddons ou Sarah Bernhardt geraram intrigas sobre suas vidas privadas antes de surgirem as primeiras colunas de fofocas de Hollywood, nos anos 1940. No entanto, por mais que o interesse lascivo do público em geral por essas figuras possa nos remeter às celebridades modernas, continua havendo uma importante diferença: os príncipes, poetas e atrizes que chamavam a atenção na época anterior ao cinema e à televisão viviam vidas genuinamente extraordinárias – graças à extrema boa sorte de terem nascido numa família real ou por suas próprias realizações como artistas, escritores ou atores. A fixação excessiva na fama ainda era ancorada pelo valor usufruto de uma vida excepcional. Hoje, claro, o número de celebridades aumentou radicalmente, um fenômeno muito bem captado por Andy Warhol e sua espirituosa observação sobre os quinze minutos de fama que todos teriam, mas também por Daniel Boorstin em seu clássico de 1961, *The Image*: "Continuamos tentando fazer nossas celebridades ocuparem o lugar de heróis que não temos mais, ou dos que foram tirados da nossa visão. Esquecemos que celebridades são conhecidas principalmente por serem bem conhecidas."[27] Folheando as páginas de revistas de fofocas de hoje, é espantoso ver como até mesmo as celebridades de Hollywood ficam atrás das estrelas de reality shows da TV. Barris de tinta são derramados todos os dias para apresentar comoventes relatos de encontros noturnos e gravidez inesperada na vida de pessoas que figuraram em *The Bachelor* cinco anos atrás. Outrora a celebridade era conferida por uma carreira extraordinária; depois, podia ser alcançada se *fingindo* ser uma pessoa extraordinária no palco ou nas telas. Mas, hoje, a celebridade parece pertencer a pessoas que só se alçaram à fama pelo fato de suas vidas normais terem aparecido na televisão.

É difícil não pensar que esses programas – e os insistentes ecos de fofocas que os acompanham – não sejam simplesmente uma perda de tempo. Por mais banais que sejam essas novas "personalidades", sua existência ainda desperta questões interessantes: por que esse tipo de cultura de celebridades só surgiu nas últimas décadas? A resposta, acho, continua sendo explicada pelo poder da ilusão, sua capacidade de distorcer nossa percepção da realidade, tornando impossível que *não* vejamos coisas que, empiricamente, não estão ali. Em doze quadros por segundo, com som sincronizado e close-ups, é quase impossível um ser humano *não* estabelecer ligações emocionais com pessoas na tela. (Disney deixou claro que nem era necessário usar pessoas reais!) É natural nos sentirmos interessados pelos altos e baixos da vida cotidiana de amigos próximos ou familiares. Doze quadros por segundo iludem o cérebro com sentimentos íntimos por gente que jamais conheceremos pessoalmente, o que Inglis chama de "reconhecimento combinado com distância".[28] Enquanto exploravam a persistência da visão para fazer um cavalo ganhar vida no movimento circular do taumatrópio, os fuçadores dos anos 1830 nunca imaginaram que o erro perceptivo que exploravam fosse um dia fazer pessoas chorarem e vibrarem com atitudes mundanas de desconhecidos vivendo a quilômetros de distância. Mas foi essa estranha alquimia que ganhou vida graças aos doze quadros por segundo. A persistência da visão é um acidente evolutivo que criou as condições de possibilidade de um acidente cultural. A celebridade moderna é um tímpano de um tímpano.

É possível – talvez até provável – que uma nova distorção nos aguarde. Vamos lembrar os "olhos irresistíveis" da dançarina mecânica que tanto encantou Charles Babbage no sótão de Merlin. Aquelas expressões faciais robóticas jamais provocariam o riso de um espectador moderno, mas desde então a animação eletrônica já fez grandes progressos. Pode muito bem haver uma divisa semelhante nas emoções simuladas – via robótica ou animação digital – que torne quase impossível a um ser humano não sentir fortes ligações emocionais com um ser simulado. Nós sabíamos que os anões de *Branca de Neve* não eram reais, mas não conseguíamos deixar de chorar e nos solidarizarmos com a perda de sua princesa. Imagine um mundo habitado por máquinas ou simulações digitais que preencham nossa vida com ilusões comparáveis, só que agora os seres virtuais não seguem uma história desenhada pelos estúdios Disney, mas sim reagindo a rumos, destinos e emoções não concretizadas em nossas próprias vidas. (O brilhante filme *Ela*, de Spike Jonze, imaginou esse cenário usando somente uma voz, embora tenhamos de admitir que a voz pertencia a Scarlett Johansson.) Deve ser provável haver um equivalente de um Teste de Turing para inteligência artificial *emocional*: uma máquina suficientemente real que evoque um apego emocional. É bem possível que a primeira inteligência simulada a acionar essa ligação seja um tipo de assistente somente de voz, um descendente de um software como o Alexa ou a Siri – só que esses assistentes terão habilidades conversacionais tão fluidas e terão tanto conhecimento de nossos hábitos e necessidades individuais que nos farão pensar neles não mais como simples máquinas, assim como fomos compelidos a pensar naquelas primeiras estrelas de cinema como algo mais que imagens bruxuleantes no tecido de uma tela. Quando ultrapassarmos essa divisória, um novo mundo poderá se abrir, um mundo onde nossas vidas serão acompanhadas por amigos simulados. De uma forma estranha, esses companheiros virtuais podem ser mais autênticos que os amigos simulados dos reality shows na TV; pelo menos os robôs e humanos virtuais reconhecerão nossa existência e se envolverão diretamente com nossos mutáveis estados emocionais, ao contrário dos personagens do reality show *Keeping up with the Kardashians*. Os criadores de fantasmas e os projetistas de autômatos do século XVIII exploraram o poder da ilusão para nos assustar e nos divertir; seus descendentes do século XXI podem se valer das mesmas ferramentas para evocar outros sentimentos: empatia, companheirismo, até amor.

5

JOGOS

O JOGO DO PROPRIETÁRIO

Na segunda metade do século XIII, um frade dominicano da região da Lombardia, na atual Itália, começou a fazer uma série de sermões sobre os papéis apropriados para diferentes grupos sociais: nobreza e mercadores, clérigos e fazendeiros. Ao longo dos anos, seu nome foi distorcido em um número de variações quase cômicas, que incluem Cesolis, Cessole, Cesulis, Cezoli, De Cezolis, De Cossoles.[1] Mas os historiadores em geral se referem a ele como Jacobus de Cessolis. Não sabemos quase nada sobre Cessolis, só que seus sermões foram bem recebidos por seus irmãos monásticos, e o frei foi encorajado a passá-los para o papel.

Isso aconteceu mais de um século e meio antes de Gutenberg, por isso as palavras do frade foram escritas à mão, não impressas em série quando começaram a circular. Mas o texto de Cessolis acabaria tendo um papel crucial na história da prensa de tipos móveis. Alguma coisa em sua mensagem repercutiu no sentimento popular, e nas décadas que se seguiram a seu lançamento, versões copiadas à mão do manuscrito original de Cessolis se disseminaram pela Europa. "O original não só foi copiado", observa o historiador H.L. Williams. "Foi traduzido, abreviado, modificado, transformado em verso e também editado com emendas substitutivas que tornaram o material relevante para outras culturas e regiões ... Algumas versões chegaram a ficar mais de quatro vezes maiores que a original de Cessolis."[2] Quando Gutenberg introduziu sua tecnologia de tipos móveis, por alguma razão o manuscrito de Cessolis só era superado em popularidade pela Bíblia. Mais de quinze edições diferentes, em quase tantas línguas, foram publicadas nas primeiras décadas desde que Gutenberg publicou a Bíblia pela primeira vez. Isso chamou inclusive a atenção do gráfico britânico William Caxton, que traduziu e publicou a obra em sua gráfica em Bruges. Foi o segundo livro publicado no idioma inglês.

Como se chamava esse manifesto? Cessolis deu dois títulos à obra. O primeiro era mais formal: *O livro dos modos dos homens e dos postos da nobreza*. Mas o segundo tinha um apelo incomum. Ele o chamou de *O jogo de xadrez*.

O JOGO DE XADREZ é um desses livros que seria impossível colocar na prateleira de uma livraria moderna. Desafia qualquer classificação razoável por gênero. Em parte, era um guia declarado das regras do xadrez, com seções dedicadas a cada uma das peças e às regras que regem seus movimentos. Mas a partir das regras elementares do jogo, Cessolis criou uma elaborada mensagem alegórica: o comportamento do rei no tabuleiro refletia o comportamento apropriado dos reis no mundo real; o do cavalo refletia o comportamento dos verdadeiros cavaleiros. (Para estender sua análise social, Cessolis fez com que cada peão representasse um grupo específico de plebeus: agricultores, ferreiros, cambistas, e assim por diante.) Foi um híbrido desconcertante: um profundo tratado sociológico na forma de um guia de jogo. Foi como se Studs Terkel tivesse anexado ao seu clássico *Working* dos anos 1970 um guia de truques para o Pac-Man. A combinação evoca algumas especulações divertidas, quando Cessolis pula de uma detalhada estratégia de xadrez para generalizações abrangentes sobre estilos de vida medieval sem a menor pausa:

> Os dois cavalos têm três aberturas possíveis. O cavalo branco pode abrir pela direita para o quadrado preto em frente ao agricultor. Isso é razoável,

> pois o agricultor trabalha no campo, arando e cultivando-o. O cavalo e seu cavaleiro recebem alimento e nutrição do agricultor e em troca o protege. A segunda abertura é a do cavalo preto em frente ao alfaiate. Esse movimento é também razoável, pois o cavaleiro deve proteger o homem que faz suas roupas. A terceira abertura é na direção da esquerda, para o quadrado preto na frente do rei, mas só se o mercador não estiver ali. Isso é razoável, pois o cavaleiro deve guardar e proteger o rei como se protegesse a si mesmo.[3]

Algumas lições do frade eram bem razoáveis: "O rei tem o domínio, a liderança e está acima de todos, e por essa razão não deve se afastar muito de seu reino."[4] Outras parecem menos aconselháveis para um leitor moderno, por conta de mudanças nas regras da sociedade *e* nas regras do xadrez: "Se as mulheres quiserem se manter castas e puras, elas não devem ficar perto dos portões dos jardins, devem evitar se aventurar pelas ruas e não devem esquecer seus modos de damas."[5] Evitar "se aventurar pelas ruas" pode ter sido uma boa estratégia para as rainhas nos jogos de xadrez medievais, mas só porque a peça só veio a exercer seus plenos poderes nos anos 1500; na época de Cessolis, a mobilidade da rainha no tabuleiro era severamente limitada.

Mas, por mais divertido que seja dar risada das excentricidades de *O jogo de xadrez*, é muito instrutivo observar o significado cultural do livro. Talvez, inadvertidamente, o frade estivesse desmantelando uma visão de organização social que fora dominante por pelo menos mil anos: o *corpo* da política, a imagem da sociedade como organismo único, dirigido inevitavelmente pela metafórica "cabeça do Estado". Cessolis propunha um modelo diferente: grupos independentes, regidos por obrigações cívicas e contratuais, mas muito mais autônomos do que implicava a metáfora "corpo da política". Isso representava uma profunda mudança na consciência social. Durante mais de mil anos, a ordem social fora imaginada em termos fisiológicos. "Se a cabeça de um corpo decidisse que o corpo deveria andar", escreve a historiadora Jenny Adams, "os pés deveriam acompanhar." Mas o tabuleiro de xadrez sugeria outra maneira de juntar as peças sociais: uma sociedade regulada por leis, contratos e convenções. "A alegoria do xadrez imagina seus súditos donos de corpos independentes na forma de peças mais ligadas ao estado das regras do que à biologia", explica Adams. "Se o rei do xadrez avança, os peões não são obrigados a fazer o mesmo."[6]

A transformação social projetada no tabuleiro de Cessolis acabaria agitando o próprio mapa da Europa, com o sistema de guildas da Renascença e uma série de códigos legais que conferiu novas liberdades a mercadores e artesãos. As posições sociais não eram definidas como inevitabilidades conferidas por Deus, mas sim como resultado de convenções éticas e legais. A autoridade não vinha mais só de cima, mas era estabelecida por uma rede de relações consensuais, em muitos casos definidas por contratos.[7] Ainda não se tratava de uma secularização radical da sociedade: reis e bispos ainda mantinham papéis decisivos. Mas foi um primeiro passo crucial para levar a um Estado verdadeiramente secular que surgiria quinhentos anos mais tarde: uma sociedade governada por leis e não por monarcas.

Qual foi a importância do papel desempenhado por *O jogo de xadrez* no início dessa mudança? É difícil dizer ao certo. Pode ser que Cessolis estivesse simplesmente popularizando uma mudança conceitual já a caminho, e por isso o sucesso do livro se encontrasse na maneira como explicava uma mudança histórica que deve ter parecido confusa para os cidadãos que tentaram entendê-la. Ou talvez a popularidade do livro tenha ajudado a acelerar a transformação, e a alegoria com o xadrez tenha estimulado os leitores a buscar o tipo de autonomia contratual que o livro apregoava. De qualquer forma, fica claro que o jogo em si propiciou uma nova maneira de pensar a sociedade, uma nova estrutura que poderia ser usada para entender algumas das questões mais importantes da vida cívica. Isso se mostra como uma das formas pelas quais o aparentemente frívolo mundo do jogo pode afetar o mundo "correto" da governança, do direito e das relações sociais. As mexidas experimentais dos jogos – um universo paralelo onde regras e convenções estão sempre sendo reinventadas – possibilitam um novo suprimento de metáforas que pode

Miniatura de Otto IV de Brandenburgo jogando
xadrez com uma dama, século XIV.

ser projetado em questões mais sérias. (Pense no quanto as expressões cotidianas atuais são metáforas geradas por jogos: "aumentar a aposta", "botar a bola pra frente", nos preocuparmos com "cartas marcadas", e assim por diante.) De vez em quando, uma dessas metáforas exige uma nova estrutura conceitual, uma nova maneira de imaginar. Um Estado de cima para baixo pode ser definido como um corpo ou um edifício – com cabeça ou alicerces –, mas um Estado governado por interdependência contratual precisava de uma metáfora diferente para se fazer inteligível. O rápido sucesso de *O jogo de xadrez* – primeiro na forma de sermões, depois como manuscrito e, por fim, como livro – sugere o quanto essa metáfora acabou sendo valiosa.

Costumamos pensar no xadrez como o mais intelectual dos jogos, mas de certa forma a maior razão de sua fama pode resultar de seu poder alegórico. Nenhum outro jogo na história da humanidade gerou tantas metáforas. "Reis persuadiam e faziam ameaças usando o jogo; filósofos contavam histórias sobre o jogo; poetas faziam analogias; moralistas faziam pregações", escreve o historiador do xadrez David Shenk. "Suas origens estão emaranhadas com algumas das primeiras discussões sobre destino versus livre-arbítrio. Provocou e resolveu pendências, facilitou ou sabotou romances e fertilizou a literatura, de Dante a Nabokov."[8] Pensar metaforicamente pode abrir a mente, da forma como a alegoria de Cessolis ajudou a Europa medieval a entender uma nova ordem cívica. Mas também pode ser uma coisa restritiva, quando a metáfora deixa de considerar outras possibilidades que não se adaptem ao molde. Às vezes pode ser um pouco das duas coisas. Em meados do século XX, o xadrez se tornou uma espécie de forma taquigráfica de pensar sobre a própria inteligência, tanto no funcionamento do cérebro humano como no nascente campo da ciência da computação, que tinha como meta imitar a inteligência em máquinas digitais.

As próprias raízes dos modernos estudos de inteligência artificial estão baseadas no jogo de xadrez. "Pode [uma] máquina jogar xadrez?",[9] foi a famosa pergunta de Alan Turing em um revolucionário artigo de 1946. "Poderia facilmente ser levada a jogar mal … Há indicações, porém, de que é possível fazer a máquina mostrar inteligência sob o risco de cometer graves erros ocasionais ... O que queremos é uma máquina que possa aprender a partir da experiência ... [a] possibilidade de deixar que a máquina altere suas próprias instruções." As especulações de Turing resultam numa espécie de ponto de origem para dois caminhos paralelos que percorrem o resto do século: construir computadores inteligentes ensinando-os a jogar xadrez e estudar humanos jogando xadrez como forma de compreender nossa própria inteligência. Esses caminhos interpretativos levariam a algumas inovações extraordinárias: dos primeiros trabalhos sobre cibernética e teoria dos jogos de gente como Claude Shannon e John von Neumann a máquinas como o Deep Blue da IBM, que conseguiu derrotar grandes mestres com facilidade. Em termos de ciência cognitiva, a litania de *insights* derivados do estudo do xadrez poderia encher livros inteiros, sacadas que nos ajudaram a entender a capacidade humana para resolver problemas, reconhecimento de padrões, memória visual e a capacidade crucial de organizar em módulos ou parcelas, que envolve agrupar uma série de ideias ou fatos num só módulo para que possa ser processado e lembrado como uma só unidade. (A capacidade de um jogador de xadrez de reconhecer e, em geral, dar nome a uma sequência de movimentos conhecida é um exemplo clássico desse modelo de organização mental.) Alguns cientistas cognitivos compararam o impacto do xadrez em sua área com o da *Drosophila*, a mosca-da-fruta que exerceu papel crucial nas primeiras pesquisas genéticas.[10]

Mas a proeminência do xadrez nos primeiros cinquenta anos da ciência cognitiva e dos computadores também produziu uma visão distorcida da própria inteligência. Ajudou a cimentar a metáfora cérebro-como-computador: uma máquina movida a lógica e padrões de reconhecimento, regida por regras elementares que poderiam ser decodificadas com suficiente escrutínio. De certa forma, foi uma espécie de falsa tautologia: o cérebro usava sua inteligência para jogar xadrez; assim, se conseguissem aprender a jogar xadrez, os computadores seriam inteligentes. Mas acontece que a inteligência humana é um animal muito mais complexo do que o jogo sugere. Quando o Deep Blue finalmente derrotou o campeão mundial Gary Kasparov, em 1997, foi um marco para a ciência dos computadores, mas o próprio Deep Blue ficava muito indefeso se quiséssemos perguntar qualquer outra coisa que não fosse sobre xadrez. Seria capaz de capturar o rei de Cessolis em questão de minutos, mas se você quisesse saber alguma coisa sobre reis na *vida real*, Cessolis seria infinitamente mais informativo. (Noam Chomsky fez sua famosa declaração de que a vitória de Deep Blue foi tão interessante quanto uma escavadeira ganhar a medalha olímpica de levantamento de peso.) Hoje, o estudo da inteligência se diversificou muito: sabemos que as habilidades necessárias para jogar xadrez são apenas uma pequena porção do que significa ser inteligente.

CESSOLIS NÃO FOI o único a conceber um jogo de tabuleiro como plataforma para instruções morais. Até o final do século XIX, a maioria dos jogos de tabuleiro norte-americanos era projetada explicitamente para transmitir lições éticas ou práticas aos seus jogadores. Um jogo popular dos anos 1840, o Mansion of Happiness, embutia uma rígida visão de mundo puritana em suas regras. Muitos trechos das regras do jogo pareciam mais um sermão de Cotton Mather que um divertimento ocioso:

> OS QUE forem dotados de PIEDADE, HONESTIDADE, TEMPERANÇA, GRATIDÃO, PRUDÊNCIA, VERDADE, CASTIDADE, SINCERIDADE ... têm direito a Avançar seis números em direção à Mansão da Felicidade. OS QUE SE ENVOLVEREM em uma PAIXÃO devem ser levados para a água e tomar um caldo para se acalmar...
>
> OS QUE forem dotados de AUDÁCIA, CRUELDADE, IMODÉSTIA OU INGRATIDÃO devem retornar à posição anterior até sua vez de girar de novo, e nem pensar em FELICIDADE, muito menos usufruí-la.

Milton Bradley fundou seu império de jogos nos anos 1860 com o Jogo de xadrez da vida, o ancestral distante do moderno Jogo da vida. (Ambos usam um pião em vez de um dado, o dispositivo randômico introduzido por Bradley para diferenciar seu jogo da longa associação entre dados e jogatina.) Como observa a historiadora de jogos Mary Pilon, a criação de Bradley era bem mais sombria que sua versão contemporânea: "[O] tabuleiro era um espaço de Intemperança que levava à Pobreza, um espaço de Contrato Governamental que levava à Riqueza, e um espaço de Jogatina que levava à Ruína. Um quadrado rotulado como Suicídio mostrava a imagem de um homem enforcado numa árvore, e outros quadrados eram chamados de Perseverança, Escola, Ambição, Preguiça e Sedentarismo."[11]

Contudo, a mais intrigante – e tragicamente negligenciada – herdeira de Cessolis foi uma mulher chamada Lizzie Magie, que conseguiu conceber um jogo de tabuleiro não como veículo de instruções religiosas, mas como uma revolução política e social. Nascida em Illinois em 1866, Magie teve uma carreira eclética e ambiciosa, mesmo pelos padrões das sufragistas. Trabalhou em diferentes períodos como estenógrafa, poeta e jornalista. Inventou um dispositivo que tornava mais eficientes as máquinas datilográficas, tendo requerido sua patente em 1893. Trabalhava também como atriz de teatro. Por muito tempo, sua atuação mais famosa foi um ato de performance política, ao publicar um falso anúncio num jornal local se oferecendo ao mercado como uma "jovem escrava americana" – em protesto contra a opressiva diferença salarial entre trabalhadores homens e mulheres, e zombando da natureza mercenária de muitos casamentos tradicionais. Magie também era adepta das ideias do então influente economista Henry George, que em seu livro de sucesso de 1879, *Progresso e pobreza*, defendia um "imposto sobre o valor da terra" anual sobre todas as terras de propriedade privada – alto o suficiente para eliminar a necessidade de outros impostos sobre rendimentos ou produção. Muitos pensadores progressistas e ativistas do período assimilaram propostas "georgistas" de planos de imposto único em seus comícios e plataformas políticas. Mas somente Lizzie Magie parece ter decidido que uma radical reforma tributária poderia ser um tema cativante para um jogo de tabuleiro.

Magie começou esboçando os contornos de um jogo que ela viria a chamar de Landlord's Game – o jogo do proprietário. Em 1904, ela descreveu um breve esboço do jogo no periódico georgista *Land and Freedom*. Sua descrição logo ficaria conhecida entre a maioria dos alunos de ensino médio de dezenas de países ao redor do mundo:

> Símbolos de dinheiro, títulos, hipotecas, notas e escrituras são usados no jogo; muita coisa é comprada e vendida; são cobrados aluguéis; dinheiro é emprestado (tanto por bancos como por indivíduos), e são pagos juros e impostos. A estrada de ferro também está presente, e os que a utilizam são obrigados a pagar a passagem, a não ser que tenham a sorte de possuir um passe, que, no jogo, significa tirar dois dados com o mesmo valor. Existem duas franquias: a da água e a da luz; e o primeiro jogador cujo lance o levar a uma delas recebe uma escritura concedendo o privilégio de cobrar impostos de todos os outros que precisarem usar sua luz e sua água. Há duas porções de terra ociosas no jogo – que não são nem para vender nem para alugar – e em cada uma delas aparece um sinal de proibição: "Não invadir. Vá para a Cadeia."[12]

Magie criou assim o Monopoly, um passatempo que acabaria se tornando o jogo de tabuleiro mais lucrativo da era moderna, embora o papel de Magie em sua criação tenha sido totalmente eliminado dos registros históricos. Ironicamente, o jogo, que se tornou um símbolo da concorrência capitalista, foi originalmente projetado como uma crítica da economia de mercado irrestrita. A versão de Magie tinha na verdade duas variações do jogo, uma em que os jogadores competiam para adquirir o máximo possível de dinheiro e propriedades, como no Monopoly oficial, e outra em que o objetivo do jogo era dividir a riqueza da forma mais igualitária possível. (Esta última versão desapareceu com o tempo – talvez confirmando o velho clichê de que ser socialista é menos divertido.) Mas, de qualquer forma que se jogasse, o objetivo era o mesmo: ensinar às crianças como funcionava o capitalismo moderno, para o bem e para o mal. À sua maneira, o Landlord's Game era tão moralizante quanto o Mansion of Happiness.

"Os pequenos proprietários em geral se deliciam ao exigir pagamento de seus aluguéis",[13] escreveu Magie.

> Eles aprendem que a maneira mais rápida de acumular riqueza e ganhar poder é comprar todas as terras que puderem nos melhores locais e mantêlas. Há aqueles que argumentam que pode ser uma coisa perigosa ensinar às crianças a tirar vantagem de seus pares, mas devo dizer que não existem seres mais imparciais no mundo que nossas crianças americanas. É só vê-las jogando para perceber como reagem rapidamente se alguém entre elas tentar roubar ou tirar vantagem indevida de outra, gritando logo: "Não é justo!" E quem nunca ouviu uma garotinha dizer: "Eu não jogo mais se você não jogar limpo." Vamos deixar as crianças verem claramente a grande injustiça no nosso atual sistema de propriedade e, quando elas crescerem, se forem deixadas para se desenvolver naturalmente, o mal logo será remediado.

O Landlord's Game nunca se tornou um sucesso de massa, mas angariou uma base de seguidores ao longo dos anos. Circulou clandestinamente por diversas comunidades, que construíam seus próprios tabuleiros e transcreviam de modo negligente suas regras à mão. Estudantes de Harvard, Columbia e da escola de finanças Wharton jogavam até tarde da noite; Upton Sinclair ficou conhecendo o jogo em uma comunidade planejada de Delaware chamada Arden; um grupo de quacres de Atlantic City, em Nova Jersey, adotou-o como passatempo regular. Enquanto o jogo viajava, suas regras e terminologias evoluíram. Foram atribuídos preços fixos às propriedades. Os jogadores da Wharton foram os que começaram a chamar o jogo de "monopoly". E os quacres acrescentaram os nomes das ruas de Atlantic City que se tornariam icônicos, da Baltic Plaza ao calçadão de madeira.

Foi na comunidade quacre de Atlantic City que o jogo foi apresentado a um vendedor sem sorte chamado Charles Darrow, que tinha vindo da Filadélfia para visitar amigos. Darrow acabou sendo imortalizado como o único "inventor" do Monopoly, embora tenha se revelado um dos maiores charlatões da história dos jogos. Sem alterar as regras de forma significativa, Darrow redesenhou o tabuleiro com a ajuda de um ilustrador, Franklin Alexander, e conseguiu vender o jogo pela loja de departamentos Wanamaker na Filadélfia e pela loja de brinquedos FAO Schwarz. Pouco tempo depois, Darrow vendeu o jogo à empresa de brinquedos Parker Brothers num negócio que o deixou multimilionário. Durante décadas, a história da inventividade que enriqueceu o pobretão Darrow vinha escrita no livro de regras da Parker Brothers: "1934, Charles B. Darrow, de Germantown, Pensilvânia, apresentou um jogo chamado MONOPOLY aos executivos da Parker Brothers. O sr. Darrow, como muitos outros americanos, estava desempregado na época e costumava jogar para se distrair e passar o tempo. Foi a entusiasmante promessa de fama e fortuna do jogo que levou Darrow a começar a produzir esse jogo por conta própria."

O jogo, assim como a história de sua origem, inverteu totalmente a agenda progressiva original do Landlord's Game de Lizzie Magie. Uma lição sobre os abusos da ambição capitalista foi transformada numa celebração do espírito empreendedor, com suas regras criadas coletivamente sendo repaginadas como obra de um gênio solitário.[14]

A MITOLOGIA DOS JOGOS costuma buscar inventores heroicos, mesmo quando essas histórias beiram o implausível. Todos os anos milhões de fãs de beisebol acorrem à pequena cidade de Cooperstown, Nova York, para visitar o Baseball Hall of Fame, pois Abner Doubleday teria inventado o jogo ali, então um pasto de vacas, em 1839. A maioria dessas histórias de origem exagera o papel do inventor, reduzindo uma complexa linhagem a um único gênio individual. Mas, no caso de Doubleday, a história parece totalmente inventada. Aclamado general da Guerra Civil que disparou o primeiro tiro no Forte Sumter, Doubleday foi instituído como fundador do beisebol em 1907, por uma comissão chefiada pelo então presidente da Liga Nacional, Abraham Mills. O objetivo ostensivo da comissão reunida era divulgar as origens do esporte, embora seu objetivo não declarado fosse provar que as raízes do passatempo nacional

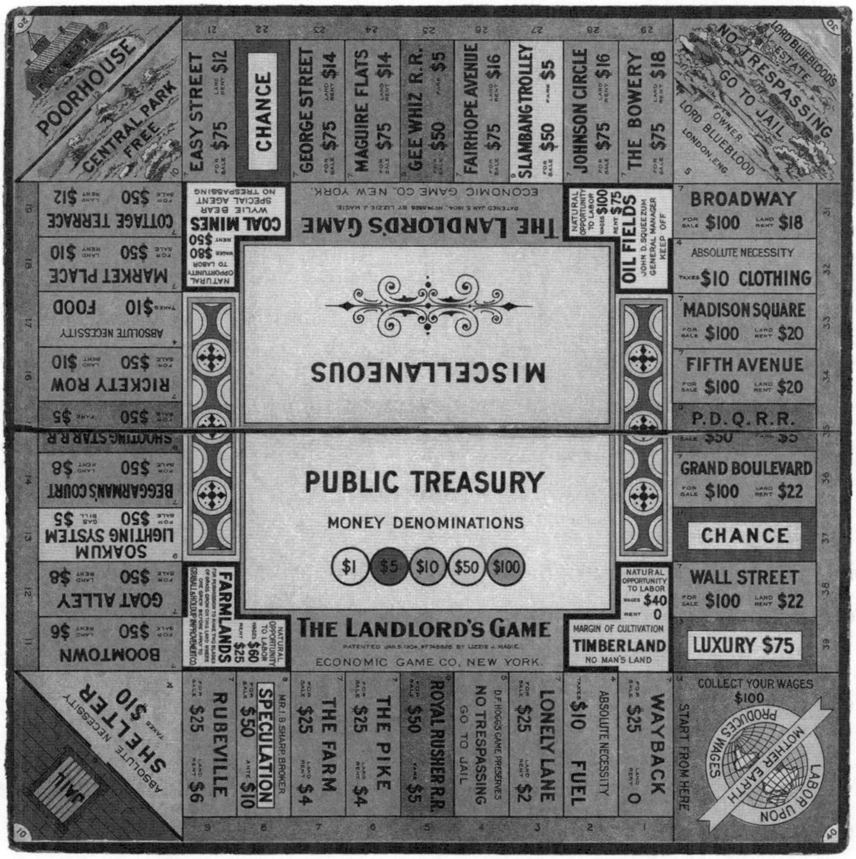

Tabuleiro do Landlord's Game, predecessor do Monopoly.

americano eram de fato americanas. (Muitos acreditam, e provavelmente estão certos, que o jogo foi derivado do rounders, um esporte britânico jogado com bola e bastão.) E, assim, a comissão de Mills declarou mais ou menos aleatoriamente que a imaculada concepção do beisebol acontecera em Cooperstown em 1839, produzida exclusivamente pela cabeça de Abner Doubleday. Essa história de origem tinha todos os elementos apropriados – herói militar inventa jogo reverenciado num lampejo de inspiração –, a não ser pelo fato de Doubleday não ter tido absolutamente nada a ver com beisebol. Em sua volumosa coleção de cartas, ele não menciona o jogo nenhuma vez. Pior ainda, em 1839 Doubleday era um jovem cadete matriculado em West Point, e sua família já tinha se mudado de Cooperstown um ano antes.

Histórias de invenção como a de Abner Doubleday e o pasto de vacas se misturam com jogos com muita frequência, porque, quase sem exceção, nossos jogos mais adorados foram produtos de invenção coletiva, em geral envolvendo colaborações que ultrapassam fronteiras nacionais. O beisebol, por exemplo, na verdade vem de uma complicada linhagem que inclui o rounders e o críquete e um jogo mais antigo chamado stoolball. Cidadãos da Grã-Bretanha, da Irlanda, da França e da Holanda, bem como dos Estados Unidos, tiveram papel na evolução do jogo, embora seja quase impossível localizar sua exata árvore evolucionária. O convencional jogo de baralho com 52 cartas que agora usamos para jogar pôquer e paciência evoluiu por cerca de quinhentos anos, com importantes contribuições vindas do Egito, da França, da Alemanha e dos Estados Unidos. O futebol europeu tem raízes que remetem à Grécia antiga.

O xadrez também surgiu de redes multinacionais. O *Jogo de xadrez* de Cessolis conseguiu inspirar tantas traduções diferentes porque a mensagem do livro repercutiu em desenvolvimentos mais abrangentes da sociedade europeia. Mas também viajou muito porque o *próprio xadrez* também viajou. Embora o jogo tenha sua origem datada por volta do ano 500 a.C., à época de Cessolis o xadrez já era jogado na Europa, no Oriente Médio e na Ásia. Hoje sabemos que as grandes produções cinematográficas são exibidas nos cinemas de todo o planeta, mas mil anos atrás, antes da era das explorações, os intercâmbios culturais eram severamente limitados por barreiras linguísticas e geográficas. O xadrez foi uma das primeiras experiências globais genuínas. Nos tempos medievais, com jogadores em três continentes e dezenas de países, até mesmo as pegadas geográficas do cristianismo pareciam pequenas em comparação aos grandes passos do xadrez.

Essa expansão global estabeleceu um modelo que se repetiria centenas de vezes com outros jogos nos séculos seguintes. Podemos não levar nossos jogos tão a sério quanto o fazemos com nossos sistemas de governança, nossos códigos legais e nossos romances literários, mas por alguma razão os jogos têm a maravilhosa capacidade de atravessar fronteiras. Os jogos já eram cosmopolitas muitos séculos antes de a palavra entrar para o vocabulário. E, diferentemente de conflitos religiosos ou militares, quando jogos atravessam fronteiras, é quase inevitável que estreitem os laços entre diferentes países, e não que criem algum conflito. O futebol europeu é praticado profissionalmente em quase todos os países da face da Terra. O alcance global dos jogos é ainda mais pronunciado nos jogos virtuais. Considere o sucesso épico de Minecraft, um imenso universo on-line frequentado por jogadores registrados no mundo todo. No caso de Minecraft, é claro, o próprio mundo dos games – e as regras que os regem – está sendo criado por comunidades multinacionais de jogadores, na forma de módulos e servidores programados e hospedados por fãs de Minecraft. McLuhan cunhou o termo "aldeia global" como uma metáfora para a era eletrônica, mas o termo começa a parecer mais literal para quem vê um aluno do ensino médio construindo uma casa virtual em Minecraft com ajuda de jogadores do mundo todo.

A história da migração do xadrez, como a da maior parte dos jogos, não começa com um imaculado conceito na cabeça de um genial projetista de games original. Quando o xadrez atravessou fronteiras, os novos jogadores de novas culturas começaram a mexer com as regras. "Como a Bíblia e a internet", escreve Shenk, "[o xadrez foi] resultado de anos de aprimoramentos de grandes grupos descentralizados, uma lenta realização de uma inteligência coletiva."[15] Desenvolvido a partir de um jogo indiano chamado *chaturanga*, o primeiro jogo que olhos modernos reconheceriam como xadrez era jogado na Pérsia durante o século V com o nome de *chatrang*. Os elementos principais eram os mesmos: um tabuleiro dividido em 64 quadrados, com dois exércitos de dezesseis peças em confronto. A iconografia foi inspirada na cultura indiana: o bispo de hoje, por exemplo, era um elefante no tabuleiro de *chatrang*. As regras que regiam o movimento das peças também eram diferentes das do jogo atual: o elefante só podia se mover diagonalmente em dois quadrados, e a rainha – conhecida então como ministro – era tão restringida quanto o rei em seus movimentos. A prática de anunciar a iminente captura do rei[16] data desse período: o estranho termo xeque-mate deriva das palavras persas para rei e derrota, *shah* e *mat*. Os quadrados pretos e brancos alternados foram introduzidos em algum momento durante o surgimento do jogo na Europa, algumas centenas de anos depois de Cessolis ter escrito seus sermões. Pouco depois, versões regionais do jogo adotaram a regra de que os peões podiam avançar dois quadrados no movimento de abertura. Numa alteração alegadamente inspirada pela formidável rainha Isabel de Castela, uma ávida jogadora de xadrez, a rainha se tornou a peça mais importante do tabuleiro no final do século XV.

Hoje não temos dúvidas de que projetos de software como o Linux podem ser de autoria coletiva de milhares de pessoas espalhadas pelo mundo, cada uma contribuindo com ideias para o projeto sem qualquer afiliação oficial ou estrutura administrativa tradicional. Esse tipo de criação global era quase inaudita mil anos atrás: as limitações de redes de transporte tornavam as invenções uma produção basicamente local. Os próprios jogos – não a manifestação física dos jogos, mas as *regras* subjacentes – estão entre os primeiros pratos culturais a serem preparados no caldeirão de culturas global. (De certa forma, o equivalente mais próximo da evolução cosmopolita do xadrez são as descobertas científicas que seguiram um caminho geográfico semelhante, da Renascença islâmica até os mosteiros medievais do Iluminismo europeu, com pequenos porém cruciais acréscimos e correções a cada novo passo da jornada.) Mais uma vez, um costume aparentemente frívolo se transforma num prenúncio de desenvolvimentos futuros: se você fosse um aspirante a futurologista nos tempos de Cessolis e estivesse em busca de pistas sobre o futuro da invenção e do comércio – talvez até mesmo um futuro em que enciclopédias virtuais seriam escritas e produzidas por milhões de pessoas em todo o planeta –, um bom lugar para começar seria estudando os jogos que as pessoas jogavam por diversão e a evolução das regras que regem esses jogos.

Qualquer árvore evolucionária contém galhos que param de crescer, prometendo novas formas que são eliminadas. Existem extinções culturais, assim como biológicas. Para cada inovação no xadrez que sobreviveu até os dias de hoje, houve outras que pereceram. Quando o xadrez chegou à Europa, durante a Idade Média, alguns novos jogadores o consideraram muito devagar. (Os poderes limitados da rainha tornavam muito mais difícil chegar ao fim do jogo.) Em parte para acelerar as coisas, um novo elemento foi acrescentado ao jogo, que se tornaria anátema para o moderno enxadrista: o dado. "A exaustão sentida pelos jogadores com a longa duração da partida quando disputada integralmente [é a razão] de o dado ter sido acrescentado ao jogo, para que a partida fosse jogada mais rapidamente",[17] escreveu um jogador espanhol em 1283. Um lance de dados determinava quais peças seriam movidas, afastando o xadrez, por um breve período, do domínio da pura lógica e perfeita informação para o mundo do azar.

Por alguma razão – talvez porque a introdução do acaso solapava exatamente o que fazia do xadrez um jogo tão fascinante –, a versão com dados não sobreviveu. O xadrez não durou muito como jogo de azar. Mas a despeito de sua associação com a jogatina e a atividades intelectuais inferiores, os jogos de azar acabariam transformando a sociedade em formas que talvez excedam o impacto do xadrez. E o centro dessa revolução foi o projeto material dos próprios dados.

Em 1526, um jovem estudante de medicina de Pádua, chamado Girolamo Cardano, estava perdendo nas cartas numa casa de jogo em Veneza. Diante de um alarmante prejuízo financeiro, Cardano percebeu que as cartas estavam marcadas e que o jogo estava contra ele desde o início. Enraivecido por estar sendo enganado,[18] o jovem Cardano, de 25 anos, cortou o rosto de seu adversário com um punhal, recolheu o dinheiro que tinha perdido e fugiu pelas ruas de Veneza, onde logo caiu num dos canais. O episódio parece típico de Cardano, que conseguiu viver uma vida espetacularmente interessante – embora um tanto devassa. Parece que Cardano era "irritadiço, determinado e mulherengo ... astuto, habilidoso, sarcástico, diligente, impertinente, triste e traiçoeiro, infeliz, detestável, lascivo, obsceno, mentiroso, obsequioso...".[19] (Este desfile de adjetivos, extremamente críticos, vem do próprio Cardano, que os escreveu em sua impudica biografia.) Durante muitos anos de

Girolamo Cardano

sua juventude, sua principal fonte de renda vinha de jogos de cartas e de dados.

Cardano, por acaso, também era um talentoso matemático, e por volta dos sessenta anos ele resolveu combinar seus interesses em um livro chamado *Liber de Ludo Aleae*, ou *O livro dos jogos de azar*. Assim como o trabalho anterior de Cessolis, o livro de Cardano era em parte um guia de jogos, uma espécie de manual para o aspirante a jogador, ajudando a inaugurar um ramo de alguma forma menos erudito do mundo editorial que acabaria assumindo a forma de tantos livros que ensinam a vencer as estatísticas em Las Vegas. Mas, para tornar seus conselhos realmente úteis, Cardano tinha de fazer algo que a maioria de seus sucessores não havia feito: inventar um campo totalmente novo na matemática.

Jogos de azar estão entre os artefatos culturais mais antigos conhecidos pelo homem. Os faraós do Egito jogavam uma espécie de dados chamados *astragali*, feitos com tarsos de animais. Um jogo semelhante ao gamão moderno foi descoberto na Tumba Real de Ur, datado de 2600 a.C. Tanto gregos como romanos jogavam obsessivamente com *astragali*. Parece haver nos humanos um arraigado interesse pelo acaso e o randômico, manifesto nessas intrincadas peças que sobreviveram milênios, ainda reconhecíveis ao olhar moderno. De certa forma, jogar um jogo de azar é experimentar a aleatoriedade do dia a dia, principalmente em um mundo pré-científico, em que os padrões e circuitos básicos da natureza ainda não haviam sido desvendados.

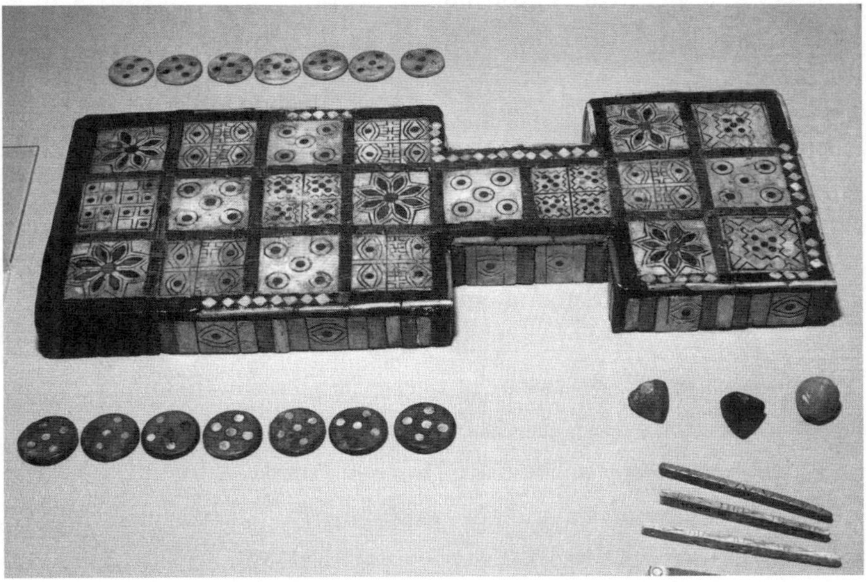

Versão primitiva de gamão descoberta na Tumba Real de Ur, no sul do Iraque, datada de 2600 a.C.

Mas também existem padrões nos resultados aleatórios de jogos de azar. Quando lançamos dois dados modernos, os números de cada dado serão aleatórios, mas a soma dos dois sempre será mais previsível: um 7 é um pouco mais provável que um 8, e bem mais provável que um 12. O conceito é tão simples que até uma criança consegue entender sua explicação: há mais maneiras de tirar um 7 com dois dados, e por isso 7 tem uma probabilidade maior de ser o resultado. Ainda assim, apesar da simplicidade do conceito, parece que ninguém tinha pensado nisso – ao menos não a ponto de registrar com precisão matemática – até Cardano começar a escrever *O livro dos jogos de azar*. Cardano desenvolveu equações matemáticas sutis para analisar o jogo de dados: por exemplo, ele descobriu a fórmula aditiva para calcular as probabilidades de um de dois eventos potenciais ocorrer em um lance. (Se você quiser saber a probabilidade de tirar um 3 ou um número par, você tem ⅙ de chance de tirar um 3 e ½ de chance de tirar um número par, e deve somar as duas. Você vai tirar um 3 ou um número par duas vezes para cada três vezes, na média, com um dado de seis faces.) Cardano também demonstrou a natureza multiplicativa da probabilidade ao prever os resultados de uma sequência de lances de dados: a chance de obter três 6 seguidos é uma em 216: ⅙ × ⅙ × ⅙.

Escrito em 1564, o livro de Cardano só foi publicado no século seguinte. Na época em que suas ideias entraram em circulação, algo ainda mais importante havia surgido em uma famosa correspondência entre Blaise Pascal e Pierre de Fermat, em 1654. Esta também foi incitada por um jogador compulsivo, o aristocrata francês Antoine Gombaud, que escreveu a Pascal pedindo conselhos sobre a maneira mais equitativa de prever o resultado de um jogo de dados que tivesse sido interrompido. Essa correspondência firmou a teoria das probabilidades em base sólida e criou a base para a moderna ciência da estatística. Em poucos anos, Edmond Halley (da lenda do cometa) estava usando novas ferramentas para calcular a taxa de mortalidade média dos ingleses, e o cientista holandês Christiaan Huygens e seu irmão Lodewijk tentavam responder "à pergunta … até que idade uma criança recém-concebida viverá". Lodewijk chegou a calcular que era provável que seu irmão, então com quarenta anos, teria mais dezesseis anos de vida. (Edmond desmentiu as probabilidades e viveu uma década a mais.) Foi a primeira vez que alguém começou a falar, ao menos estatisticamente, sobre o que agora chamamos de expectativa de vida.

A teoria das probabilidades serviu como uma espécie de combustível conceitual fóssil para o mundo moderno. Deu origem à moderna indústria de seguros, que pela primeira vez conseguia calcular com algum poder de previsão os prêmios que poderia esperar ao assegurar indústrias ou indivíduos. O mercado de capitais – para o bem e para o mal – se vale extensivamente de elaborados modelos estatísticos que preveem riscos futuros. "Os sábios e pesquisadores que hoje nos dizem quem provavelmente vai ganhar a próxima eleição usam técnicas matemáticas desenvolvidas por Pascal e Fermat", escreve o matemático Keith Devlin. "Na medicina moderna, métodos estatísticos para prever o futuro são usados o tempo todo para comparar os benefícios de vários medicamentos e os riscos de alguns tratamentos."[20] Os espetaculares recordes de segurança na aviação moderna devem-se em parte aos jogos de dados analisados por Pascal e Fermat; atualmente as aeronaves são montagens estatísticas, com o risco de falhas em cada peça sendo calculado em casas decimais.

Quando pensamos no legado de Cardano, Pascal e Fermat, uma pergunta vem imediatamente à cabeça: por que demorou tanto tempo? Antes de Cardano, é provável que os jogadores tenham notado que alguns resultados eram mais prováveis que outros, mas parece que ninguém teve a inclinação ou a capacidade de explicar exatamente *por quê*.[21] Este é um dos pontos cegos que parecem espantosos para o pensamento moderno. Os gregos desenvolveram a geometria euclidiana e o teorema de Pitágoras; os romanos realizaram projetos de engenharia brilhantes que resistem até hoje. Muitos eram ávidos praticantes de jogos de azar; muitos tinham um significativo interesse financeiro em entender a lógica oculta por trás desses jogos. Mas nenhum deles foi capaz de dar o salto do acaso à probabilidade. O que os impediu?

A resposta a esse enigma parece ser o aspecto físico do próprio dado. O *astragali* preferido por gregos e egípcios – bem como outros mecanismos para gerar resultados aleatórios – não era produto de técnicas uniformes de manufatura. Cada dado tinha suas próprias peculiaridades. "[Todos] tinham dois lados arredondados e apenas quatro superfícies jogáveis, e um nunca era idêntico ao outro", escreve Devlin. "Embora os gregos parecessem acreditar que certos lances eram mais prováveis que outros, essas convicções – superstições – não eram baseadas na observação, e algumas eram uma variação das reais probabilidades que calcularíamos hoje."[22] A busca de padrões por trás do jogo de azar exigia geradores aleatórios que fossem *previsíveis* em sua aleatoriedade. Os gregos jogavam com dados que podiam favorecer o 4 em detrimento do 1; outros poderiam tender mais a cair no número 2. A natureza imprevisível do objeto físico tornava mais difícil perceber os padrões subjacentes da probabilidade.

Tudo isso começaria a mudar no século XIII, quando surgiram as primeiras guildas de fabricantes de dados em toda a Europa. Duas seções de estatutos de uma guilda de fabricantes de dados de Toulouse, datados de 1290 e 1298, mostram como a manufatura de objetos uniformes havia se tornado importante para o comércio.[23] A primeira regulação proíbe a produção de "dados carregados, marcados ou lascados" para evitar sua associação com fraudadores e trapaceiros. Mas os estatutos também enfatizam especificações uniformes de projeto: todos os dados precisavam ter as mesmas dimensões exatas, com os números posicionados na mesma configuração nos seis lados do cubo. Quando Cardano começou a jogar, os dados já tinham seu projeto padronizado. A regulamentação deve ter frustrado os trapaceiros no curto prazo, mas teve um efeito muito mais profundo do que as guildas de fabricantes de dados poderiam imaginar: tornou visíveis os padrões dos dados, o que possibilitou a Cardano, Pascal e Fermat começarem a pensar de forma sistemática sobre probabilidades. Ironicamente, tornar o dado mais uniforme acabou possibilitando que gente como Huygens e Halley analisasse a experiência realmente não uniforme da mortalidade humana usando esses novos instrumentos e a teoria das probabilidades. Não mais um brinquedo, os dados se tornaram, contra todas as probabilidades, ferramentas para o pensamento.

A LÓGICA DOS JOGOS é etérea. Não temos ideia de como os jogos mais antigos eram jogados, seja porque suas regras escritas não sobreviveram até os tempos modernos, seja porque as próprias regras evoluíram ou desapareceram antes que os jogadores adotassem a tecnologia da escrita. Mas sabemos desses jogos porque eles foram fisicamente registrados na matéria: em peças de jogos, equipamentos esportivos, até mesmo em salões ou arenas projetados de acordo com regras que desde então foram perdidas na história. Podemos perceber as regras incrustadas indiretamente no formato desses artefatos, como o rastro que um molusco deixa com sua concha. Foram descobertas no México nos dias atuais quadras que parecem ter sido usadas para jogos com raquetes construídas quase 4 mil anos atrás pela civilização olmeca, anterior aos maias e aos astecas. Mais ou menos na mesma época, do outro lado do mundo, um escultor egípcio retratou o rei Tutmés III envolvido num jogo de bola que parece o críquete moderno. Esses artefatos – como o dado padronizado de Toulouse – deixam claro que os jogos não somente já testavam nossos dotes atléticos e intelectuais: também testavam nossa habilidade como manufatureiros.

Invariavelmente, os instrumentos acabam transformando seus fabricantes, assim como o formato padrão daqueles dados medievais ajudou seus criadores a pensar sobre outros aspectos das probabilidades. Vamos considerar uma das tecnologias originais humanas: a bola. Alguns aborígenes da Austrália jogavam com "uma bola feita de grama e cera de abelha, pele de gambá ou, em alguns casos, de escrotos de canguru",[24] escreve o historiador John Fox. Os esquimós de Copper, do Ártico canadense, praticam um jogo semelhante ao futebol com uma bola feita de pele de foca. Os olmecas chegavam a enterrar suas bolas ao lado de outros talismãs religiosos, o equivalente pré-colombiano de atualmente ser enterrado com a camisa do time pela qual se torce. As bolas são a medusa da evolução dos jogos – ao mesmo tempo antigas e ainda onipresentes no mundo moderno. Os olmecas, astecas e maias não conseguiram inventar a roda, mas a bola foi crucial na cultura das três sociedades.

Ruínas de um campo de futebol maia em Honduras.

Durante a segunda viagem de Colombo às Américas, o explorador e sua tripulação observaram que as tribos locais de Hispaniola (atual Haiti) praticavam um jogo de bola que pode ter derivado do jogo dos olmecas. Um espetáculo esportivo não seria nada novo aos olhos de um europeu no final do século XV. Mas havia algo de misterioso e cativante naquele jogo. A bola parecia desafiar as leis da física. Descrevendo o comportamento da bola várias décadas depois, um frade dominicano escreveu: "Pular e quicar são suas características, para cima e para baixo, para a frente e para trás. Pode exaurir quem estiver correndo atrás antes de conseguir alcançá-la."[25] Semelhante às bolas já onipresentes na Europa, a bola hispaniola podia ser lançada com facilidade e rolar grandes distâncias. Mas essas bolas tinham uma propriedade adicional. Elas quicavam.

Colombo e sua tripulação não perceberam na época, mas eles foram os primeiros europeus a presenciar as propriedades específicas do composto orgânico isopreno, o ingrediente-chave do que agora chamamos de borracha. As bolas eram feitas do látex natural, um líquido branco e pegajoso produzido por muitas espécies de plantas, inclusive uma conhecida como *Castilla elastica*. Por volta de 1500 a.C., os nativos da América Central encontraram uma maneira de moldar e estabilizar o líquido na forma de uma esfera, que apresentava uma elasticidade maravilhosa que a tornava ideal para jogos. (Eles também usavam o material em sandálias, armaduras e capas de chuva.) Bolas de borracha se tornaram uma marca da civilização da América Central durante milhares de anos, utilizadas por maias e astecas, assim como pelas populações indígenas das ilhas do Caribe como Hispaniola. Os jogos funcionavam como eventos esportivos e rituais religiosos, oficializados por sacerdotes e apresentando ídolos que representavam os deuses dos

Cristóvão Colombo assiste a um jogo de bola em Hispaniola.

jogos. Alguns acadêmicos acreditam que os jogos às vezes eram acompanhados por sacrifícios rituais.

Ao assistirem aos haitianos jogarem seus jogos, Colombo e sua tripulação consideraram a elasticidade das bolas tão fascinante que levaram uma delas para Sevilha, embora as evidências desse fato sejam tênues. Mas um desenho de Christoph Weiditz de 1528 registra a primeira aparição verificável dessas bolas de borracha no contexto europeu. Em sua primeira viagem ao Novo Mundo, Hernán Cortés trouxe dois jogadores de bola astecas, habilidosos atletas de um esporte conhecido como *ullamaliztli*, palavra híbrida que junta os termos astecas para jogo de bola e borracha. O esporte envolvia bater nas bolas com os quadris e as nádegas, embora algumas variantes permitissem o uso das mãos e de bastões. Os atletas se apresentaram na corte de Carlos V, onde Weiditz os retratou em atividade, os corpos seminus protegidos apenas por tangas e faixas de borracha cobrindo os traseiros. Os jogadores de bola astecas na verdade foram raptados por Cortés, por isso devemos ter cuidado ao avaliarmos sua presença na corte espanhola, mas sua apresentação para Carlos marcou o início de uma prática que se tornaria lugar-comum na era moderna: atletas importados de uma parte do mundo à outra graças à sua habilidade ao jogar com bolas de borracha.

Porém, o legado mais importante desses jogadores de *ullamaliztli* não se limitaria ao mundo do esporte. A verdadeira inovação estava na própria borracha. Os europeus passaram a prestar atenção àquele enigmático material graças às espetaculares cinemáticas das bolas da América Central. Décadas depois da chegada das primeiras bolas à Europa, o historiador real espanhol Pedro Mártir d'Angleria escreveu: "Não entendo como as bolas batem no chão e são mandadas para o ar com uma quicada tão incrível!"[26] O grande historiador do século XVII Antonio de Herrera y Tordesillas incluiu um longo relato das "bolas de goma" centro-americanas, que eram "feitas da Goma de uma Árvore que cresce nos Países quentes, que se lhes fizerem Furos elas destilam grandes Gotas brancas que logo solidificam, e sendo trabalhadas e moldadas ficam pretas como breu".

Cientistas começaram a fazer experimentos com o material no século XVIII, e o químico britânico Joseph Priestley teria notado que a substância era muito apropriada para apagar marcas de lápis, cunhando então ele próprio o nome "borracha". (Mas Priestley não teve nada a ver com a camisinha.) Hoje, claro, a borracha faz parte da indústria de massa: caminhamos com calçados feitos com solas de borracha, mastigamos goma feita de compostos de borracha, dirigimos automóveis e voamos em aviões apoiados em pneus de borracha. A história da ascensão da borracha é marcada por explorações, tanto humana quanto de recursos naturais. "A demanda pela borracha levaria homens a explorar grandes plantações em florestas tropicais no mundo todo", escreve John Tully em sua história social da borracha, *The Devil's Milk*. "Foram construídas estradas e linhas férreas, além de docas, usinas de força e suprimentos de água retificados. No processo, populações inteiras seriam transplantadas para fornecer força de trabalho, e a composição étnica de países inteiros seria alterada para sempre, como em Cingapura e na Malásia. Essa demanda levaria ao barbarismo, como no Congo Belga e nas longínquas margens do rio Putumayo, no Peru." Vastas fortunas seriam erguidas a partir das propriedades químicas específicas do isopreno. Alguns dos nomes mais famosos da história da grande indústria começaram suas carreiras manufaturando e vendendo produtos de borracha: Firestone, Pirelli, Michelin. Colombo voltou a Sevilha decepcionado por seu fracasso em obter ouro. Ele não fazia ideia de que tinha esbarrado com um material que se mostraria igualmente valioso – e muito mais versátil – em suas aplicações finais.

Hoje, é claro, a história canônica da revolução da borracha é o esforçado empreendedor do século XIX Charles Goodyear, que descobriu uma técnica (chamada vulcanização) que tornou a borracha suficientemente durável para aplicação industrial e transformou o próprio Goodyear em um titã da indústria. Mas os centro-americanos já tinham desenvolvido um método de vulcanização milhares de anos antes de Goodyear iniciar suas experiências.[27] A proeminência da narrativa de Goodyear se deve em parte a um perene viés em relação a personagens euramericanos na história das inovações, mas desconfio que se deva também a outro viés, mais sutil: o pressuposto de que inovações importantes se originam de pesquisas "sérias" como as de Goodyear, alimentadas por energia empreendedora. Porém, muito antes dos estudos de Goodyear, os centro-americanos percorreram o caminho inverso, motivados não pela ambição industrial, mas pelo deleite e o prazer. As bolas de borracha dos olmecas deixam claro que os jogos não só ajudam a produzir novas metáforas ou formas de imaginar a sociedade: podem também levar a avanços na ciência dos materiais. Às vezes, o mundo é mudado por figuras heroicas que se propõem a reinventar a indústria e fazer fortuna no processo. Mas, às vezes, o mundo muda ao sair atrás de uma bola quicando.

NO OUTONO DE 1961, três estudantes do MIT moravam juntos no que eles depois lembrariam como "um imóvel quase inabitável" na Hingham Street, em Cambridge. (Como piada, eles chamavam seus alojamentos de "Instituto Hingham".) Eram leitores ávidos de ficção científica, matemáticos de formação e aficionados por trens a vapor. Divertiam-se assistindo a filmes japoneses de monstros de baixo orçamento em cinemas baratos de Boston. Mas passavam a maior parte do tempo pensando sobre computadores e seu potencial. Hoje, nós os chamaríamos de hackers, embora na época essa categoria ainda não existisse.

Naquele momento da história, o equipamento mais sexy da tecnologia digital era uma nova máquina da Digital Equipment Corporation: o PDP-1, considerado à época um dos primeiros minicomputadores já lançados – ainda que, na visão moderna, *mini* seja quase risível, pois era do tamanho de um armário. O que tornava o PDP-1 especialmente atraente para o pessoal do Instituto Hingham era um acessório chamado Type 30 Precision CRT: uma tela preta circular em preto e branco. Para a média dos americanos de 1961 que tivesse acabado de ouvir falar dos primeiros anúncios da iminente revolução da TV em cores, o Type 30 pareceria um passo atrás, mas os amigos do Instituto Hingham sabiam que a imagem granulosa do Type 30 prenunciava uma transformação mais radical do que as cores na TV. Os pixels no Type 30 podiam ser tristes e monocromáticos, mas era possível controlá-los com um *software*.

Isso fazia toda a diferença. Durante a maior parte da curta história da computação, as interações entre homem e máquina se davam por meio do papel, depois por cartões perfurados e impressos. Você digitava alguma coisa e esperava a máquina responder com outros dígitos. Mas com uma CRT irradiando elétrons numa tela, essa interação se transformou em algo fundamentalmente diferente. Era *ao vivo*.

Isso foi mais de três décadas antes de Michael Dell inaugurar o modelo de fabricação em série de computadores digitais; adquirir um PDP-1 estava mais para encomendar um iate do que comprar um novo equipamento on-line. Por isso, quando o MIT anunciou a instalação de um PDP-1 e um Type 30 em seu laboratório de engenharia, os amigos do Instituto Hingham tiveram alguns meses para imaginar o que fariam com aquele poderoso maquinário. Estando entre os primeiros adeptos de uma disciplina acadêmica emergente, eles sofriam da maldição da carga extra de terem de justificar o campo escolhido ao mesmo tempo em que faziam progressos. E por isso começaram a pensar sobre aplicações que ao mesmo tempo avançassem a arte da ciência de computação e surpreendessem os iniciantes. E surgiram com três princípios:

1. Deveria *demonstrar* o máximo de recursos possíveis e extrair esses recursos até o limite.[28]
2. Dentro de uma estrutura coerente, deveria ser interessante, o que significa que seria diferente a cada nova vez.
3. Deveria envolver o espectador de uma forma ativa e prazerosa – em resumo, deveria ser um jogo.

Inspirado pelos romances simplórios e baratos de Edward E. Smith, com seu constante fluxo de perseguições galácticas, os amigos de Hingham resolveram inaugurar o PDP-1 projetando um jogo envolvendo um conflito cósmico. Eles o chamaram de Spacewar!.

As regras de Spacewar! eram elementares: dois jogadores, cada um controlando uma espaçonave, dardejando pela tela e disparando torpedos um contra o outro. Mesmo em sua infância, dá para ver a semelhança com o game clássico Asteroids dos anos 1970, que foi fortemente inspirado em Spacewar!. Claro que os gráficos eram patéticos segundo os padrões modernos: parecia mais uma batalha entre um par de pontos e vírgulas fantasmagórico do que uma cena de *Guerra nas estrelas*. Mas havia algo de hipnótico na experiência de controlar aqueles ícones na tela, e o termo Spacewar! começou a fluir do MIT para crescentes subculturas de cientistas da computação. Como destaca o pioneiro digital Alan Kay: "O jogo Spacewar! floresce espontaneamente sempre que há uma tela gráfica conectada a um computador."[29]

Assim como o xadrez desenvolveu novas regras ao viajar pelos continentes mil anos antes, o mundo de Spacewar! ganhou novos aspectos quando começou a viajar de um laboratório de computadores a outro. Foi introduzida gravidade no jogo; foram produzidos mecanismos de controle especialmente projetados (prenunciando os joysticks modernos); tornou-se praxe uma opção de hiperespaço onde sua nave poderia ficar momentaneamente invisível; novas rotinas gráficas – muitas delas focadas em explosões – tornaram o jogo mais realista. Um programador do MIT chamado Peter Samson escreveu um programa – memoravelmente cunhado como "Expensive Planetarium" – que preenchia a tela de Spacewar! com uma acurada representação do céu noturno. "Utilizando dados do *American Ephemeris and Nautical Almanac*", escreve J. Martin Graetz, um dos amigos de Hingham, "Sanson codificou todo o céu noturno (quase até a quinta magnitude) entre 221/2°N e 221/2°S, incluindo assim quase todas as constelações conhecidas ... Ao acionar cada ponto da tela um número apropriado de vezes, Samson conseguiu produzir uma tela que mostrava as estrelas com algo próximo de seus brilhos relativos reais."[30] O Planetarium marcou uma das primeiras vezes em que um gráfico de computador foi modelado por um ambiente do mundo real: quando vemos fotos de família nas telas de nossos computadores ou seguimos direções indicadas por imagens de satélite do Google Maps em nossos telefones, estamos interagindo com descendentes do bruxuleante planetário de Samson.

Nem é preciso dizer que Spacewar! deu início a uma linhagem que acabaria desembocando na indústria de games moderna, que gera mais

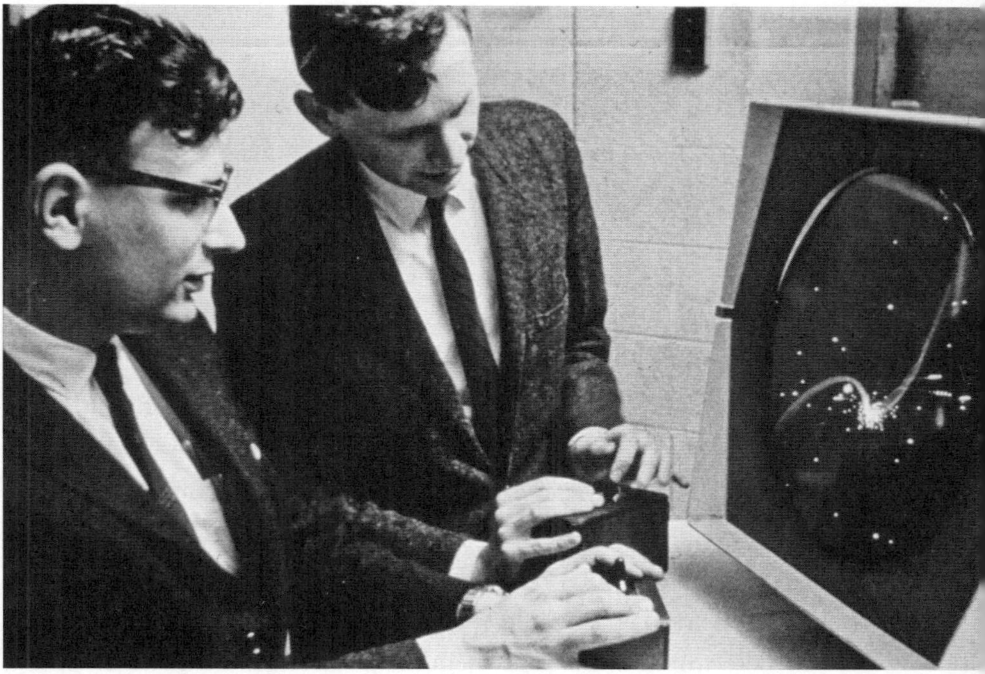

Dan Edwards e Peter Samson jogando Spacewar! na tela do PDP-1 30.

de 100 bilhões de dólares em vendas por ano. É impressionante, mas talvez não tão surpreendente. Afinal de contas, os videogames tinham de começar por algum lugar. Mas o legado de Spacewar! se estende para bem além de PlayStation, Donkey Kong e SimCity. Assim como o Expensive Planetarium inaugurou uma profunda mudança na relação entre os dados na tela e o mundo real, Spacewar! plantou as sementes de diversos desenvolvimentos cruciais na computação. A ideia de que um aplicativo poderia ser desenvolvido em conjunto por dezenas de diferentes programadores e instruções se disseminou pelo mundo – cada um contribuindo com novos aspectos, consertando bugs ou otimizando rotinas gráficas –, era algo sem precedentes quando o Instituto Hingham começou a sonhar com torpedos espaciais. Mas esse processo de desenvolvimento afinal criaria plataformas essenciais como a internet e a Web ou o Linux. Spacewar! foi um dos primeiros programas a envolver o usuário em tempo real, com interações visuais com o computador, com ícones na tela se movendo em sincronia com nossos gestos físicos. Qualquer um que hoje em dia clique em ícones com um mouse numa tela sensível está trabalhando com um paradigma definido por Spacewar! mais de meio século atrás.

Mas talvez a revolução mais fundamental que Spacewar! colocou em movimento tenha sido a seguinte: o jogo deixou claro que aquelas máquinas grandes, burocráticas e pesadas poderiam ser utilizadas para diversão. Antes de Spacewar!, mesmo o mais apaixonado evangelista de computadores via essas máquinas como pertencentes ao mundo da História Séria: tabulando resultados de censos, calculando trajetórias de foguetes. Apesar de toda a genialidade, nenhum desses primeiros visionários da computação – de Turing a Von Neumann e Vannevar Bush – imaginou que uma máquina de 1 milhão de dólares poderia também ser usada para explodir a espaçonave de um oponente com torpedos imaginários por pura diversão. Você pode ensinar um computador a jogar xadrez a fim de determinar o quanto a máquina pode se tornar inteligente, mas programar um computador para jogar pelo jogo em si teria parecido um colossal desperdício de recursos. Mas os desenvolvedores de Spacewar! vislumbraram um futuro diferente, em que os computadores teriam um toque mais pessoal. Ou, dito em outras palavras, o desenvolvimento de Spacewar! os ajudou a ver o futuro com mais clareza.

Em 1972, durante um hiato entre a publicação de duas edições de *The Whole Earth Catalog*, Stewart Brand visitou o Laboratório de Inteligência Artificial de Stanford para assistir à "Primeira Olimpíada de Spacewar! Intergaláctico". Ele escreveu sobre sua experiência para a *Rolling Stone* em um artigo chamado "Spacewar: Fanatic Life and Symbolic Death Among the Computer Bums". Um dos primeiros ensaios a documentar o ethos dos hackers e sua ligação com a contracultura, hoje é considerado um dos documentos seminais entre os registros tecnológicos. Em Spacewar!, Brand viu "uma imaculada bola de cristal de coisas a virem na ciência da computação e no uso de computadores". Os "vagabundos" barbudos fuçando computadores com regras de seu mundo de ficção científica não eram apenas nerds e geeks; eles propiciaram um vislumbre do que a sociedade como um todo estaria fazendo em duas décadas. O início de seu ensaio ficou famoso com a declaração: "Prontos ou não, os computadores estão chegando até as pessoas." Na pura diversão e alegria de Spacewar!, Brand reconheceu que era inevitável que aquelas máquinas aparentemente austeras fossem domesticadas e trazidas à esfera da vida cotidiana. Logo depois da publicação do manifesto de Brand, outro jovem hippie da Bay Area de San Francisco começou a trabalhar na pioneira empresa de games Atari (contratada para lançar uma versão comercial de Spacewar! no mercado), e pouco depois criou uma empresa especializada exclusivamente na fabricação de computadores pessoais. Seu nome, claro, era Steve Jobs.

Em seu artigo para a *Rolling Stone*, Brand faz alusão a uma importante distinção entre formas de pesquisa "low-rent" e "high-rent". *High-rent* é o negócio oficial: sofisticados laboratórios de pesquisa fundados por interesses corporativos ou órgãos governamentais, administrado por supervisores com ideias promissoras voltadas para linhas de produção. O mundo dos games, porém, é *low-rent*. Novas ideias que borbulham de baixo para cima, nas margens, depois do expediente; pessoas conduzindo experimentos por amor, e compartilhando seus experimentos porque não estão envolvidas com as restrições habituais que protegem a propriedade intelectual. Nesse compartilhamento, elas permitem que novas ideias sejam aperfeiçoadas por outros ao longo da cadeia. Em pouco tempo, um game juvenil de conflito intergaláctico se torna a semente de uma revolução digital, um lance de dados lança as bases da teoria da probabilidade, um jogo de tabuleiro indica um novo modelo de organização social. As ideias se desenvolvem num mundo *low-rent*, mas em geral acabam deixando a vizinhança mais chique ao longo do caminho.

UM DIA, no final do verão de 1961, no momento em que o Instituto Hingham se alastrava de Cambridge pelo país, uma mulher fazia apostas numa roleta em Las Vegas em meio ao caótico ambiente do cassino. Ao seu lado, um homem bem-vestido, de seus trinta anos, empurrava suas fichas para a área de apostas com uma estranha incoerência. O homem só apostava segundos antes de o crupiê lançar a bolinha; muitas vezes ele nem chegava a apostar, esperando pacientemente ao lado da mesa até o próximo giro da roleta. Mas a pilha de fichas que aumentava lentamente à sua frente indicava que sua excêntrica estratégia estava funcionando. A certa altura, a mulher deu uma olhada no estranho ao seu lado. Fez uma expressão alarmada quando notou um apêndice de fios saindo da orelha dele, como a antena de um "inseto alienígena", como ela descreveria mais tarde. Segundos depois, ele já tinha ido embora.

Ao contrário das aparências, o misterioso estranho à mesa da roleta não era um criminoso ou mafioso; nem tampouco, tecnicamente falando, estava roubando no jogo – ainda que anos depois sua técnica secreta fosse proibida nos cassinos. Era um cientista da computação do MIT chamado Edward Thorp, que não tinha ido a Las Vegas para quebrar a banca, mas sim para experimentar um dispositivo novo em folha: o primeiro computador portátil já inventado. Thorp contava com um cúmplice na mesa da roleta, postado discretamente do lado oposto e fingindo não conhecer seu parceiro. Não teria sido reconhecido pelos frequentadores habituais do cassino, mas na verdade era uma das cabeças pensantes mais importantes da era pós-guerra: Claude Shannon, o pai da teoria da informação e um dos principais partícipes na invenção dos computadores digitais.

Thorp começou a pensar em apostar contra as probabilidades quando ainda era estudante de graduação em física na UCLA, em 1955. Ao contrário de jogos como blackjack ou pôquer, em que a estratégia podia fazer grande diferença nos resultados, a roleta seria um jogo de puro acaso: a bolinha poderia cair em qualquer número da roda. Pequenos vieses nos rotores da roleta podiam tornar alguns resultados ligeiramente mais prováveis que outros. (O cassino de Humphrey Bogart em *Casablanca* mostra uma roleta preparada para favorecer certos números.) Mas a maioria dos cassinos modernos fazia tudo para garantir que suas roletas gerassem resultados perfeitamente aleatórios. Utilizando equações probabilísticas baseadas nas análises de dados de Cardano, os cassinos conseguiram estabelecer probabilidades que conferiam à casa uma pequena vantagem, porém previsível, sobre os jogadores. Graças à sua formação em física, Thorp começou a pensar na perfeição das roletas bem calibradas como uma oportunidade para o jogador. Com uma roda de roleta "bem-feita e bem mantida mecanicamente", Thorp relatou depois, "a bola da roleta orbitando parecia um planeta em sua trajetória majestosa, precisa e previsível".[31] Tratando-se de corpos astrais, é claro que conhecer a posição inicial, a direção e a velocidade do objeto possibilitaria prever sua localização numa data posterior específica. Será que a mesma coisa poderia ser feita com a bolinha de uma roleta?

Thorp passou algum tempo brincando com uma roleta barata e com metade do tamanho que tinha adquirido, analisando os movimentos da bola com um cronômetro com precisão de centésimos de segundo, chegando inclusive a filmar a ação em câmera lenta. Mas a roleta se mostrou muito irregular para gerar previsões exatas, e Thorp saiu daquele caminho para escrever aplicativos para calcular estratégias vencedoras no blackjack. (A impressão que se tem é que Cardano e Thorp teriam se dado muito bem.) Em 1960, quando foi para o MIT, Thorp resolveu tentar publicar suas análises do blackjack em *Proceedings of the National Academy of Sciences*, e foi se aconselhar com Shannon, o único matemático do MIT que era também membro da academia. Impressionado com o sistema de Thorp para o blackjack, Shannon perguntou se Thorp estava trabalhando em alguma outra coisa "no campo dos jogos". Inativos há cinco anos, os estudos de Thorp com roletas foram repentinamente reativados quando os dois começaram um furioso ano de atividades em busca de um padrão previsível na aparente aleatoriedade da roda da roleta.

Em sua casa velha e caindo aos pedaços perto de Cambridge, Shannon tinha criado um porão de pesquisas que teria deixado Merlin e Babbage boquiabertos. Mais tarde Thorp descreveria o lugar como um "paraíso das engenhocas":

> Eu devia ter uns 100 mil dólares (mais ou menos 600 mil dólares de 1998) em equipamentos eletrônicos, elétricos e mecânicos. Havia centenas de categorias mecânicas e elétricas como motores, transistores, interruptores,

> roldanas, engrenagens, condensadores, transformadores e coisas do gênero. Quando era garoto, a ciência era meu playground e eu passava a maior parte do tempo construindo e fazendo experiências em eletrônica, em física e em química, e agora tinha encontrado a engenhoca definitiva.[32]

Em pouco tempo, Thorp e Shannon gastaram milhares de dólares na compra de uma roleta oficial de Reno, além de luzes estroboscópicas e um relógio especial. Instalaram uma velha mesa de bilhar na casa de Shannon e começaram a analisar a órbita da bolinha numa roda de roleta giratória. Como Thorp tinha suposto intuitivamente cinco anos antes, o destino final da bolinha podia ser previsto com alguma precisão se fosse possível calcular sua velocidade inicial. Os dois decidiram que a melhor forma de calcular essa velocidade seria medir o tempo em que a bola completava uma rotação na roleta. Uma rotação mais longa indicaria uma velocidade menor, enquanto uma rotação mais curta indicaria que a bolinha estava viajando a uma velocidade maior. O cálculo dessa velocidade inicial forneceria uma indicação de onde a bola cairia na ranhura da pista para outro rotor antes de finalmente parar nos trastes numerados. Quanto maior a velocidade, mais tempo levaria para a bola cair do rotor. A leitura da velocidade inicial não apontava exatamente em que número a bola iria pousar, mas sugeria um setor da roda onde a bola teria uma probabilidade ligeiramente maior de parar. Como a vantagem da casa na roleta é estabelecida por essa pequena margem, qualquer pequena previsão no resultado da bola poderia virar a vantagem em favor do jogador.

O problema é que não se podia entrar em um cassino em Las Vegas com cronômetros e luzes estroboscópicas. Para utilizar o sistema de Shannon e Thorp, era preciso encontrar uma maneira de medir a velocidade da bola em tempo real, sem ninguém perceber na mesa da roleta. E era preciso calcular como minúsculas diferenças na velocidade se traduziriam no destino final de repouso da bolinha. As perspectivas do sistema imaginado teriam sido risíveis para qualquer um que conhecesse a tecnologia de ponta de 1961. A menor videocâmera do mundo era do ta-

Claude Shannon com um mouse eletrônico.

manho de uma maleta, e a maioria dos computadores era maior que uma geladeira. Thorp e Shannon nem chegariam a correr o risco de serem apanhados roubando num cassino de Las Vegas com um equipamento daquele tipo. Eles sequer passariam pela porta da entrada.

Mas Shannon não só conhecia bem a tecnologia de ponta, como também era um mestre na matéria. Sua abordagem a inovações antecipava a informalidade no ambiente de trabalho que viria a definir empresas como Google e Facebook décadas mais tarde: trabalho e diversão eram inextricavelmente ligados. Segundo a descrição de Thorp:

> Enquanto trabalhávamos e durante os intervalos, Shannon era uma fonte inesgotável de criatividade e diversão. Ele me ensinou a fazer malabarismos com três bolas (nos anos 1970, ele provou o "teorema malabarista de Shannon") e costumava andar num monociclo numa "corda bamba", que era um cabo de aço de uns doze metros entre dois tocos de árvores. Depois ele realizou seu objetivo, que era fazer malabarismos com as bolas enquanto andava com o monociclo na corda bamba. Havia "brinquedos" e engenhocas por toda parte. Shannon tinha um lançador de moeda mecânico que podia ser ajustado para imprimir certo número de revoluções na moeda, resultando em cara ou coroa de acordo com o ajuste. Como piada, ele construiu um dedo mecânico na cozinha ligado ao laboratório no porão. Um puxão no fio fazia o dedo dobrar como num chamado.[33]

Finalmente, entre sessões de malabarismos e passeios de monociclo na corda bamba, Shannon e Thorp projetaram um computador de doze transistores que podia ser escondido numa caixa do tamanho de um maço de cartas de baralho. Em lugar de usar câmeras para seguir o movimento da bola, eles instalaram mecanismos de captação nos sapatos, acionando com os dedos dos pés microinterruptores que registravam o início e o fim da rotação da esfera ao redor da roleta. Com base nessa avaliação da velocidade da bola, o microcomputador calculava o local mais provável da parada, transmitindo a informação como uma das oito notas musicais, que correspondiam a oito setores da roda da roleta. A mistura tecnológica que Thorp e Shannon montaram para invadir a roleta nunca havia sido vista, e mal tinha sido imaginada. Mesmo os mais visionários cientistas da computação ou autores de ficção científica viam os computadores como objetos volumosos e estacionários – mais próximos de uma peça de mobiliário que de uma bijuteria. No entanto, cinquenta anos depois, o truque da roleta de Thorp e Shannon se tornaria a forma mais onipresente de computação do planeta: um pequeno dispositivo digital no bolso, ligado a fones de ouvido, com sensores registrando os movimentos do corpo. Os dois talvez parecessem apenas homens arteiros tentando vencer o cassino na roleta, mas aquilo era também algo muito mais profundo.

Toda uma família de dispositivos – iPods, telefones Android, relógios da Apple, Fitbits – descendem daquela investida na roleta.

No fim, Shannon e Thorp se aventuraram em Las Vegas com as esposas e testaram aplicar o sistema com dinheiro de verdade. Shannon ficava ao lado do crupiê e registrava o tempo da bola com os dedos do pé; Thorp fazia as apostas do outro lado da mesa, enquanto as mulheres ficavam de vigia por qualquer movimentação suspeita do pessoal do cassino. (Com exceção de Thorp, todos tinham medo de serem descobertos pelos elementos da máfia que controlavam boa parte de Vegas naquele tempo.) Eles só apostavam fichas de dez cents, mas ganhavam da casa regularmente. O novo microcomputador funcionou perfeitamente; ironicamente, os componentes do sistema que se provaram mais falíveis foram os fones de ouvido.

Depois da viagem a Vegas, Thorp saiu do MIT e publicou alguns livros populares sobre sua técnica no blackjack. Shannon e Thorp revelaram os detalhes de sua invenção secreta em 1966, inspirando alguns imitadores com objetivos mais pecuniários ao longo dos anos. Microdispositivos capazes de monitorar a roleta e o blackjack acabaram sendo proibidos no estado de Nevada em 1985. À época, Thorp pouco precisava ganhar na roleta, pois já tinha fundado um cassino maior para explorar. Usando seus conhecimentos matemáticos e sua experiência na descoberta de pequenas oportunidades em probabilidades, em 1974 ele fundou uma empresa chamada Princeton/Newport Partners. Tratava-se de uma das primeiras companhias financeiras de um gênero que acabaria se tornando uma fonte de lucro *e* de controvérsias: os fundos de cobertura.

EM MEADOS DOS anos 2000, o chefe de pesquisas da IBM, Paul Horn, começou a pensar sobre o próximo capítulo da renomada tradição de "Grandes Desafios" da IBM – projetos vistosos que estabelecessem avanços em computação, em geral um marco bem definido para atrair a atenção da mídia. O Deep Blue, o computador que afinal derrotou Gary Kasparov no xadrez, tinha sido o Grande Desafio uma década antes, desmentindo a insinuação de Alan Turing de que computadores só poderiam jogar xadrez de forma passável. Horn estava interessado no desafio mais conhecido de Turing: o Teste de Turing, formulado num ensaio de 1950 sobre "Maquinário e Inteligência no Computador". Nas palavras de Turing: "Um computador mereceria ser chamado de inteligente se conseguisse fazer um humano acreditar que ele era humano."

A ilusão do Teste de Turing não tinha nada a ver com aparência física; o cenário clássico do teste envolve um humano em frente a um teclado estabelecendo uma conversação de texto com uma entidade desconhecida que pode ou não ser uma máquina. Fazer se passar por humano exigia um extenso conhecimento do mundo e uma compreensão natural das idiossincrasias da linguagem humana. O Deep Blue conseguiu vencer o mais talentoso enxadrista do planeta, mas não era possível conversar sobre o clima com ele. Horn e sua equipe estavam em busca de um marco comparável, que estimulasse pesquisas no tipo de inteligência fluida e baseada na linguagem que o Teste de Turing mensurava. Uma noite, Horn e colegas estavam jantando numa churrascaria perto da sede da IBM quando notaram que todos os frequentadores do restaurante tinham se reunido em frente à televisão no bar. A multidão estava vendo Ken Jennings continuar sua lendária série de vitórias no programa de perguntas e respostas da TV americana *Jeopardy!*, uma sequência que perdurou por 74 episódios. Ver aquela multidão se formando plantou a semente de uma ideia na cabeça de Horn: será que a IBM conseguiria construir um computador inteligente o bastante para vencer Jennings em *Jeopardy!*?

O sistema que acabou sendo construído foi chamado de Watson, em homenagem ao fundador da IBM, Thomas J. Watson. Para assimilar o máximo possível de informações sobre o mundo, Watson devorou toda a Wikipédia e mais 100 milhões de páginas de informações adicionais. Existe algo adorável na ideia de a mais avançada máquina pensante do mundo aprender sobre o mundo consultando uma enciclopédia produzida coletivamente. (Nem mesmo a visionária previsão de H.G. Wells de um "cérebro global" antecipou essa vertente.) A partir das fontes de informação e de um software de indução dos pesquisadores da IBM, Watson desenvolveu uma compreensão nuançada de estruturas de linguagem que permitia uma análise e um envolvimento muito menos rígido em conversações com humanos. No final do processo, Watson conseguia entender e responder perguntas sobre quase qualquer coisa no mundo, especialmente respostas que se valessem de afirmações factuais. E, claro, dentro dos moldes do programa de TV que inspirou sua criação, Watson sabia como formular essas respostas em forma de perguntas.

Em fevereiro de 2011, Watson concorreu em um *Jeopardy!* especial de duas rodadas contra Jennings e outro campeão do programa chamado Brad Rutter. Os espectadores em casa tiveram o privilégio de dar uma olhada dentro da "mente" de Watson enquanto ele procurava em seus bancos de dados a resposta certa para cada pergunta, pois via um pequeno gráfico mostrando os três principais palpites do computador e o "nível de confiança" geral em cada resposta. De uma forma meio insincera, o vídeo promocional da IBM levado ao ar no início do episódio sugeria que Watson era semelhante aos concorrentes humanos, pois "não tinha acesso à internet", o que é como dizer que você não tem "acesso" a um bolo que acabou de comer inteiro.

Watson cometeu erros elementares durante a competição – em certo momento respondendo à pergunta "O que é Toronto?" numa categoria denominada "Cidades dos Estados Unidos". Mas no final o computador deu uma surra em seus oponentes humanos, fazendo quase o dobro de pontos que Jennings e Rutter juntos. O desempenho de Watson foi especialmente impressionante dada a sutileza retórica das perguntas de *Jeopardy!*. Na segunda rodada, Watson respondeu corretamente "O que é um horizonte de evento?" com 97% de confiança a uma pergunta que dizia: "Não são necessários ingressos para esse 'evento', a fronteira de um buraco negro da qual a matéria não consegue escapar." Para entender essa pergunta, Watson teve de efetivamente desconsiderar toda a primeira parte da afirmação, e reconhecer que a alusão a "ingressos" era simplesmente uma referência a outro significado de *evento*. A pergunta final que selou a vitória de Watson foi literária: "Um relato dos principados da Valáquia e da Moldávia inspirou o mais famoso romance deste autor." Watson acertou: "Quem é Bram Stoker?" Jennings também sabia a resposta. Mas, reconhecendo que tinha acabado de perder para a máquina, registrou um pós-escrito abaixo de sua resposta: "Por mim, dou as boas-vindas aos nossos chefes supremos, os computadores." Os chefes supremos computadores um dia poderão dar boas risadas por conta disso.

Em termos de puro poder computacional, muitos outros supercomputadores no mundo superam Watson. Mas, por causa de sua facilidade com a linguagem natural e sua capacidade de extrair inferências sutis de dados não estruturados, Watson chega mais perto da experiência humana da inteligência do que qualquer outra máquina no planeta. Como Jennings depois descreveu em um ensaio:

> As técnicas do computador para desvendar as pistas de *Jeopardy!* pareciam as minhas. A máquina se concentra nas palavras-chave de uma pista, depois varre a memória (no caso de Watson, um banco de dados de quinze terabytes de conhecimento humano) por aglomerados de associações com essas palavras. Confronta rigorosamente os pontos mais altos com todas as informações contextuais que consegue reunir: a categoria nome; o tipo de resposta sendo buscada; o tempo, lugar e gênero insinuado numa pista; e assim por diante. E quando se sente suficientemente "certo", decide zumbir. Tudo isso é um processo instantâneo e intuitivo para um concorrente humano de *Jeopardy!*, mas me senti convencido de que por dentro meu cérebro estava fazendo mais ou menos a mesma coisa.[34]

É claro que a IBM tem planos para Watson que vão bem além de *Jeopardy!*. Watson já está sendo utilizado para recomendar tratamentos contra câncer analisando repositórios maciços de textos de pesquisa e dados médicos, e a responder perguntas de suporte técnico sobre complexas questões de software. Mas ainda vale lembrar: talvez a forma mais avançada de inteligência artificial do planeta tenha desenvolvido sua educação treinando para um jogo de perguntas na TV.

Você pode tentar dizer que as raízes relacionadas a um jogo de Watson é uma questão de simples publicidade: vencer Ken Jennings na televisão com certeza atraiu mais atenção para a IBM do que, digamos, Watson assistindo a aulas em Oxford. Mas quando se observa Watson no contexto da história da ciência da computação, o elemento de *Jeopardy!* se torna muito mais que apenas um golpe publicitário. Considere o número de divisores de água na história da computação envolvendo jogos: Babbage burilando com a ideia de uma "máquina analítica" jogando xadrez; os comentários de Turing sobre xadrez e computador; Thorp e Shannon na mesa de roleta em Vegas; as inovações em interfaces introduzidas por Spacewar!; Kasparov e o Deep Blue. Até mesmo os 97% de confiança de Watson na resposta ao "horizonte de eventos" se valeu da matemática das probabilidades que Cardano desenvolveu para analisar jogos de dados quinhentos anos atrás. De todos os campos do conhecimento humano, somente uns poucos – principalmente a matemática, a lógica e a engenharia elétrica – foram mais importantes que os jogos para a invenção dos computadores modernos. Há muito os computadores têm a reputação de serem máquinas sóbrias e matemáticas – os vulcãos do mundo da tecnologia –, mas tanto a história da música como a dos jogos, desde o instrumento que toca sozinho a Spacewar!, deixa claro que o moderno computador digital goza de uma longa tradição de diversão e entretenimento em sua árvore genealógica. A história pode explicar em parte por que os computadores se tornaram tão onipresentes na vida moderna. O ábaco e a calculadora também eram bons em matemática, mas não tinham o poder de maravilhar e deliciar dos computadores.

Por que os jogos foram tão importantes para a história dos computadores? Suspeito que parte da resposta seja uma clara medida ou placar que podem avaliar o progresso. Vencer um cassino na roleta ou Ken Jennings em *Jeopardy!* propicia aos cientistas e aos inventores uma meta definitiva que ajuda a esclarecer e dirigir uma pesquisa. Um princípio mais importante fica também visível na longa aliança entre os jogos e a computação. Jogar jogos regidos por regras é uma dessas raras propriedades do comportamento humano que parece pertencer apenas a nós como espécie. Muitas outras formas de interação e cognição humanas encontram analogias em outras criaturas: música, arquitetura, guerra, linguagem, amor, família. Jogos regidos por regras são tão ancestrais quanto essencialmente humanos. São também uma das poucas atividades – além de coisas essenciais como comer, dormir e falar – que qualquer um fica contente em adotar, seja com três ou com 93 anos de idade. Mas, ao contrário desses elementos essenciais, não existe um claro propósito evolutivo na prática de jogos. Não resulta em carboidratos para queimar, nem ajuda na reprodução de nossos genes, mas por alguma razão somos compulsivamente atraídos pelo desafio e pela imprevisibilidade dos jogos. Por isso, parece cabível que, quando nossa mente finalmente ganhou inteligência suficiente para pensar em construir uma mente *artificial*, um dos primeiros desafios que nos propusemos foi criar uma máquina que pudesse jogar conosco.

6

ESPAÇO PÚBLICO

OS TERRITÓRIOS DO PRAZER

John Hughson era um sapateiro não muito bem-sucedido quando resolveu sair de Yonkers para Manhattan, em meados dos anos 1730. Abriu um comércio na grande cidade, então com uma população de uns 20 mil habitantes. Hughson abriu uma série de tabernas, primeiro às margens do East River, depois às margens do Hudson, perto do local onde o World Trade Center seria construído, e desabaria três séculos depois. A taberna na zona oeste logo se tornou um bar popular – não só pela bebida, mas também pela "grande festa" habitual que Hughson organizava todos os domingos. As pessoas começavam a chegar depois da missa, onde Hughson servia um bufê de carneiro e ganso, acompanhado por rum, sidra e cerveja. "Alguém de repente tocava um violino, e geralmente havia dança", escreve um historiador. "Também havia jogatina. Jogavam-se dados valendo taças de ponche ou se apostava em brigas de galo."[1] As grandes festas eram momentos de "farras e divertimentos", como depois definiu um dos clientes de Hughson. Alguns desses "divertimentos" também envolviam prostituição: o estabelecimento de Hughson era famoso por uma prostituta em especial, uma mulher chamada Margaret Sorubiero, que parece ter tido uma série de outros nomes, mas era mais comumente conhecida como a "Beldade Irlandesa da Terra Nova".

No geral, a taberna de Hughson era semelhante a muitos locais públicos para se beber em toda a América colonial ou na Europa na época: um enclave barulhento e festivo com padrões morais relativamente baixos. Mas alguém que entrasse no estabelecimento logo perceberia uma grande diferença: embora Hughson fosse branco, sua clientela era formada principalmente por escravos afro-americanos, misturados a uns poucos brancos da classe baixa, alguns deles soldados. (Os historiadores Edward G. Burrows e Mike Wallace sugerem que a turma incluía também alguns "jovens cavalheiros que gostavam de farrear e jogar depois do expediente".)[2] Embora a escravidão só tenha sido oficialmente abolida em Nova York em 1827, tabernas frequentadas por escravos não eram incomuns na cidade. Um estabelecimento chamado Cato's Road House, fundado por um ex-escravo da Carolina do Sul, se manteve na ativa por cinquenta anos durante a primeira metade do século XVIII, fornecendo conhaque e charutos para escravos foragidos de seus senhores do Sul. Mas a mistura de clientes brancos e negros diferenciava o estabelecimento de Hughson. Talvez o fato mais escandaloso, a "Beldade Irlandesa da Terra Nova" tinha um filho com um escravo conhecido como Cesar. Essa casual mistura inter-racial não existia na Manhattan do século XVIII; apesar da reputação de tolerância da cidade, os limites da segregação racial eram bem definidos. Mas no bar de Hughson esses limites se tornaram difusos e acabaram gerando consequências catastróficas.

A partir de março de 1741, uma série de incêndios suspeitos irrompeu em Manhattan, começando pela casa do governador em Fort George, seguida por outros em depósitos, casas particulares e estábulos por toda a cidade. Boatos começaram a se espalhar entre a população branca que os incêndios eram causados por escravos revoltados; quando um afro-americano chamado Cuffee foi visto fugindo de um local em chamas no começo de abril, ele foi logo detido e jogado na prisão. Grupos de vigilantes começaram a perseguir outros escravos para entregá-los às autoridades. Quando o pânico se disseminou, um grande júri, supervisionado por um juiz chamado Daniel Horsmanden, foi convocado para investigar comerciantes brancos que estariam incitando a revolta fornecendo álcool a afro-americanos, o que naturalmente levou as autoridades até John Hughson.

Acontece que Hughson já tinha problemas com a lei. Além do jogo e da prostituição, parece que ele dirigia um negócio paralelo de receptação de objetos roubados fora da taberna. (Até onde sabemos, a taberna podia ser na verdade o negócio lateral, enquanto a receptação era a principal fonte de dinheiro.) Havia muito tempo a polícia local suspeitava que Hughson fizesse parte de uma organização criminosa maior, mas não conseguiu encontrar provas convincentes dos delitos, até que uma funcionária de Hughson chamada Mary Burton resolveu falar sobre o patrão, depois que as autoridades lhe ofereceram liberdade de suas obrigações para com ele. De início, Burton meramente acusou Hughson de conspirar com Cesar no recente assalto a uma loja de ferragens na Broad Street. Mas depois da série de incêndios, Burton elevou seu papel de testemunha a um nível bem mais alto, tornando-se, como diz a historiadora Christine Sismondo, "muito feliz em fornecer os nomes de todos os envolvidos no assalto, na receptação e, na sequência, o nome de todo mundo de que já tivesse ouvido falar".[3] Burton declarou que tinha entreouvido diversas conversas em que Hughson, Cesar e Cuffee falavam ativamente sobre incitar uma rebelião de escravos que reduziria a cidade a cinzas. Hughson teria dito a Cesar que, no novo regime, dois homens seriam "rei" e "governador", respectivamente. (Hoje muitos historiadores acreditam que os dois discutiam a liderança de um sindicato do crime, não de uma colônia de escravos depois da rebelião.) Burton também testemunhou que tinha ouvido escravos na taberna de Hughson exclamando: "Malditos sejam todos os brancos!"

O testemunho de Burton provocou uma das manifestações mais brutais de violência estatal da história de Nova York. O grande júri de Horsmanden logo condenou Cesar por roubo, e em 11 de maio ele e outro escravo foram enforcados em cadafalsos perto de Freshwater Pond. As autoridades deixaram os corpos pendurados nos cadafalsos durante semanas, como um macabro lembrete do que aguardava outros escravos rebeldes. Em questão de semanas, Cuffee e outro alegado conspirador foram condenados à morte na fogueira. Os dois tentaram barganhar uma sentença mais leniente revelando nomes de outros supostos conspiradores (muitos dos quais acabaram sendo enforcados), mas a confissão de última hora não ajudou em nada. Eles foram queimados vivos diante de uma turba enfurecida.

Em seguida o grande júri voltou-se para Hughson, que, junto com sua esposa e a Beldade Irlandesa da Terra Nova, também foi rapidamente condenado à forca. O julgamento deixou claro que a verdadeira ofensa de Hughson estava no espaço social que havia criado na taberna, com sua escandalosa miscigenação de negros e brancos e a reversão das tradicionais relações de raças. Durante os procedimentos, um juiz afirmou que Hughson tinha desobedecido à lei simplesmente ao vender "um trago de aguardente de rum a um escravo, sem a orientação ou consentimento de seu senhor".[4] Ao emitir a sentença, outro juiz definiu o caso contra as tendências integracionistas de Hughson numa linguagem extraordinariamente forte:

> Para pessoas que foram criadas e sempre viveram em um país cristão, e que também se denominam cristãos, ser culpado não só de tornar escravos negros seus iguais, mas até superiores, servindo-os, mantendo-os e entretendo-os com carne, bebidas e alojamento, e o mais surpreendente, planejando, conspirando, deliberando, incitando e encorajando essas sementes negras de Caim a queimar esta cidade, e a nos matar e destruir a todos. Bom Deus! Quando reflito sobre as desordens, a confusão, a desolação e o caos, que o efeito de seus mais malignos, mais detestáveis e diabólicos conselhos podem ter produzido (não tivesse a mão do grande e bom Deus se interposto), isso me choca![5]

No final, depois de executar as duas mulheres junto com Hughson, as autoridades penduraram o cadáver dele ao lado do corpo em decomposição de Cesar. Um rumor bizarro de que depois da morte a pele de Cesar tinha embranquecido, enquanto a de Hughson enegrecido, se espalhou pela cidade. Foi o final macabro de uma história que, desde o começo, revolveu ao redor de interações escandalosas entre peles negras e brancas.

Hoje, os turbulentos eventos daquela primavera são chamados de "Rebelião de escravos de 1741" ou de "Conspiração de Nova York de 1741". Mas a verdade é que ninguém sabe ao certo se foi de fato uma rebelião ou uma conspiração. O cenário mais plausível é de que os cúmplices de Hughson tenham provocado incêndios como distração enquanto roubavam mercadorias de lojas ou residências próximas. Mas é possível também que não houvesse ligação entre Hughson e os incêndios, que a coisa toda tenha sido criada pela imaginação de uma garota de dezesseis anos que fazia acusações em troca da promessa de liberdade. Mas um fato de todo esse episódio obscuro continua inconteste: a taberna de Hughson foi culpada – aos olhos do establishment de Nova York – por expandir os limites de interação social entre as raças. Fossem quais fossem as atividades perpetradas na taberna de Hughson, a comunidade formada naquele ambiente estava, no sentido real, um ou dois séculos à frente de seu tempo. Hoje, na maior parte dos Estados Unidos, ninguém prestaria muita atenção em um bar que atraísse uma clientela multirracial. Mas em 1741 isso era uma apostasia. Os indícios mais reveladores do futuro da integração racial não estavam visíveis nas casas, igrejas ou estabelecimentos comerciais de Nova York. Quem quisesse ver para onde estavam indo as relações raciais teria de ir a um bar.

A TABERNA É UMA instituição antiga, quase tão antiga quanto a própria civilização. Não temos registro sobre o primeiro empreendedor astuto que teve a ideia de abrir um espaço onde se pudesse comprar bebidas e compartilhar camaradagem com um grupo de amigos ou com estranhos. O mais provável é que a ideia tenha se desenvolvido de forma independente por muitas pessoas em diferentes tempos e lugares. (Quando se tem cerveja, cervejarias se tornam inevitáveis.) Quando surgiram, as tabernas marcaram o ponto de origem de uma linha que levaria não apenas a novos bares que se tornaram internacionalmente famosos. O nascimento da casa de bebidas também marcou as origens de um novo tipo de espaço: uma estrutura projetada explicitamente para prazeres casuais durante o tempo de lazer. A taberna não era um ambiente de trabalho ou veneração; não era uma residência. Existia em algum outro lugar na grade de possibilidades sociais, um local a que se ia por pura diversão. Nosso mundo moderno fervilha desses espaços: bares, cafés, spas, resorts, cassinos, parques temáticos. Cidades inteiras agora são conhecidas como experiências de entretenimento, fugas da rotina diária. As tabernas originais, onde quer que surgissem, propiciaram aos humanos o primeiro vislumbre daquele futuro de maravilhas, como todo seu glamour e seu absurdo.

O nascimento da taberna merece um lugar nos livros de história como sinal de melhoria dos padrões de vida. "Os bens de luxo" pré-datam as primeiras cidades, quando pedras preciosas e outras bugigangas passaram pela sociedade do Neolítico. Mas *experiências* de luxo eram algo novo. A criação de um sistema econômico em que fosse possível ir até o bar local e gastar um dinheiro extra em bebidas por algumas horas não foi pouca coisa como realização. De maneira geral, toleramos bares, pubs e tabernas como um prazer culposo: sim, eles atraem (e estimulam) comportamentos ilícitos, como atestam a rede de receptação de Hughson e a Beldade Irlandesa da Terra Nova. Mas o apelo sentimental e comunitário do boteco local costuma superar as repreensões puritanas. O que raramente reconhecemos, no entanto, é o papel transformador desempenhado por tabernas e bares na nossa história *política*. Os livros de história do ensino médio podem dizer que a democracia nasceu na ágora, onde filósofos de toga debatiam as questões do dia na praça da cidade. Mas a verdade é que a democracia, assim como incontáveis criações escandalosas desde então, pode muito bem ter sido concebida em um bar.

A palavra *taberna* deriva do termo romano *tabernae*, ainda que os gregos antigos também tivessem estabelecimentos públicos para beber, onde era servido um vinho bem aguado aos clientes. Arqueólogos que catalogaram as ruínas de Pompeia descobriram 118 diferentes tabernas na cidade: as cinzas do Vesúvio preservaram inclusive uma tabuleta com

Ruínas de uma taberna romana em Pompeia.

uma lista de vinhos onde se pode ler: "Por uma [moeda] você pode tomar vinho; Por duas pode beber do melhor; Por quatro pode beber Falerno."[6]* Na parede de uma das tabernas, uma pichação de 2 mil anos reclama da qualidade da birita: "Maldito seja, proprietário, você vende água enquanto bebe vinho sem mistura."

Na medida em que muitas *tabernae* também funcionavam como pousadas, os romanos espalharam tabernas como nódulos de sua vasta rede imperial, pontos de parada temporária que possibilitavam aos homens viajar milhares de quilômetros tendo como garantia uma forma de alojamento – e boas bebidas – todas as noites. De acordo com W.C. Firebaugh, um dos primeiros historiadores da cultura das tabernas greco-

* Vinho produzido com uvas das encostas do monte Falerno (hoje, Massico), ao norte de Nápoles. (N.T.)

romanas, "os estágios da viagem eram calculados tão admiravelmente que no término de cada dia de trajeto o viajante encontrava uma estação para descansar os cavalos, onde podiam ser adquiridos animais de carga e se encontravam comida e alojamento".[7] Não era suficiente construir uma rede de estradas, todas levando a Roma: os romanos precisaram criar um sistema pelo qual os viajantes pudessem chegar aos confins do império e voltar, sem depender da bondade de estrangeiros locais ou ter de dormir em campo aberto ou nas florestas. Os planejadores romanos construíram tabernas nas estradas a cada 25 quilômetros, o que se tornou de fato uma unidade de medida de distância. O sistema de tabernas era um recurso crucial na administração do pesadelo logístico de manter um império global numa era anterior a trens, aviões, automóveis ou internet.

Porém, por mais importante que as *tabernae* tenham sido para o próprio império, seu legado definitivo foi a introdução na maior parte da Europa de estabelecimentos públicos onde se bebia. Na Inglaterra, essas tabernas romanas evoluíram para o que é hoje a mais icônica das instituições britânicas: o "*publican*" ou "*public house*" – ou, como dizemos agora, o pub. O censo de 1577[8] registrou a existência de mais de 16 mil pubs na Inglaterra, que dá uma proporção de um pub para cada 187 habitantes. (Hoje, a proporção no Reino Unido é de um pub para cada mil cidadãos.) Não é de admirar que o nível de densidade de pubs tenha provocado tanto protesto dos membros mais conservadores da sociedade. "A multiplicação de tabernas é causa evidente de arruaças da gente vulgar", alertou o secretário de Estado William Cecil, "que ao acorrer para os mesmos desperdiçam o pouco substancial que auferem semanalmente com seu trabalho árduo e cometem todos os males que acompanham a bebedeira". Mas os pubs não estavam apenas incitando uma conduta arruaceira: estabeleciam também um local para novos tipos de conversa e vivência comunitária, o que o historiador Ian Gately chama de "um novo ethos":

> [Os pubs] eram administrados pelo povo, para o povo. Eram locais onde homens e mulheres de diferentes ocupações e formações podiam se encontrar para beber e desfrutar da companhia uns dos outros e onde podiam falar

> com sinceridade sobre seus governantes. Na verdade, as pessoas comuns desfrutavam de uma liberdade de expressão e de ação nos locais onde bebiam que lhe eram negadas em qualquer outro lugar, e essas instituições se tornaram o núcleo de uma cultura popular.[9]

O impacto político dos bares seria sentido de maneira mais intensa não na Inglaterra, mas em suas colônias. Certa vez, Benjamin Franklin estimou que havia uma taberna para cada 25 homens na Filadélfia – muito mais alta que a densidade de pubs na Grã-Bretanha. Assim como a taberna de Hughson teve papel importante na alegada rebelião de escravos de 1741, as tabernas espalhadas pelas colônias americanas foram berçários da rebelião que, afinal, se tornaria a Guerra Revolucionária. O lendário Caucus de Boston, que acabaria gerando as Reuniões da Cidade de Boston e os Filhos da Liberdade, teve origem em uma taberna da cidade dirigida por Elisha Cooke Jr. (A palavra *caucus* pode ser derivada de "Casa de Cooke" ou da palavra grega para recipiente de vinho.) Os planos para o Tea Party de Boston foram fermentados em outra taberna da cidade, a Green Dragon, que veio a ser conhecida como "o quartel-general da Revolução Americana". Uma decisiva tendência independente corria pela cultura de tabernas das colônias: muitas tabernas, como a de Hughson, foram usadas por contrabandistas tentando sonegar os impostos britânicos. (Um túnel subterrâneo ligava a cozinha de uma taberna da Filadélfia às docas da cidade.) Uma análise dos registros de votos dos anos 1700 feita pelo historiador David Conroy mostrou que os taberneiros figuravam em número desproporcional de representantes eleitos para a Casa de Massachusetts, fazendo John Adams se queixar de que as rudes e barulhentas tabernas estavam "se transformando em muitos lugares em berçários de nossos legisladores".[10] O *Senso comum* de Thomas Paine e a Declaração de Independência eram lidos em voz alta nas tabernas em todas as colônias, alimentando as chamas da revolução.

Na verdade, é difícil encontrar um único evento momentoso nas décadas que levaram à Guerra Revolucionária que não tenha se desdobrado, em parte, nos confins semipúblicos de uma taberna. Se apagássemos esses estabelecimentos da história, é bem possível que o front radical dos Filhos da Liberdade demorasse mais tempo para se organizar, fazendo com que a própria revolução fosse protelada por décadas. Uma guerra revolucionária contra uma Grã-Bretanha já totalmente industrializada no início dos anos 1800 poderia ter tido outro resultado.

Vale a pena fazer uma pausa de um segundo para entender essa causalidade. A independência da América não foi *causada* pela prevalência da cultura de taberna nas colônias. Havia muitas outras forças em ação, algumas provavelmente mais poderosas que o espaço de dissensão que a taberna propiciava aos revolucionários. Mas a existência daquele espaço foi um fator determinante na maneira como os acontecimentos se desdobraram. Muda-se uma variável, e o desenvolvimento da Guerra de Independência teria, no mínimo, de se desenvolver por caminhos diferentes, uma vez que boa parte dos debates e da comunicação se valia do intercâmbio semipúblico da taberna: um espaço onde pensamentos revoltosos podiam ser compartilhados e também mantidos em segredo. Assim como as *tabernae* romanas que as precederam, as tabernas americanas foram nódulos cruciais numa rede. Os romanos usaram-nas para manter um império coeso. Os americanos as usaram para desbancar um império.

A CENA QUE SE DERRAMAVA da Black Cat Tavern no bairro de Silver Lake, em Los Angeles, na noite de 31 de dezembro de 1966, era exatamente o caos animado que se poderia esperar de um bar gay urbano na véspera do Ano-novo. Quando uma festa à fantasia terminou em outro bar na mesma rua, uma trinca de afro-americanos vestidos de drag queens – conhecida como as Rhythm Queens – começou a executar uma versão mais ritmada de "Auld Lang Syne". Nos anos pós-guerra, bares gays como o Black Cat se tornaram cada vez mais visíveis nas cidades dos Estados Unidos, ainda que suas origens remetam a estabelecimentos do século XIX como o Pfaff's Beer Cellar em Manhattan, o enclave boêmio onde Whitman ia em busca de "jovens bonitos ... de olhos brilhantes".[11] Esses bares eram locais de paquera e um raro espaço onde gays e lésbicas

Taberna Green Dragon, em Boston.

podiam exercer suas identidades sexuais numa época em que o armário era a única opção. Da mesma forma que o Pfaff's, serviam também como pontos de irradiação da classe criativa: Tennessee Williams passou muitas horas no Café Lafitte in Exile em Nova Orleans, Allen Ginsberg fazia ponto no Black Cat de San Francisco.

Mas esses bares eram também espaços de rebeldia e contestação. Misturados à multidão naquela véspera de Ano-novo em Los Angeles havia uma dúzia de policiais à paisana do Departamento de Entorpecentes da polícia de Los Angeles, há muito tempo inimiga da população gay da cidade. Quando os balões de gás caíram para assinalar a meia-noite e os homens no Black Cat começaram a se abraçar e se beijar festejando o Ano-novo, os policiais à paisana – auxiliados pelo súbito fluxo de guardas uniformizados portando cassetetes – atacaram e prenderam dezesseis homens, com tanta violência que alguns tiveram de ser hospitalizados. Depois, os policiais à paisana declararam ter visto seis homens "beijando outros homens nos lábios por mais de dez segundos".[12] Os seis foram posteriormente considerados culpados por "conduta lasciva".

A ação no Black Cat precedeu o mais famoso confronto de Stonewall Inn, no West Village de Manhattan, dois anos depois. Mas os acontecimentos daquela noite de Ano-novo tiveram um papel crucial na formação do movimento de direito dos gays. Seis semanas depois da ação, foi organizada uma manifestação de protesto pública na Sunset Boulevard, com centenas de gays de Los Angeles entoando "Basta de abusos de nossos direitos e nossa dignidade". Inspirado pelo caso do Black Cat, um grupo de ativistas que havia fundado recentemente uma organização chamada Direitos Civis em Defesa e Educação (Pride, na sigla em inglês) resolveu transformar sua newsletter mimeografada num jornal de verdade. O resultado foi o *Advocate*, primeira publicação nacional dedicada exclusivamente à comunidade gay e lésbica – que viria a se tornar um componente essencial das muitas lutas e vitórias da comunidade gay nas décadas seguintes: o nascimento da liberação gay depois de Stonewall, a crise do HIV/Aids e o movimento pelo casamento entre gays.

Pode-se considerar o impacto do espaço semipúblico de bares e clubes na política da liberação gay uma espécie de efeito beija-flor cultural. Muitas das improváveis transformações que analisamos aqui giraram em torno de inovações tecnológicas: alguém inventa um dispositivo projetado especificamente para um único propósito, mas a introdução desse dispositivo na sociedade mais ampla aciona uma série de mudanças com as quais o inventor nunca sonhou. Um grupo de artistas de entretenimento e cientistas amadores topa com uma técnica para iludir o olhar ao perceber o movimento de uma série de imagens estáticas, e um século e meio depois essa inovação dá origem a uma nova classe de celebridades e a uma nova indústria de chalés especializada em fomentar as relações entre estrelas de reality shows e seus fãs. Mas algumas das mais influentes inovações na nossa história não envolvem novas máquinas nem princípios científicos. Os bares, pubs e tabernas podem ter usado novas tecnologias ao longo dos séculos – de saca-rolhas a barris e geladeiras –, mas o que tornou esses estabelecimentos onde se bebia tão transformadores não teve nada a ver com as engenhocas que utilizavam. A inovação foi mais física e social: a ideia de um espaço ao mesmo tempo aberto ao público, mas isolado da rua, onde se podia alterar o próprio estado mental por algumas horas. Ao longo do curso da história, essa inovação se mostraria tão importante quando inovações mais tradicionais no cânone das boas ideias: o sextante, digamos, ou o relógio de bolso. O propósito imediato da taberna era claro: um ambiente que facilitava que pessoas se embebedassem e que seu proprietário ganhasse dinheiro vendendo bebidas. Mas o efeito beija-flor da taberna acabou sendo social e político: a taberna se mostrou um ambiente que forçava os limites das relações sociais, estimulando novas experiências e alimentando a dissensão. A primeira pessoa a afixar um cartaz na porta e a servir drinques a clientes pagantes – em algum momento no nascimento da civilização – com certeza não tinha ideia de que aquela inovação acabaria apoiando revoluções políticas e sexuais que reverberariam por todo o mundo. Um espaço cujo objetivo original era a diversão e o lazer se tornou, de forma improvável, uma incubadora de perigosas ideias novas.

Esse tipo de espaço exerceu papel preponderante em uma das obras mais influentes de sociologia publicadas no século XX: *Mudança estrutural da esfera pública*, de Jürgen Habermas. Concebida originalmente quando Habermas era aluno dos lendários marxistas Theodor Adorno e Max Horkheimer, da Escola de Frankfurt, o livro foi, na verdade, sua dissertação de doutorado, embora Habermas tenha rompido com seus mentores por conta do que chamou de "ceticismo político paralisante" deles.[13] (Com quase 15 mil citações acessadas no Google Scholar, é uma das dissertações mais citadas na história acadêmica.) Habermas observou que, a partir de meados do século XVII, o conceito de "o público" (ou *le public* em francês, ou *Publikum* em alemão) ganhou nova proeminência na linguagem da Europa ocidental. Antes desse momento, as pessoas aludiam a "o mundo" ou "a espécie humana" quando falavam de uma plateia ou multidão. Mas a ideia de um público implicava haver um corpo de opinião e tendências com força e influência próprias na sociedade, potencialmente rivalizando com a força das monarquias e do clérigo. Pela primeira vez, as pessoas começavam a falar de maneira explícita sobre a corte de "opinião pública"; começaram a buscar "publicidade" para suas obras e ideias, uma palavra que se origina no termo francês *publicité*. Habermas argumentou que as revoluções políticas e intelectuais do século XVIII foram facilitadas pela criação dessa nova esfera pública, abrigada principalmente em locais de reunião semipúblicos, como pubs e tabernas.[14] (Algumas décadas depois de Habermas, o sociólogo norte-americano Ray Oldenburg desenvolveria tese semelhante em um livro chamado *The Great Good Place* – cunhando a agora expressão comum "terceiro espaço" para essas vias.) Para Habermas, a esfera pública tinha um viés profundamente igualitário, criando "um novo tipo de intercurso social que, longe de pressupor igualdade de status, desconsiderava totalmente o status. [Os participantes] substituíram a celebração da posição por um discernimento próprio entre iguais".[15] E, assim como o Black Cat e o Stonewall Inn dois séculos depois, era um espaço que "pressupunha a problematização de áreas que até então não haviam sido questionadas". Para Habermas, a esfera pública não era apenas arquitetônica; era também facilitada por novos desenvolvimentos da mídia, particularmente a ascensão do panfleto, tão importante no discurso do Iluminismo.

Tabernas, bares e estabelecimentos em que se bebe têm um papel importante em *Mudança estrutural da esfera pública*. (Se Habermas tivesse enfocado mais na Revolução Americana, esses estabelecimentos poderiam fazer o papel de estrelas.) Mas, para Habermas, as ideias revolucionárias do século XVIII dependiam fundamentalmente não da cerveja ou do vinho da cultura da taberna, mas de outra droga que acabava de chegar às cidades da Europa: o café.

AS HISTÓRIAS DE COMO os humanos desenvolveram seu gosto pelo café – e, indiretamente, sua dependência de cafeína, atualmente o composto psicoativo mais popular do planeta – costumam ser datadas na cidade de Harar, na Etiópia, onde se acredita que a planta do café, *Coffea arabica*, tenha sido domesticada pela primeira vez. Mas, de certa forma, a história é muito mais antiga. Afinal de contas, os distantes ancestrais da *Coffea arabica* começaram a produzir seus grãos com cafeína bem antes de os humanos perceberem que a droga propiciava um agradável solavanco de estímulo mental. A genômica moderna já começou a explicar por que as plantas desenvolveram essa potente substância química antes. Em setembro de 2014, uma equipe de pesquisadores internacional, liderada por cientistas franceses e americanos, anunciou que tinha conseguido sequenciar o genoma da *Coffea canephora*, uma planta que hoje responde por cerca de ⅓ do café consumido em todo o mundo. Analisando as seções do genoma que determinam a produção de cafeína, e comparando-as com a maquinaria equivalente de produção de cafeína das plantas que produzem chá e chocolate, os pesquisadores descobriram que a *Coffea canephora* desenvolveu um conjunto específico de enzimas especializado na criação de compostos de cafeína. Em outras palavras, as safras de matéria-prima que injetam cafeína na corrente sanguínea humana parecem ter desenvolvido a produção de cafeína de forma independente a partir de uma ancestral comum.

Em parte essa evolução convergente pode ser explicada pelo uso da cafeína como uma espécie de arma química, não muito diferente do sabor picante da piperina. As plantas de café soltam folhas temperadas com cafeína, o que torna o solo ao redor inóspito para outras plantas que possam competir por recursos ou pela luz do sol, e as altas doses de cafeína nos grãos envenenam insetos que possam comê-los. Mas como o escritor de ciência Carl Zimmer observou, a evolução da cafeína pode não ter sido somente defensiva, notando que a planta do café também inclui baixos níveis de cafeína no néctar que produz. "Quando se alimentam do néctar cafeinado, os insetos se ligam de forma benéfica, aumentando a possibilidade de se lembrarem do aroma da flor", escreve Zimmer. "Esse aumento da memória pode tornar mais provável que o inseto volte a visitar a flor e espalhe mais do seu pólen."[16] A esse respeito, nossa exploração cultural da química da cafeína pode ter corrido em paralelo com sua função evolutiva, em vista da bem estudada capacidade de a droga estimular os centros de memória do cérebro.

Desde o início, o café esteve no limite entre droga medicinal e recreativa. Seus propósitos utilitários – aumentar a memória de curto prazo, combater a sonolência – sempre foram parte inegável do apelo da bebida. É provável que a cafeína tenha tido algum papel na grande expansão da atividade intelectual e industrial pela qual a Europa passou no século XVIII, no exato momento em que o café e o chá se tornaram básicos na dieta europeia, em especial na Inglaterra e na França. (Com efeito, os europeus trocaram um depressivo – bebidas alcoólicas consumidas o dia inteiro – por um grande estimulante, com resultados previsíveis.) Com certeza, a cafeína foi um ingrediente crucial para o bem-estar da força de trabalho nas primeiras cidades industrializadas nos horários regimentais das fábricas. Mas a cafeína foi mais do que apenas uma pílula da inteligência; técnicas e dispositivos de alta complexidade se desenvolveram para extrair o gosto naturalmente amargo da cafeína da *Coffea arabica* e torná-la mais palatável: moedores, vaporizadores de leite, cafeteiras francesas, máquinas de café expresso. Em comparação, o chá nunca evocou a diversidade do arsenal de dispositivos que o café, talvez por ser menos agressivo ao paladar em termos de sabor. Quando se leem relatos dos primeiros europeus que conheceram o café, no século XVI, é difícil encontrar alguém que apreciasse a bebida por seu sabor. (Provavelmente esses primeiros aventureiros da cafeína ficariam chocados ao ler as descrições de um blog de café de hoje em dia.) Um dos que experimentaram café no século XVII definiu seu sabor como de um "xarope de fuligem e essência de sapato velho",[17] enquanto o *London Spy* o chamou de "mingau maometano amargo".

A transformação do café em algo a ser saboreado pelas sutilezas de seu paladar foi um projeto que só seria realizado totalmente nos séculos XIX e XX. No século XVII, o prazer do café devia-se mais à arquitetura e ao urbanismo do que às papilas gustativas. O café tornou os europeus mais alertas e melhorou sua memória, mas a cafeteria propiciou um novo composto, erigido por ligações sociais e não por enzimas.

EM ALGUM MOMENTO por volta de 1650, um criado siciliano chamado Pasqua Rosée trabalhou por pouco tempo para um mercador britânico chamado

Daniel Edwards em Esmirna, então parte do Império Otomano. Edwards desenvolveu seu gosto pelo café durante suas viagens pela atual Turquia, e por isso, quando voltou a Londres, trouxe com ele Rosée como uma espécie de barista particular. Ao servir café aos camaradas de Edwards, Rosée sentiu que aquela exótica bebida turca representava uma oportunidade de negócio, e começou a investigar a possibilidade de vender café ao público seguindo o modelo das cafeterias de Istambul e de outras cidades levantinas. A história desse empreendimento é um tanto difusa: Rosée pode ter aberto o negócio com Edwards ou ter saído do emprego para se associar a um de seus amigos. Mas o certo é que Rosée começou a vender café num quiosque no pátio de uma igreja perto da casa de Edwards em 1652, anunciando o estabelecimento com um cartaz retratando a própria cabeça, o que levou os frequentadores a chamarem-no de "A cabeça do turco". Foi a primeira cafeteria de Londres: o ponto de origem de uma instituição que seria mais influente que qualquer outro local público na Inglaterra durante o século e meio seguinte.

Rosée publicou um folheto sobre as "Virtudes da bebida CAFÉ" que vale a pena ser citado, tanto pelo curioso prazer de ouvir alguém definir um artigo cotidiano para uma plateia que nunca o havia experimentado, como para rir ao ver até que ponto Rosée chegou na evangelização dos poderes medicinais da bebida.

> O Grão chamado Café, crescido como pequenas Árvores, somente dos Desertos da Arábia ... É uma coisa simples e inocente, composta em uma Bebida, sendo secada em um Forno, e moída até virar Pó, e fervida com água de Fonte, e cerca de meia pinta a ser bebida ... É muito bom e ajuda a digestão, e portanto de grande utilidade para ser [consumida] ao redor das 3 ou 4 horas da tarde, assim como pela manhã. Agiliza o Espírito, e torna o coração leve ... Suprime o excesso de Gases, e é bom para Dores de Cabeça, e detém qualquer Defluxo ou Catarro que se destila da Cabeça sobre o Tronco, e para prevenir e curar Consumpção e a Tosse dos Pulmões. É excelente para prevenir e curar Hidropisia, Gota e Escorbuto ... É muito bom para evitar abortos em Mulheres Grávidas.

Há algo de inegavelmente encantador na propaganda de Rosée; não contente com o acurado apelo de que a "Bebida Café" ajudava na digestão e nas dores de cabeça e era um estimulante mental, por alguma razão ele achou necessário juntar tuberculose, escorbuto e aborto também. Só se pode imaginar quanto dinheiro a Starbucks poderia ganhar hoje se a cafeína realmente tivesse todos esses atributos medicinais. Antecipando a revolução industrial cafeinada que aconteceria no século seguinte, Rosée também observou que essa bebida "evitava sonolência e tornava as pessoas argutas para os negócios".

O folheto de Rosée cumpriu sua função, e logo ele estava vendendo seiscentas xícaras – ou "pratos", como eram chamados – num único dia. Em pouco tempo, cafeterias se disseminaram por toda Londres. Em uma década, havia 83 cafeterias na cidade, todas servindo homens. (Como observou Habermas, uma das diferenças notáveis entre as cafeterias de Londres e suas equivalentes em Paris, os salões, era que as mulheres participavam ativamente dessas últimas.) Excluído do café e das conversas do "mundo dos homens", um grupo de mulheres londrinas publicou em 1674 uma *Petição da mulher contra o café*, que trovejava contra o "Uso excessivo dessa Moderna, Abominável e Bárbara Bebida chamada CAFÉ". (As críticas às "Madames da Chita" surgidas trinta anos depois podem ser vistas como uma espécie de reação de voleio.) Um ano depois da publicação da *Petição da mulher*, Carlos II juntou suas forças no ataque às cafeterias, temendo que estivessem estimulando comportamentos ociosos e movimentos políticos sediciosos. Sua "Proclamação pela supressão das cafeterias" descrevia a ameaça em termos decisivos:

> Onde é mais aparente que as inúmeras cafeterias dos últimos anos … e a grande afluência de pessoas ociosas ou descontentes a elas tem produzido muitos males e efeitos perigosos, assim como para aqueles muitos comerciantes e outros a passar tanto de seu tempo que poderia e provavelmente seria empregado em seus deveres e negócios legais, mas também porque nessas casas, diversos relatos falsos, maliciosos e escandalosos são elaborados e disseminados no exterior para a difamação de Sua Majestade, o

Interior de uma cafeteria de Londres no século XVII ou XVIII.

Governador ... Sua Majestade considerou cabível e necessário que as ditas cafeterias sejam (para o futuro) demolidas e suprimidas ...[18]

Pode-se ouvir abaixo dessa sintaxe formal o grito gutural de pânico moral que ecoaria por séculos sempre que surgiam novos espaços de lazer para escandalizar as velhas gerações: das lojas de departamentos do século XIX aos salões de bilhar do início do século XX e aos fliperamas dos anos 1980. Carlos pode ter considerado "cabível e necessário" suprimir as cafeterias, mas os cidadãos de Londres não concordaram. Depois de violentos protestos de proprietários e clientes dos novos estabelecimentos, Carlos reconsiderou sua proclamação uma semana depois de proclamá-la. Por mais inútil que fosse como intervenção legal, a linguagem da proclamação deixava claro que a verdadeira contestação à autoridade representada pelas cafeterias não tinha nada a ver com a droga em si e tudo a ver com o espaço social que as cafeterias introduziram na sociedade inglesa. No início dos anos 1700, os bairros de Londres abrigavam mais de mil cafeterias, muito mais que qualquer outra cidade do mundo. (Amsterdã, àquela altura a única cidade da Europa a rivalizar com a afluência de Londres, tinha somente 32 estabelecimentos no começo dos anos 1700.[19]) Mais que qualquer outro ambiente físico, a cafeteria fomentaria e inspiraria o florescimento comercial, artístico e literário do Iluminismo britânico.

Em parte, essa transformação cultural foi possível graças à notável especialização que caracterizou o ecossistema das cafeterias nos anos 1700. Cafeterias invadiram as ruas que abrigavam casas de especulação de ações de mercado: a Waghorn's, em Westminster, era uma incubadora de fofocas políticas. Outras funcionavam como covis de jogatina ou bordéis; algumas abrigavam interesses ainda mais obscuros, como a cafeteria de John Hogarth, onde as conversas eram exclusivamente em latim. O historiador Matthew Green escreve: "Na Cafeteria Bedford de Covent Garden havia um 'termômetro teatral' com temperaturas que variavam de 'excelente' a 'execrável', registrando os veredictos a respeito das últimas performances e peças teatrais da companhia, atormentando dramaturgos e atores semanalmente."[20] Talvez seu aspecto mais famoso, as cafeterias serviam como verdadeiras redações para a recém-criada classe jornalística. Na edição inaugural da revista *Tatler*, em 1709, Richard Steele explicou que suas notícias e comentários seriam fornecidos pelas classes conversadoras das cafeterias de Londres:

> Todos os relatos de galanteria, prazeres e entretenimentos estarão sob o artigo da cafeteria de White; a poesia estará sob a cafeteria de Will; o aprendizado, sob o título da Grecian; notícias domésticas e do estrangeiro virão da cafeteria St. James, e o que mais houver sobre outro assunto será datado do meu próprio apartamento.[21]

Em algumas cafeterias, os fios condutores da nossa história da diversão convergem. A Cafeteria Lloyd's atendia a comunidade marítima, que

Gravura satírica de uma "turba de cafeteria", 1710.

acabou se transformando na gigantesca seguradora Lloyd's de Londres. Nascido numa cafeteria, o moderno negócio de seguros usava a matemática das probabilidades, inventada por jogadores de dados, para tornar financeiramente viável o envio de navios ao redor do mundo em busca de novos tecidos da moda como a chita e o chintz.

Mas o impacto cultural das cafeterias não se limitou a nichos específicos. Muitas, como a London Coffeehouse, que Ben Franklin e Joseph Priestley frequentavam nos anos 1760, eram bem multidisciplinares em seus interesses, sem um foco específico em sedes de corporações ou em departamentos universitários. Eram espaços para onde as redes intelectuais convergiam. "Inesperadas conversações sobre temas abrangentes podiam se entrelaçar a partir de um fio de conversa", escreve Green, "como quando, na cafeteria John's, em 1715, notícias sobre a execução de um lorde jacobita (como registrado por Dudley Ryder) estranhamente se transformou num discurso sobre 'a morte fácil por decapitação', com um dos participantes contando uma experiência em que cortou uma víbora em dois e ficou surpreso quando as duas partes rastejaram em direções diferentes. Seria isso, como alguém conjeturou na conversação, prova da existência de duas consciências?"[22]

Em algumas influentes cafeterias esse ecletismo podia ser visto na própria decoração. No começo dos anos 1700, um médico de Londres chamado Hans Sloane começou a colecionar itens exóticos, que acabariam lotando nove aposentos de uma mansão em Chelsea. Um observador descreveu uma pequena subseção da coleção de Sloane:

> ... uma coruja sueca, 2 Pássaros Grou, um cão; vasto Nº de Ágatas, uma Coruja de cor precisamente laranja; Tabaco e outras Aberrações da Natureza; uma opala aqui; Catálogos de Livros, cerca de 40 volumes; 250 Fólios grandes, Horti Sicci [herbário], Borboletas em Nºˢ; 23.000 medalhas; Inscrições, uma muito parecida com Caerleon; Um feto tirado da barriga de uma Mulher, pensando-se que ela tivesse hidropisia; sobreviveu, e depois teve vários Filhos.[23]

QUANDO MORREU, Sloane tinha reunido mais de 70 mil objetos, que ele doou ao rei Jorge II. A coleção de Sloane era uma versão particularmente consumada do que os alemães chamam de *Wunderkammerns* – literalmente, "gabinete de maravilhas". *Wunderkammerns* eram pequenas capelas erigidas aos deuses da miscelânea, reunindo moedas antigas, bugigangas, múmias, adagas, chifres de rinoceronte e coisas do gênero. Não havia um princípio organizador para esses objetos; para serem guardados no gabinete de maravilhas, os objetos só precisavam ter a capacidade de surpreender os aristocratas convidados a observá-los. Mas a coleção de Sloane não era frequentada apenas pela elite de Londres. Um barbeiro e dentista empreendedor chamado James Salter fechou um negócio com Sloane nos primeiros anos de 1700, tomando emprestados alguns itens de sua crescente coleção. Salter os colocou em exposição numa nova cafeteria que tinha aberto perto da Igreja de Chelsea. Em pouco tempo, Salter adotou o nome mais exótico de Don Saltero, e seu gabinete de maravilhas e sua cafeteria se tornaram um destino popular para os peritos de Londres, com suas paredes e teto forrados de centenas de esquisitices: lunetas, miçangas, uma "espada flamejante" que teria pertencido a Guilherme, o Conquistador, ostras petrificadas, um dente extraído da boca de um gigante, chicotes, coça-costas e gemas.

Muitas das maravilhas de Sloane tinham origem na história antiga, mas a coleção que formavam acabou pertencendo ao futuro. Pouco depois da morte de Sloane, seu vasto arquivo de exotismos se tornou a base do British Museum, cuja carta de intenções declarava o que propiciava "não apenas para exame e entretenimento do erudito e do curioso, mas para uso geral e benefício do público".[24] Foi o primeiro museu nacional de história que realmente pertencia ao povo, quase meio século antes de os revolucionários franceses abrirem as portas do Louvre.

Duas tradições muito diferentes descenderam das curadorias de Don Saltero e de Sloane. Uma linhagem leva aos espetáculos ambulantes do Ripley's Acredite Se Quiser: uma coleção de esquisitices de origem duvidosa organizada para divertir transeuntes e turistas. Mas a outra vertente tem um pedigree mais sofisticado. O gabinete de maravilhas era a incorporação física de um novo tipo de erudição, um novo modelo para os intelectuais curiosos. Ser um erudito nos séculos que antecederam Don Saltero significava ser versado nos clássicos e na Bíblia; implicava concentração e negligência e uma deferência à sabedoria antiga. A imaginação intelectual que floresceu nos anos 1600 e 1700 era fundamentalmente diversa: era multidisciplinar e global em seu escopo, intrigada tanto por esquisitices como pelo conhecimento clássico. A *Encyclopédie* de Diderot e a *Encyclopaedia Britannica* surgiram do ethos dos colecionadores. Num famoso trecho de *The Prelude*, Wordsworth aludiu ao *Wunderkammern* como uma metáfora para suas inquisições erráticas em Cambridge quando jovem:

I gazed, roving as through a cabinet
Or wide museum (thronged with fishes, gems,
Birds, crocodiles, shells) where little can be seen
Well understood, or naturally endeared,
Yet still does every step bring something forth
*That quickens, pleases, stings ...**

Wordsworth estava captando uma sensibilidade apreciada, no seu tempo, por uma pequena fatia da população, mas que se tornaria preponderante nos anos seguintes: a noção de faculdade como uma época de diversão intelectual, uma época de experimentos, de burilar interesses e atitudes ecléticas. A ideia vive até hoje como legado de românticos como Wordsworth, mas pode ser vista num passado mais distante, nas lojas de curiosidades e cafeterias dos colecionadores do Iluminismo.

---

* Contemplei, vagueando como por um gabinete/ Ou grande museu (atulhado de peixes, gemas,/ Pássaros, crocodilos, conchas) onde pouco pode ser visto/ Bem entendido, ou naturalmente estimado,/ Mas a cada passo revela algo novo/ Que estimula, agrada, ferroa ...

ASSIM COMO OS TEMPLOS de ilusão e as lojas de departamentos que as seguiriam, as cafeterias eram ambientes para onde convergiam diversas classes sociais: poetas, lordes, especuladores da bolsa, atores, fofoqueiros, empreendedores, cientistas – todos encontravam lugar no ambiente compartilhado da cafeteria. Com certeza não era um ambiente receptivo a mulheres e trabalhadores pobres. (A maioria dos estabelecimentos cobrava um penny pela admissão, para desencorajar trabalhadores comuns.) Mas, pelos padrões do século XVIII, na prática era o ambiente mais igualitário que os europeus modernos já tinham vivenciado. Já no início de 1665, um panfleto sobre a nova cultura das cafeterias comentava, em verso: "It reason seems that liberty/ Of speech and words should be allow'd/ Where men of differing judgements croud,/ And that's a Coffeehouse, for where/ Should men discourse so free as there?"[25]* Mais ou menos uma década depois, um conjunto de "Regras" ensinando etiqueta de cafeteria instruía, também em verso:

First, Gentry, Tradesmen, all are welcome hither,
And may without Affront sit down Together:
Pre-eminence of Place none here should Mind,
But take the next fit Seat that he can find:
Nor need any, if Finer Persons come,
Rise up for to assign to them his Room.[26]**

Em seu diário de viagem de 1712, John Macky observou que nas cafeterias era comum se ver "Fitas Azuis e Verdes e Estrelas" – emblemas decorativos denotando os mais altos escalões da sociedade britânica – "em

---

* A premissa diz que liberdade/ De expressão e palavras deve ser permitida/ Onde homens de diferentes ideias se reúnem,/ E isso é uma Cafeteria, pois onde mais/ Homens podem discursar tão livremente?

** Primeiro, Cavalheiros, Comerciantes, todos eram bem-vindos,/ E podiam sem afronta se sentar Juntos:/ Precedência de Local ninguém aqui se importaria,/ Mas tomar o seguinte Assento que puder encontrar:/ Nem precisa alguém, se entrar Pessoa mais Fina,/ Levantar para lhe oferecer seu Lugar.

Arquiduque Alberto e arquiduquesa Isabela visitando um gabinete de colecionador, por volta de 1621-23, de Jan Brueghel, o Velho, e Hieronymus Francken II

situação de familiaridade, conversando com a mesma liberdade como se tivessem deixado seus Graus de Qualidade em Casa a Distância".[27]

A inerente democracia das cafeterias era uma realização em si, que exerceria um papel político na democratização durante o século seguinte. Mas também levou a um surpreendente número de inovações: os primeiros museus públicos, companhias de seguro, uma bolsa de valores informal, revistas semanais – tudo isso tem raízes no solo fértil das cafeterias. Inúmeras outras inovações em engenharia, agricultura e navegação foram fomentadas por "premiums" – ou prêmios – conferidos pela Real Sociedade das Artes, fundada na Cafeteria Rawthmell's, em Covent Garden, em 1754. Para seus primeiros críticos, a cafeteria pode ter parecido um espaço de indulgência e letargia, um local aonde os homens iam para fugir do que Carlos II chamou de "seus deveres e negócios legais". Mas essa fuga – por mais escandalosa que tenha parecido de início – mostrou-se enormemente produtiva. A fuga dos deveres legais – e de postos e status oficiais na sociedade – não só criou um novo tipo de lazer, mas também novas ideias, ideias que não poderiam ter surgido nas reuniões mais estratificadas em locais de comércio, na religião ou na vida doméstica. Talvez o café não fosse a droga milagrosa prevista por Pasqua Rosée, ao menos em termos de saúde física das pessoas que o tomavam. Mas seu impacto cultural não deixou de ser milagroso.

O SÉCULO E MEIO QUE se seguiu à primeira Revolução Industrial dos anos 1750 costuma ser visto como uma maré negra de fábricas erguidas em todo o planeta, primeiro na Inglaterra, depois pelo norte da Europa e na América. Mas, junto com essa marcha movida a vapor, também proliferou um tipo diferente de espaço, uma espécie de imagem invertida do trovejar mecanizado e do trabalho penoso das fábricas: espaços específicos designados para experiências de lazer e entretenimento. As cafeterias de Londres, as tabernas da Filadélfia, as grandes lojas de departamentos de Paris, os "criadores de fantasmas" de Berlim, os panoramas móveis de Nova York – as cidades começaram a fervilhar com novas opções para a população fugir de "seus deveres e negócios legais", pelo menos por algumas horas. Pela primeira vez, o lazer deixou de ser tanto uma commodity – já que parte do prazer vinha da singularidade de cada nova atração – para se tornar uma espécie de entretenimento à venda, arquitetado para maximizar o valor da diversão.

Foi um fenômeno essencialmente urbano, mas como os ilusionistas e os magnatas de lojas de departamentos avançaram firme nos centros das cidades do mundo todo, uma revolução paralela começou a se dar longe do eixo metropolitano. As regiões menos povoadas também se transformaram, deixando de ser um lugar de temor e labuta para se tornar um espaço celebrado e organizado ao redor dos prazeres humanos que induzia. O romantismo de se envolver com a natureza, "afastando-se de tudo", não foi algo que ocorreu naturalmente aos humanos, que já vinham se isolando da natureza desde o surgimento da agricultura. Em 1620, quando os primeiros peregrinos aportaram na bela baía de Cape Cod e atravessaram as dunas perto de Provincetown, que séculos depois atrairia veranistas de todo o mundo, eles relataram estar em "uma selva abominável e desolada cheia de feras e homens selvagens".[28] Cenas que hoje evocam grandiosidade e reverência em muitos casos eram abomináveis aos olhos do século XVII, pelo menos para europeus com cultura suficiente para relatar suas impressões. Montanhas eram vistas como algo esteticamente ofensivo. Eram chamadas de "verrugas", "bolhas" e até, num caso mais bizarro, de "pudendas da natureza". Até o final do século XVIII, viajantes que atravessavam os Alpes costumavam pedir para serem vendados para não ter que ver aquele cenário terrível. Quando olhavam para uma montanha, pensavam em um hábitat onde teriam que sobreviver, não como a imagem de um cartão-postal. Embora os seres humanos tendam a gostar de uma natureza verdejante – o que E.O. Wilson chamou de biofilia –, esse instinto arraigado só parece ter sido superado por 10 mil anos de assentamentos agrícolas e urbanos. Naquela época, a natureza selvagem era algo para ser conquistado, não apreciado.

A palavra *inovação* costuma ser usada para definir avanços na ciência ou na tecnologia: a lâmpada elétrica é uma inovação, assim como o iPod. Mas nossa vida atual foi moldada não apenas por novas bugigangas, mas também por novas ideias e atitudes de pessoas que em muitos casos foram visionários e tão motivados quanto Thomas Edison ou Steve Jobs. A ideia da natureza como um espaço a ser saboreado esteticamente era uma dessas atitudes. Hoje isso nos parece intuitivo, pois vivemos num mundo em que os parques nacionais atraem milhões de visitantes por ano. Mas essa sensibilidade em si foi uma espécie de inovação cultural que se formou no final dos anos 1700 e início dos anos 1800.

Se a ideia de "espaços externos" foi uma inovação, surge a pergunta: onde estavam os inovadores por trás delas? A história convencional aponta para poetas e pintores – Wordsworth, Keats e Turner –, que começaram a pensar explicitamente na natureza como um fenômeno capaz de provocar essa mistura de reverência, prazer e temor que os românticos chamavam de "o sublime". Mas o sentido moderno da natureza como espaço a ser curtido como recreação também data de um cientista do século XVIII, Horace-Bénédict de Saussure. Nascido em Genebra em 1740, Saussure era membro da aristocracia suíça, mas também um homem de ciência: botânico, geólogo e filósofo da natureza. Saussure era especialmente fascinado por essas abomináveis monstruosidades do mundo natural – as montanhas –, acreditando que ofereciam pistas fascinantes sobre a composição geológica da Terra e de sua atmosfera. Mas, para transformar essas pistas em um entendimento genuíno, as montanhas teriam de ser escaladas.

Uma montanha em particular chamava a atenção de Saussure: o Mont Blanc, o pico mais alto da Europa ocidental, conhecido popularmente como "a Montanha Maldita". Saussure acreditava que, se conseguisse chegar ao cume, poderia coletar dados preciosos sobre a Terra e sua atmosfera. Mas o alpinismo era uma prática efetivamente desconhecida, exatamente porque picos como o Mont Blanc não ofereciam nada de valor ou utilidade para humanos que observassem a paisagem do cume. Os humanos navegavam pelos oceanos, construíam canais, atravessavam desertos, mas sempre por conta de alguma recompensa (real ou imaginária) ao final da jornada. Escalar 4.500 metros de gelo, neve e rocha sem outra recompensa a não ser uma sensação de realização não fazia sentido – principalmente quando se dizia que as montanhas eram habitat de criaturas monstruosas. Ainda em 1723, um membro suíço da Royal Society publicou uma detalhada descrição dos dragões que habitavam os Alpes.

Saussure reconheceu que não dispunha da aptidão nem da força para descobrir uma rota para o cume do Mont Blanc sozinho, por isso ofereceu uma recompensa ao primeiro alpinista que fizesse a escalada. No dia 8 de agosto de 1786, os alpinistas franceses Jacques Balmat e Michel Paccard foram os primeiros a chegar ao cume, e pouco depois requisitaram a recompensa oferecida por Saussure. Com a rota agora mapeada, Saussure partiu para ser um dos primeiros a seguir os passos de Balmat e Paccard. Como aristocrata abastado, ele fez essa subida histórica em grande estilo, com uma equipe de dezoito criados e guias e um kit que incluía uma cama completa, junto com "colchões, lençóis, colchas e cortinas verdes", uma tenda, uma escada, um guarda-sol, uma casaca, duas camisolas, duas gravatas e um par de chinelos.

As gravatas e as colchas podem parecer um pouco excessivas para um alpinista moderno, acostumado com roupas mais eficientes para uso ao ar livre, mas Saussure não levou apenas coisas refinadas ao topo do Mont Blanc. Levou também um grande número de equipamentos científicos para recolher o máximo de informação no cume. Usou dois grandes barômetros para confirmar a altura do cume; mediu a temperatura do ar e a umidade e registrou o ponto de ebulição da água naquela altitude. Disparou uma pistola para registrar o efeito da altitude no som e mediu a pulsação de seus companheiros, fazendo anotações detalhadas sobre seus sentidos de olfato e paladar em grande altitude. Registrou a estratigrafia de tipos de rocha e pesquisou quais plantas de flores e vida animal conseguiam sobreviver àquela altitude – inclusive de duas borboletas voando sobre a neve. Chegou a medir a cor exata do céu usando um mapa de cores padrão construído por ele mesmo, chamado cianômetro. Segundo suas análises, o céu era do azul mais profundo que já tinha visto: "39 graus de azul."

A ciência estava sendo revolucionada em múltiplos níveis. Talvez o mais importante, a análise de Saussure das paisagens da montanha indicaram que a Terra era muito mais antiga do que se supunha convencionalmente, evidência que seria a pedra angular da teoria da evolução de Darwin um século depois. Mas a descrição da paisagem por Saussure acabou sendo tão influente quanto suas leituras barométricas e pesquisas

Horace-Bénédict de Saussure

geológicas. Depois ele publicou um livro relatando suas aventuras na montanha. "Eu mal conseguia acreditar em meus olhos; parecia-me um sonho, quando vi aqueles picos majestosos sob meus pés",[29] escreveu sobre o Mont Blanc. Por alguma razão, suas palavras reverberaram na imaginação do público. Muitos seguiram os passos de Saussure para apreciar aquela incrível paisagem pessoalmente, dando origem ao turismo alpino. Uma pequena indústria de suvenires de Mont Blanc logo desabrochou: miniaturas em escala da montanha eram vendidas aos turistas. Saussure doou pedaços de granito que recolhera no pico para importantes instituições para estudo e exposição. Durante um tempo, ter um fragmento do Mont Blanc era como ter um pedaço de rocha lunar certificado pela Nasa ou uma pedra do Muro de Berlim.

As explorações de Saussure – e seus diários de viagem – ajudaram a transformar a relação do público com a natureza. No final do século, a retórica que descrevia paisagens montanhosas tinha invertido totalmente. Não mais verrugas e bolhas, os picos alpinos se tornaram "palácios da natureza" e um "paraíso terrestre". Mas as montanhas foram somente parte da transformação. Uma emergente classe média começou a ver a natureza com novos olhos: montanhas remotas, vales, cânions, quedas-d'água, lagos e rios se tornaram destinos importantes. A maioria dos ecossistemas incomuns ou aspectos geográficos era inteiramente desconhecida pelo cidadão médio na alvorada do século XVIII, e nem mesmo as classes mais cultas jamais pensariam em fazer uma visita a uma montanha ou a um penhasco à beira-mar apenas pela estética da experiência. Mas Saussure e seus seguidores mudaram tudo isso. O turismo na natureza surgiu como um passatempo de lazer. Deixando de ser um espaço temível, a própria natureza se tornou uma espécie de terra das maravilhas, protegida e mapeada para os prazeres humanos. Novos dispositivos foram lançados para ressaltar a experiência turística em andamento, ironicamente apresentando uma versão degradada do espetáculo que tinham vindo apreciar. Na base do Matterhorn ou observando os penhascos de Gibraltar, os turistas apreciavam a vista com uma exótica engenhoca chamada "vidro de Claude", batizada em homenagem ao pintor Claude Lorrain. O dispositivo era na verdade um espelho manchado, projetado para recriar a estética de uma pintura a óleo, não diferente dos filtros intencionalmente degradados do Instagram. Turistas viravam as costas para a montanha ou a cachoeira para apreciar a vista pelos reflexos do espelho manchado.

As mudanças no relacionamento com a natureza eram refletidas, e amplificadas, por mudanças na expressão artística. Paisagens dramáticas deixavam o fundo para ganhar o primeiro plano das pinturas. Nos Estados Unidos, quadros e as primeiras fotografias do Oeste americano eram distribuídos pelas ferrovias para estimular a migração para essa região.

Vidro de Claude, século XVIII.

Parte dessa nova obsessão pela natureza foi aproveitada pelos ilusionistas, que levaram emocionantes representações virtuais da natureza para os centros metropolitanos. Além do *Grand Moving Painting of the Mississippi and Missouri Rivers* de John Banvard, panoramas móveis também ofereciam turnês em que os espectadores simulavam um passeio pelo Nilo ou uma jornada pelas paisagens épicas do Oeste americano da Califórnia ou do Oregon. Nos anos 1850, um artista de palco britânico e alpinista chamado Albert Smith criou um panorama móvel que documentava suas próprias conquistas alpinas. Smith construiu a versão de um chalé suíço dentro do Teatro Egípcio de Londres, que arrebatou plateias que assistiam ao panorama se desdobrar enquanto Smith narrava suas explorações. O espetáculo – intitulado *Albert Smith's Ascent of Mont Blanc* – foi apresentado mais de 2 mil vezes para um teatro lotado durante os anos 1850.

Inevitavelmente, à medida que mais gente começou a se apaixonar pela natureza intocada, um coro cada vez maior começou a defender a preservação desses espaços de forma definitiva. Em abril de 1872, um ato do Congresso decretou uma porção de terra nos territórios de Wyoming e Montana "como parque público ou área de lazer para o benefício e desfrute do povo", o primeiro parque nacional da história da humanidade. Hoje, o Parque Nacional de Yellowstone atrai mais de 3 milhões de visitantes por ano, e mais de 1.200 parques nacionais de escala comparável já foram instituídos em mais de cem países ao redor do mundo.

NOVAS INSTITUIÇÕES CULTURAIS COSTUMAM emergir em pontos de interseção de velhas tendências, como um complexo de riachos convergindo para formar um só rio. (Pense na forma como o cinema surgiu a partir da junção de ilusionistas da lanterna mágica, dos primeiros fotógrafos, do teatro tradicional e do taumatrópio.) No final do século XIX, um novo tipo de terra das maravilhas se tornou imaginável, que transformou o ethos cosmopolita que vinha aumentando durante os dois séculos anteriores numa atração de fim de semana. As fontes que alimentaram essa nova forma[30] foram múltiplas: o novo interesse pela natureza como espetáculo; a grande popularidade das Grandes Exposições, como o Palácio de Cristal de 1851, que expunha objetos fantásticos do mundo todo; os novos parques urbanos sendo projetados em Nova York, Paris e Boston; e o circo ambulante de Barnum e Bailey. Muitas dessas atrações derivavam de ambientes desenvolvidos dentro dos muros de propriedades reais e casas aristocráticas: jardins exóticos – a natureza esculpida e organizada para se divertir em um passeio a pé ou de carruagem.

Os primeiros zoológicos públicos inaugurados nas cidades europeias e norte-americanas em meados do século XIX incorporaram essas muitas influências: o recém-descoberto interesse por vivenciar a natureza; os panoramas globais de uma era imperial; as coleções particulares de animais das cortes reais agora abertas ao público. O Zoológico de Londres foi aberto no Regent's Park, em 1828, como instituição puramente científica, mas logo começou a admitir membros abastados da sociedade que quisessem apreciar sua exótica coleção de animais. Nos anos 1840, o zoológico abriu suas portas para o público em geral. Seus patrocinadores acreditavam que o passatempo de ver leões, elefantes e rinocerontes funcionaria como o que chamavam de "recreação racional", deleitando a mente assim como o corpo e aumentando o reconhecimento pela generosidade da vida na Terra – tudo em poucos acres no meio de uma fervilhante metrópole. O folheto de um zoológico dos anos 1840 esboça o que a média dos visitantes poderia esperar:

> Sua imaginação pode percorrer desertos impenetráveis e expansões de areia; pode ascender a solidões românticas, aos picos que assomam, às alturas dos mais ousados penhascos do Himalaia, vagar por vales verdejantes das imponentes cadeias cujos locais mais profundos são mais elevados que os picos de montanhas da Europa; ou pode apreciar as lagoas escuras dos rios africanos, envolvidas por florestas cujas tramas de folhagens excluem até mesmo os raios do sol tropical; pois aqui há evidências e frutas desses países que até então eram um ideia incerta e impalpável.[31]

O sonho de experiência global que começou com o "sabor do Oriente" do comércio de especiarias assumiu uma nova realidade material: agora era possível ver (e sem dúvida cheirar) criaturas dos quatro cantos do mundo sem sair dos limites da cidade. A "ideia incerta e impalpável" de criaturas da África ou da Ásia estava agora diante de nossos olhos, com toda sua carga emotiva.

Uma dessas criaturas era uma fêmea de orangotango de nome Jenny, levada para o zoológico em 1837, quando o orangotango original do parque, Tommy, morreu de tuberculose depois de alguns meses de cativeiro, dois anos antes. Histórias de macacos parecidos com homens que viviam na África fascinavam os europeus havia séculos, e um punhado de esqueletos e espécimes montados por taxidermistas já haviam sido exibidos em museus e *Wunderkammerns*; mas antes da chegada de Tommy e Jenny, nenhum grande símio tinha sobrevivido à viagem por mar até a Inglaterra.

O interesse do público por Jenny foi muito grande, uma curiosidade atiçada pela insistência do zoológico em vestir Tommy e Jenny com roupas humanas. Tommy envergava um "suéter folgado e um pequeno gorro de marinheiro", enquanto Jenny vestia-se como uma colegial britânica. Os macacos aprenderam a tomar chá, e Jenny chegou a aprender a obedecer muitos comandos de voz dos guardiões do zoológico. A rainha Vitória e o príncipe Alberto viram um dos orangotangos tomando chá em 1842; a rainha escreveu em seu diário que ela era "maravilhosa demais", mas também "assustadora, dolorosa e chocantemente humana".[32]

A visão de um orangotango com roupas sofisticadas bebericando uma xícara de Earl Grey pode parecer algo mais parecido com a comédia *Bedtime for Bonzo* do que o que se esperaria de uma sociedade zoológica respeitável, mas suas roupas da moda e o comportamento de Jenny tiveram um papel importante nos grandes avanços científicos do século XIX. Na primavera de 1838, Charles Darwin passou muitas horas observando Jenny, fascinado, "em grande perfeição". Durante sua visita, o cuidador mostrou uma maçã a Jenny, mas não a entregou, e os dois começaram uma complexa interação que surpreendeu Darwin. Depois ele relatou:

> Ela se jogou de costas, esperneando e gritando, exatamente como uma criança desobediente. Em seguida pareceu muito abatida, e depois de dois ou três ataques de raiva o cuidador disse: "Jenny, se você parar de gritar e se comportar como uma boa garota, eu lhe dou a maçã." Com certeza ela entendeu todas aquelas palavras, e embora, como qualquer criança, tenha se esforçado muito para parar de choramingar, ela conseguiu parar e ganhou a maçã, com a qual pulou para o braço de uma poltrona e começou a comer, com o ar mais prazeroso imaginável.[33]

Várias semanas após sua visita ao zoológico, porém meses *antes* de sua "epifania malthusiana", em que teria topado com a teoria da seleção natural, Darwin escreveu um trecho em seu diário que ousava sugerir o elo evolucionário que tanto chocaria o mundo mais de duas décadas depois.

> Que os homens visitem um Ourang-outang domesticado, ouçam seus choramingos expressivos, vejam sua inteligência quando se fala [com ele], como se compreendesse cada palavra enunciada; que vejam sua afeição aos que conhece; vejam sua paixão e raiva, seu amuo e reações de desespero; que observem o selvagem ... e que depois ousem se jactar de seu orgulho e proeminência ... O homem em sua arrogância se considera uma grande obra, digno da interposição de uma deidade. Mais humilde, acredito que seja criado a partir de animais.[34]

Achamos que a seleção natural tenha sido uma ideia que exigiu uma viagem pelo mundo, para longe de Londres, até as ilhas Galápagos e mais além. Mas em parte o elemento mais controverso da ideia de Darwin surgiu porque o mundo havia ido até Londres, na "recreação nacional" do Jardim Zoológico do Regent's Park.

O impacto do zoológico no século XIX nem sempre foi tão erudito. Nos anos seguintes à visita de Darwin a Jenny, o crescente interesse pela natureza como experiência de entretenimento alimentou um público cada vez maior em toda a Europa: nos anos 1860, foi inaugurado, em média, um novo zoológico por ano na Alemanha. Com o público geral não mais satisfeito com animais empalhados expostos em dioramas de museus, surgiu uma nova classe de comerciantes de animais selvagens, fornecendo milhares de animais exóticos para zoológicos, circos, pet shops e coleções de animais do mundo. Mistura de P.T. Barnum e Indiana Jones, um comerciante de animais chamado Carl Hagenbeck tornou-se uma pequena celebridade, gozando uma reputação de ousadas aventuras pelos mais longínquos cantos da Terra para capturar feras perigosas e trazê-las vivas aos centros urbanos da Europa. (O personagem Carl Denham do filme *King Kong* foi inspirado no molde criado por Hagenbeck.) Hagenbeck era realmente um viajante inveterado, percorrendo uma média de mais de 48 mil quilômetros por ano – o equivalente a dez voos sobre o Atlântico. Na era dos trens e barcos a vapor, era um surpreendente período de tempo na estrada. Mas Hagenbeck não fazia quase nenhuma das capturas de seus animais pessoalmente; ele administrava um sistema vertical integrado que se estendia de caçadores na África subsaariana até as mostras e exposições que ele começou a instituir na Europa e nos Estados Unidos. Comerciante de animais selvagens era inegavelmente uma pomposa descrição de seu trabalho, mas no fim o sucesso de Hagenbeck foi em grande parte devido às suas aptidões numa cadeia de fornecimento. O artista de espetáculos não se limitou aos animais do mundo; organizou também inúmeras exposições de grande sucesso – altamente ofensivas aos olhos modernos – de "selvagens em seu estado natural": esquimós do Labrador, núbios do Sudão egípcio.

Mas, apesar de suas viagens, o legado mais importante de Hagenbeck só aconteceu quando ele se assentou. Em 1897, ele comprou um terreno de 35 acres em Stellingen, perto de Hamburgo, e se dispôs a construir um novo tipo de parque. "Uma enorme tarefa está diante de nós: transformar uma terra agreste em um parque de luxo", como depois escreveu, "um parque de diversões com cachoeiras e formações montanhosas, com abrigos práticos para animais e construções especializadas em puro lazer."[35] Sua criação, o Tierpark Hagenbeck, é hoje considerada um dos primeiros parques temáticos do mundo. Parques de diversões e feiras ambulantes já existiam havia séculos, é claro; turnês mecânicas já tinham entretido visitantes na Exposição Columbia de Chicago em 1893; o próprio Hagenbeck já tinha contribuído com vistosas atrações no Luna Park de Coney Island em sua inauguração, em 1903. Mas ninguém antes havia se atrevido a construir um parque permanente como uma espécie de mundo simulado, uma experiência totalmente imersiva que criava uma sensação de exploração global e aventura sem nenhum dos riscos reais exigidos por uma genuína exploração.

Inaugurado em 1907, o parque de Hagenbeck se estendia por mais de oitenta acres; antecipando os projetos de Disney, ele criou falsas paisagens de montanhas que ocultavam abrigos de animais, entradas de serviço, condutos de aquecimento e um motor elétrico para alimentar a cachoeira. Em sua paisagem artificial, Hagenbeck colocou animais, povos nativos e aldeias: em certo sentido, era um enorme panorama móvel povoado por seres vivos. Um visitante que entrasse no parque veria um lago com aves aquáticas e um campo com veados no fundo, estendendo-se até uma ravina habitada por leões, tudo com o pano de fundo de uma cadeia de montanhas onde pastavam cabras e carneiros selvagens. Caminhos, túneis e trilhas percorriam o falso terreno com vistas dos picos, onde turistas podiam fingir ser Saussure contemplando a vista no pico do Mont Blanc. No lugar de barras e vidro, Hagenbeck usou o terreno para separar presas de predadores, escavando trincheiras fundas porém invisíveis para manter os espectadores e os povos nativos a salvo. (Thomas Edison visitou o parque e parece ter ficado apavorado quando passou por um grupo de árvores e se viu frente a frente com um leão.) Algumas das atrações combinavam paisagens imersivas, mostras zoológicas e passeios. No cume do "Platô do Norte",[36] os visitantes po-

Tierpark Hagenbeck, um dos primeiros parques temáticos do mundo.

diam explorar uma porção gelada de um mar Ártico simulado habitado por ursos-polares e focas, para depois entrar em uma "queda de tobogã canadense" que os conduzia por uma fenda rochosa passando por ursos-polares e uma manada de caribus.

O parque foi um sucesso imediato: mais de 10 mil pessoas compareceram à inauguração; em 1914, 7,5 milhões de pessoas tinham passado pelos seus portões. "Quando você se aproxima da Ravina dos Leões", relatou um visitante, "rodeado e protegido por penhascos majestosos, a sensação é de estar andando no deserto e encontrar por acaso uma família de leões e, como a gente sabe que está seguro, pode-se desfrutar essa sensação como puramente estética."[37] A mistura de inovações que tornaram possível esse "esteticismo puro" teve um inegável impacto comercial no século XX. Hoje, a indústria de parques temáticos é um dos mais lucrativos negócios de entretenimento do mundo. (Só nos Estados Unidos, os parques de diversões geram mais de 50 bilhões de dólares ao ano em atividade econômica.) Mas essas ilhas da fantasia acabaram suscitando também implicações filosóficas. Uma rica tradição filosófica continental surgiu nos anos 1970 – sendo que as mais famosas foram representadas por *Viagem pela hiper-realidade*, de Umberto Eco, e *Simulacros e simulação*, de Jean Baudrillard – criticando o artifício ilusório da cultura moderna, todos os restaurantes temáticos e megashoppings e velhos centros de cidade convertidos em espetáculos de consumo. "A Disneylândia é apresentada como imaginária para nos fazer acreditar que o resto é real", escreveu Baudrillard em *Simulacros e simulação*, "ao passo que toda Los Angeles e a América que a cerca não é mais real, mas pertence à ordem hiper-real e à ordem da simulação."[38] Escritos por europeus que representavam a tradição filosófica do Velho Mundo, os diários de viagem de Eco e Baudrillard continham uma saudável condescendência antiamericana, como se o escapismo dos parques de fantasia da Disney fosse uma espécie de vírus ideológico que os Estados Unidos tivessem lançado no mundo. Contudo, o Tierpark de Carl Hagenbeck é um corretivo útil para essa história: os parques temáticos atingiram sua maturidade na América do pós-guerra, mas passaram a maior parte de sua adolescência na Europa, entre ilusionistas, criadores de fantasmas e comerciantes de animais selvagens.

Hagenbeck pode nos ter propelido em direção ao futuro hiper-real de Eco com suas cadeias de montanhas simuladas e falsas savanas. Mas, no final, talvez sua criação tenha se tornado real demais. Ele morreu em 1914, e diz a lenda que foi picado por uma serpente arbórea venenosa que trouxe da África.

O MUNDO MODERNO AGORA transborda de "territórios de prazer", nas cidades, nos subúrbios e nas regiões rurais do planeta. O valor de mercado da Starbucks chega hoje a 85 bilhões de dólares, tornando-a uma das empresas de restaurantes e serviços de alimentação mais valiosas do mundo. Se as cidades antes fomentavam os palácios de ilusão e outras formas de entretenimento, hoje as fantasias escapistas fomentam cidades inteiras. Orlando, a cidade mais visitada dos Estados Unidos, é um centro urbano criado quase exclusivamente pela decisão de Walt Disney de implantar lá seu parque temático. Las Vegas, uma cidade que tinha uma população de apenas 96 pessoas há um século, foi a cidade que mais cresceu nos Estados Unidos na última década.

É fácil – e provavelmente não está incorreto – se mostrar cínico com as arenas de prazer do século XXI, pelo menos nos Estados Unidos e na Europa. Os sentimentos revolucionários que se enraizaram no Green Dragon em Boston não devem agitar os bares de apostas que se enfileiram perto do Fenway Park; é difícil manter o salão de uma cafeteria multidisciplinar quando todo mundo na Starbucks está olhando para um laptop e usando fones de ouvido. (A segunda metade da análise de Habermas da esfera pública foi dedicada ao seu desaparecimento nos tempos modernos.) No entanto, ao menos uma parte desse legado continua inspiradora: os parques urbanos construídos na segunda metade do século XIX, na forma da ramificação da nossa nova relação com a natureza que Saussure e os românticos previram e de uma reação ao crescimento desgovernado e superpopuloso dos novos centros metropolitanos. Esses espaços continuam sendo pontos de conexão vitais entre as muitas tendências culturais que criam uma grande cidade. Considere o Prospect Park do Brooklyn, projetado nos anos 1860 por Frederick Law Olmstead e Calvert Vaux, seguido da conclusão do Central Park de Manhattan. Quem andar pelas áreas para churrascos e piqueniques na tarde do Quatro de Julho não pode deixar de se comover com a visão da excepcional diversidade da cidade: o enorme clã de coreanos-americanos reunidos sob um olmo, a família de judeus hassídicos caminhando atrás deles; os porto-riquenhos preparando um churrasco no alto de uma colina e jovens descolados de Williamsburg jogando frisbee no meio; o rap, a salsa e os violões acústicos; o velho casal lendo jornais em espanhol num banco do parque. Há um mundo inteiro reunido num espaço do tamanho de dez quarteirões, um espaço que é tão seguro e verde e à vontade consigo mesmo quanto se pode imaginar.

Sem dúvida é uma cena que teria chocado as autoridades que condenaram John Hughson à morte por ter se atrevido a criar estabelecimentos onde brancos e negros podiam passar seu tempo de lazer juntos; sem dúvida Carlos II só veria "pessoas ociosas e desinteressadas" fugindo de suas "obrigações e negócios legais". Mas a maioria de nós hoje consegue apreciar essas cenas de um feriado pela extraordinária realização que representam. Quando você passa pelos fogos de artifício da Macy's, o imaginário e a retórica do Quatro de Julho costumam representar a velha guarda da América: o único carro de bombeiro da cidade preparado para a parada na rua principal, o jogo da Little League, as cercas brancas com adornos patrióticos. Há muito a comemorar nas alegrias das pequenas comunidades, mas, de certa forma, não há nada de original nessa história. Afinal, a história do mundo está cheia de pequenas comunidades de sucesso unidas por uma cultura e uma visão de mundo em comum. O mais extraordinário é essa cena do Quatro de Julho no Prospect Park e na maioria dos parques urbanos de centros metropolitanos por todo o mundo. Antes dos tempos modernos, os espaços sociais onde todos esses diferentes grupos podiam conviver alegremente eram quase inexistentes. Hoje não estranhamos esses ambientes, e raramente brindamos aos vi-

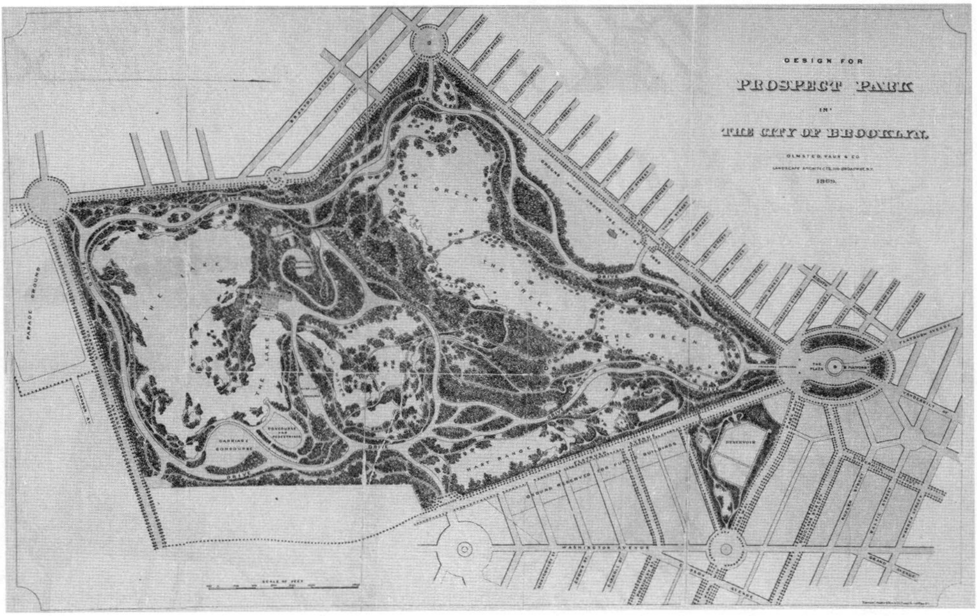

Projeto do Prospect Park do Brooklyn, por volta de 1868.

sionários que contribuíram para sua existência. Mas, de certa forma, eles são uma realização tão impressionante quanto os ícones convencionais do progresso moderno: arranha-céus, telefones celulares e satélites. Podemos ver isso como a conclusão de um projeto que começou milhares de anos atrás, com a rede global que começou a tomar forma com o comércio de especiarias. O sabor do cravo e da noz-moscada levou os seres humanos a explorar o planeta e criar mercados que se alastraram por todos os cantos do planeta. Hoje, esse mundo conectado está na nossa rua, lendo o jornal no banco de um parque ou preparando cachorros-quentes: em paz consigo mesmo, se divertindo.

CONCLUSÃO

O INSTINTO DE SURPRESA

Há muitos anos me sinto cada vez mais convencido de que
a civilização surge e se desenvolve como diversão.

Johan Huizinga, *Homo Ludens*

Uma história de divertimentos e maravilhas se justificaria mesmo se focada exclusivamente no prazer que essas experiências nos propiciaram. O fato de nossas vidas estarem cercadas de instituições projetadas com o propósito específico de nos trazer felicidade e diversão deve ser visto como uma inegável realização da civilização, por mais "incivilizadas" que muitas dessas diversões tenham parecido a princípio. (E ainda parecem, para alguns.) Bastaria escrever um história que abordasse os "territórios de prazer" e os brinquedos por seus próprios méritos. O mundo é um lugar mais interessante porque existem cafeterias, parques nacionais e cinemas Imax; deveríamos homenagear as pessoas que colaboraram com essas instituições, da mesma forma que celebramos e estudamos inovadores tecnológicos e revolucionários políticos.

Agora, deixe de pensar em todas essas maravilhas de deleite e ilusão e reflita sobre sua história utilitária. Ignore os prazeres gerados por essas instituições e concentre-se nas inovações ou nas mudanças históricas que elas ajudaram a criar: museus públicos, as épocas de exploração, a indústria da borracha, as bolsas de valores, computadores programáveis, a Revolução Industrial, robôs, a esfera pública, o comércio global, apólices de seguro baseadas em probabilidades, a Revolução Americana, testes de laboratório com medicamentos, o movimento pelos direitos de LGBTs, a cultura das celebridades. Pense também em todas as consequências trágicas que se originaram de nossa interminável busca pelo deleite: escravidão, exploração e conquistas. A pura magnitude dessa influência já é notável. Como é estranho que a negligência de "compromissos e negócios legais" tenha resultado em tantas consequências comerciais e científicas. O prazer de jogar é compreensível. A *produtividade* de jogar é mais difícil de se explicar.

Para entender esse mistério é preciso examinar o funcionamento interno do cérebro humano, valendo-se de pesquisas recentes em neurociência e psicologia cognitiva – pesquisas que, a propósito, começaram com o estudo dos jogos. Nos anos 1950, inspirado pelas elucubrações de Alan Turing sobre um computador capaz de jogar xadrez, um cientista da computação da IBM chamado Arthur Samuels criou um programa de software que podia jogar xadrez com razoável perícia em um IBM 701. (Diz a lenda que quando o CEO da IBM, Thomas Watson, viu um primeiro esboço do programa, ele previu que as notícias sobre o jogo de xadrez fariam o valor das ações da IBM subir quinze pontos.) Com o desenvolvimento do seu trabalho, Samuels ficou cada vez mais interessado não apenas em ensinar o computador a jogar xadrez, mas em fazer com que o computador aprendesse por si próprio, pela experiência. Essa linha de pesquisa levou a algoritmos de autoaprendizado para jogos mais complicados, chegando ao gamão nos anos 1960 e 1970. Porém, ainda mais importante, levou a um modelo de aprendizado que acabou moldando nossa compreensão da própria mente humana. O modelo tem diversas variantes, cada uma com seus adeptos e detratores; inclui teorias chamadas "aprendizado de diferença temporal", "modelo Rescorla-Wagner", ou "erro de previsão de recompensa".[1] Subjacente a essas distinções, contudo, o modelo sugere um princípio comum: os humanos – e outros organismos – desenvolveram mecanismos neurais que emulam o aprendizado quando passam por experiências que confundem suas expectativas. Quando o mundo nos surpreende com alguma coisa, nosso cérebro é programado para prestar atenção.

Os primeiros aplicativos para jogar xadrez e gamão se valiam desse princípio para se superar em um nível mais alto do jogo. O software começou com um modelo tosco do que parecia uma estratégia bem-sucedida, fazendo previsões sobre as consequências de cada movimento. Com o tempo, começou a aprender prestando atenção às *diferenças* entre suas previsões e o resultado real. Baseado nesses erros construtivos, o software alterava seu modelo para o jogo seguinte; depois de milhares de interações, o software aprendia uma estratégia de alto nível sem qualquer jogador perito o assessorando diretamente. De certa forma, os pesquisadores de IA tinham programado um desejo por surpresas no software.

Há muito os psicólogos já entenderam que esse desejo é parte da mente humana. Incontáveis estudos com crianças recém-nascidas mostraram que antes de conseguir engatinhar, entender ou se comunicar, nós buscamos fenômenos surpreendentes no nosso ambiente. Mas foi só nos anos 1990 que os cientistas reconheceram pela primeira vez que o instinto de surpresa é regulado pela dopamina, um neurotransmissor. Considerando que drogas como a cocaína e a nicotina também ativam o sistema da dopamina, a visão popular sobre esses neurotransmissores comete o erro frequente de se referir a ele como o "centro de prazer" do cérebro. Mas essa descrição resumida é enganosa: a dopamina em si não dispara sentimentos de prazer como a endorfina, por exemplo. O que acontece é que a dopamina parece chamar a atenção e motivar sistemas do cérebro. Uma nova teoria propõe que a liberação da dopamina cria um "bônus de novidade" que acompanha a percepção de novos fenômenos ou fatos sobre o mundo exterior.[2] Ao elevar as faculdades mentais, tornando-as mais alertas e envolvidas, o "bônus de novidade" estimula o cérebro a aprender a partir de novas experiências. (O cientista de computação Jürgen Schmidhuber desenvolveu um processo semelhante para aprendizado de máquinas a partir de uma "recompensa à curiosidade", que estimulava o software a explorar dados com resultados surpreendentes e a ignorar regiões previsíveis.[3]) O surto de dopamina que acompanha um novo fato envia uma espécie de alarme interno à nossa mente que diz: *Alguma coisa interessante está acontecendo aqui.*

Flautas de osso, café, pimenta, o Panorama, a chita, as dançarinas de Babbage, jogos de dados, o Bon Marché – subjacente a todas as diferenças superficiais entre esses objetos, uma característica comum une todos eles: foram *surpreendentes* quando surgiram. Fomos compulsivamente atraídos por apresentarem experiências novas de paladares, texturas, sons. Essas ilusões confundiram nossas predições visuais sobre o arranjo espacial de objetos no mundo de maneiras estonteantes. Especiarias ofereceram novos sabores exóticos que nossa língua nunca havia experimentado. Uma das características que definem os jogos – ao contrário de narrativas convencionais, digamos – é exatamente o fato de se mostrarem diferentes cada vez que jogamos; jogos são máquinas de novidades. É isso que os torna divertidos (e às vezes viciantes). Todas essas formas de escapismo e diversão propiciaram um "bônus de novidade" aos cérebros que os experimentaram pela primeira vez.

Por um lado, nossa compreensão do sistema da dopamina nos ajuda a entender por que os seres humanos se tornaram tão obcecados por coisas aparentemente frívolas como a noz-moscada ou a fantasmagoria. Faz parte da nossa natureza procurar coisas que nos surpreendam. Mas o "instinto de surpresa" também nos ajuda a desvendar um enigma mais complicado: o poder inovador da diversão, a forma com que nos compele a novas instituições culturais que têm pouco a ver com nossas motivações biológicas. Existe uma longa tradição de intelectuais batendo cabeça a respeito dos limites entre a natureza e a cultura; alguns cientistas propõem um instinto biológico para algumas facetas do comportamento humano, e inevitavelmente uma contraparte de professores de humanidades argumenta que o comportamento se baseia em adaptações culturais, não num destino genético. Mas um desejo por surpresas complica essas oposições fáceis. Os genes tendem a nos levar para objetivos previsíveis, ou nos afastar de ameaças previsíveis: procurar carboidratos ricos em energia; evitar o frio ou o calor intensos; encontrar um parceiro ou parceira para se reproduzir sexualmente. Essa é uma das razões pelas quais as interpretações darwinianas da sociedade ou da arte tendem a ser menos esclarecedoras: não é preciso ser um biólogo evolutivo para entender que as pessoas gostam de se apaixonar ou cuidar dos filhos. De certa forma, essas motivações genéticas são conservadoras em seus efeitos. Elas nos levam a padrões previsíveis: família, abrigo, alimento.

Mas o instinto de surpresa nos impulsiona na direção oposta. Seu objetivo é indefinido por definição. É gratificante não pelo fato de encontrar um parceiro ou parceira, ligar-se aos filhos ou consumir alimentos ricos em energia – a gratificação é nos propiciar novas experiências. O que nos recompensa é romper nossos hábitos comuns, topar com algo que confunda nossas expectativas. Esse desejo tem a inevitável tendência de se expandir. A fome ou a necessidade de ligações sociais podem ser satisfeitas por uma fonte confiável de alimento ou de amigos próximos. Mas a surpresa exige sangue novo: o milagre de uma geração já é notícia velha para a geração seguinte. (Como já vimos, essa expansão costuma ser tanto geográfica quanto conceitual: vivemos hoje numa economia global em grande parte por causa do bônus da novidade da pimenta, do algodão e do café.) Às vezes, podem acontecer mudanças culturais por conta de importantes ideias erigidas umas sobre as outras, com uma descoberta abrindo a porta para novas descobertas. Às vezes, a mudança acontece sem necessidade, sem a motivação de satisfazer nossas necessidades básicas de sobrevivência. Mas mudanças culturais também acontecem com a mesma frequência porque os humanos se sentem entediados com as antigas experiências, e têm fome de algo novo. Este é um estranho paradoxo envolvendo a diversão e sua capacidade de inovação: o divertimento nos afasta de nossos instintos e da nossa natureza, em parte *por causa* de nossos instintos e da nossa natureza.[4]

Nem sempre manifestações novas e estranhas são levadas a sério, por não se aplicarem diretamente aos fatos mais imediatos da vida. Mas nós subestimamos seu significado final por nossa conta e risco. O impulso por novidade nos coloca em situações inesperadas, ou nos expõe a novos materiais: tabernas e cafeterias, bolas de borracha e lanternas mágicas. Uma vez expostos, acabamos usando esses espaços e esses dispositivos como plataformas para novas ideias e revoluções da história tradicional. Brinquedos e jogos, como disse Charles Eames, são prelúdios para ideias mais sérias. Muitas terras de maravilhas na história mostraram um vislumbre de desenvolvimentos futuros por se apresentarem como espaços em que o novo entrou na nossa vida cotidiana: primeiro como uma fuga de nossos "negócios e compromissos legais", depois como elemento-chave para esses negócios.

Lembre-se de Charles Babbage fitando os olhos daquela boneca autômata no solar de Merlin, dois séculos atrás. Literalmente, aquele encontro foi uma brincadeira de criança, mas, enquanto escrevo, as ideias e as tecnologias que se agitaram sob a superfície daquele momento continuam transformando a sociedade. Hoje nos preocupamos com futuros distópicos, em que as máquinas se tornam tão destras fisicamente que assumem o controle de nossa força de trabalho, ou tão inteligentes que se tornam nossos senhores. Mas talvez, conhecendo a história, nós tenhamos nos concentrado nos temores errados. Talvez tenhamos errado em nos preocupar com o que acontecerá quando as máquinas começarem a pensar por si mesmas. Nós deveríamos nos preocupar é com o que acontecerá quando elas começarem a se *divertir.*

NOTAS

Introdução (p.9-23)

1. William Stearns Davis, org., *Readings in Ancient History: Illustrative Extracts from the Sources*, 2 vols. (Boston: Allyn and Bacon, 1912-1913), vol.II: *Rome and the West*, p.365-7.
2. Jonathan Lyons, *The House of Wisdom: How the Arabs Transformed Western Civilization* (Nova York: Bloomsbury Publishing, edição Kindle), localização p.52.
3. Richard Daniel Altick, *The Shows of London* (Cambridge, MA: Harvard University Press, 1978), p.56.
4. Ibid., p.63.
5. "John Joseph Merlin – Part One", *Georgian Gentlemen*, mar 11, 2013, http://mike-rendell.com/john-joseph-merlin-part-one/.
6. Simon Schaffer, "Babbage's Dancer and the Impresarios of Mechanism", *Cultural Babbage: Technology, Time, and Invention*, Francis Spufford e Jenny Uglow, orgs. (Londres: Faber & Faber, 1996), p.54.
7. Charles Babbage, *Passages from the Life of a Philosopher* (Cambridge: Cambridge University Press, 2011), p.32.
8. Steven Johnson, *How We Got to Now: Six Innovations that Made the Modern World* (Nova York, 2014), p.4-7 (ed.bras., *Como chegamos até aqui: a história das inovações que fizeram a vida moderna possível*, Rio de Janeiro: Zahar, 2015).
9. Samuel Johnson, *Rambler*, n.8.

1. A moda e as compras (p.25-68)

1. Simon Winchester, *Atlantic: Great Sea Battles, Heroic Discoveries, Titanic Storms, and a Vast Ocean of a Million Stories* (Nova York: Harper, 2010), p.68.
2. "Mais ou menos entre 36000 e 28000 a.C., moagem, moldagem e polimento permitiram que 'joalheiros' do Neolítico produzissem contas em forma de seios e torsos femininos, enquanto outros se beneficiaram dos avanços da tecnologia cerâmica para criar no fogo figuras de animais em miniatura que eles penduravam em varais. É comum arqueólogos encontrarem contas em sítios funerários nos períodos do Alto Paleolítico e do Neolítico." Phyllis G. Tortora, *Dress, Fashion and Technology: From Prehistory to the Present (Dress, Body, Culture)* (Nova York: Bloomsbury Publishing, edição Kindle), localização p.659-63.

3. Claire Walsh, "Shop Design and the Display of Goods in Eighteenth-Century London", *Journal of Design History* 8:3 (1995), p.162.
4. Walsh, p.171.
5. Walsh, p.163.
6. Walsh, p.171.
7. Chloe Wigston Smith, "Calico Madams: Servants, Consumption, and the Calico Crisis", *Eighteenth-Century Life* 31, n.2 (2007), p.32-3.
8. John Styles, *The Dress of the People: Everyday Fashion in Eighteenth-Century England* (New Haven, CT: Yale University Press, 2007), p.321.
9. Nicholas Barbon, *A Discourse of Trade*, impresso por Tho. Milbourn para o autor (Londres: 1905), p.35.
10. McKendrick et al. colocam a questão claramente, ainda que ainda trabalhem sob a convenção de que a revolução do consumidor foi principalmente o trabalho de homens: "Exige-se certa discussão sobre o motivo de a atenção ter se concentrado nos grandes industriais e na ponta do fornecimento na equação oferta-demanda, e por que tão pouca atenção foi dada às hordas de homenzinhos que ajudaram a aumentar o lado da demanda e quem conseguiu ganhar com as novas necessidades, ao disponibilizar novas mercadorias e ao satisfazer um novo mercado consumidor de poder de compra e tamanho sem precedentes." Neil McKendrick, John Brewer e John Harold Plumb, *The Birth of a Consumer Society: The Commercialization of Eighteenth-Century England* (Bloomington: Indiana University Press, 1982), p.5.
11. McKendrick et al., p.46.
12. Raymond Williams, "Advertising: The Magic System", *The Advertising and Consumer Culture Reader*, Matthew P. McAllister e Joseph Turow, orgs. (Nova York: Routledge, 2009), p.13-24.
13. McKendrick et al., p.53.
14. Fernand Braudel, *Civilization and Capitalism, 15th-18th Century: The Structure of Everyday Life* (Berkeley: University of California Press, 1979), p.323.
15. Citado na introdução de Elaine Showalter de *Au Bonheur des Dames* (O paraíso das damas), de Émile Zola (Nova York: Penguin Classics, 2007), p.415.
16. Michael Miller, *The Bon Marché: Bourgeois Culture and the Department Store, 1869-1920* (Princeton, NJ: Princeton University Press, 1981), p.162.
17. Citado em Miller, p.202-8.
18. Citado em M. Jeffrey Hardwick, *Mall Maker: Victor Gruen, Architect of an American Dream* (Filadélfia: University of Pennsylvania Press, 2004), p.33.
19. Citado em Malcolm Gladwell, "The Terrazzo Jungle. Fifty Years Ago, the Mall Was Born. America Would Never Be the Same", *The New Yorker* 15 (2004).
20. Idem.
21. Citado em Hardwick, p.181.
22. Citado em Hardwick, p.211.

2. Música (p.69-110)

1. Steve Pinker, *How the Mind Works* (Nova York: Norton, 1999), p.535 (ed.bras., *Como a mente funciona*, São Paulo: Companhia das Letras, 1998).
2. Nicholas J. Conard, Maria Malina e Susanne C. Münzel, "New Flutes Document the Earliest Musical Tradition in Southwestern Germany", *Nature* 460:7256 (2009), p.739.
3. Um ótimo apanhado dos argumentos em favor das raízes evolutivas da música pode ser encontrado em Daniel J. Levitin, *This Is Your Brain on Music: Understanding a Human Obsession* (Londres: Atlantic Books Ltd., 2011).
4. Imad Samir, *Allah's Automata: Artifacts of the Arab-Islamic Renaissance (800-1200)* (Berlim: Hatje Cantz, 2015), p.68-86.
5. James Essinger, *Jacquard's Web: How a Hand-Loom Led to the Birth of the Information Age* (Nova York: Oxford University Press, edição Kindle), localização p.38.
6. Essinger, p.47.
7. Citado em Johnson, op.cit., p.249.
8. Tim Carter, "A Florentine Wedding of 1608", *Acta Musicologica* 55, fasc.1 (1983), p.95.
9. Pode parecer que os teclados estilo máquina de escrever são uma condição para o desenvolvimento de computadores avançados, quase como a forma de captação e transmissão de eletricidade foi condição para o desenvolvimento da lâmpada elétrica. O anterior tem de vir antes do posterior. Porém, por mais estranho que pareça, o computador foi inventado antes da máquina de escrever, se considerarmos a máquina analítica de Babbage o primeiro computador. Babbage descobriu como extrair e inserir algoritmos de uma memória de acesso randômico antes que tivéssemos descoberto como digitar algumas teclas para fazer letras aparecerem em uma página.
10. Michael H. Adler, *The Writing Machine* (Londres: Allen and Unwin, 1973), p.5.
11. Para saber mais sobre os tambores falantes, ver James Gleick, *The Information: A History, a Theory, a Flood* (Nova York: Vintage, 2012).
12. Richard Rhodes, *Hedy's Folly: The Life and Breakthrough Inventions of Hedy Lamarr, the Most Beautiful Woman in the World* (Nova York: Doubleday, 2011), p.68.
13. Paul Lehrman, "Blast from the Past", *Wired*, 1º nov 1999, http://www.wired.com/1999/11/ballet.
14. Idem.
15. Citado em Anna Corey, "How 'The Bad Boy of Music' and 'The Most Beautiful Girl in the World' Catalyzed a Wireless Revolution – in 1941". Disponível em: people.seas.harvard.edu/~jones/cscie129/nu_lectures/lecture7/hedy/lemarr.htm.
16. Citado em Lehrman, "Blast from the Past".
17. Todas as citações em Jo Hutton, "Daphne Oram: Innovator, Writer and Composer", *Organised Sound* 8, p.49-56.

3. Paladar (p.111-44)

1. Daniel T. Potts, *Mesopotamian Civilization: The Material Foundations* (Ithaca, NY: Cornell University Press, 1997), p.269.
2. "Na virada do milênio, elas aparecem de repente nos anais das cidades, espalhadas pelas suas praias: Marselha, Barcelona, Ragusa. Algumas especiarias chegavam via Bizâncio e o mar Negro, seguindo o Danúbio até a Europa Central e Oriental, mas o maior volume do trânsito passava por Alexandria e pelo Levante até a Itália. A partir da Itália, inúmeras rotas levavam ao norte pelos passos nos Alpes em direção à França e à Alemanha." Jack Turner, *Spice: The History of a Temptation* (Nova York: Knopf, edição Kindle), localização p.1108.
3. Ibid., p.956.
4. Ibid., p.5879.
5. Filipe Castro, "The Pepper Wreck, an Early 17th-Century Portuguese Indiaman at the Mouth of the Tagus River, Portugal", *International Journal of Nautical Archaeology* 32:1 (ago 2003), p.6-23.
6. "Até 1937, o rei da Inglaterra recebia um aluguel do prefeito de Launceston que consistia de cem xelins e uma libra de pimenta – o prefeito poderia ter refletido que esse teto específico de aluguel se mostrava muito vantajoso. Quando o príncipe Charles atravessou o rio Tamar, em 1973, para assumir a posse simbólica do ducado da Cornualha, seu tributo incluiu uma libra de pimenta. Segundo o Gabinete do Desenvolvimento Econômico (OED, na sigla em inglês), a pimenta continuou sendo uma forma de pagamento de aluguéis até o final do século XIX." Turner, localização p.1932.
7. Marjorie Shaffer, *Pepper: A History of the World's Most Influential Spice* (Nova York: St. Martin's Griffin, 2013), localização p.439.
8. Turner, localização p.1626.
9. Citado em Abraham Eraly, *The First Spring: The Golden Age of India* (Nova Déli: Penguin Books India, 2011), p.244.
10. A Companhia Holandesa das Índias Orientais também servia aos objetivos do próprio Estado holandês, e não apenas aos investidores na empresa. "O VOC tinha um duplo propósito na obtenção de objetivos comerciais e também políticos: comerciar na Ásia, mas ao mesmo tempo fomentar a guerra com os inimigos da recém-criada República da Holanda, Espanha e Portugal. Gozava direitos de soberania em suas áreas mapeadas, como o direito de declarar guerra, entrar em negociações diplomáticas ou assinar tratados com governantes locais e organizar e executar operações militares. Como instituição, era virtualmente um Estado dentro do Estado." Vincent C. Loth, "Armed Incidents and Unpaid Bills: Anglo-Dutch Rivalry in the Banda Islands in the Seventeenth Century", *Modern Asian Studies* 29:4 (1995), p.708.
11. Shaffer, localização p.2201.
12. Ibid., p.2228.

13. Loth, p.725.
14. Tim Ecott, *Vanilla: Travels in Search of the Ice Cream Orchid* (Nova York: Grove/ Atlantic, Inc., 2004, edição Kindle), localização p.75-6.
15. Lewis A. Maverick, "Pierre Poivre: Eighteenth Century Explorer of Southeast Asia", *Pacific Historical Review* 10:2 (1941), p.171.
16. Turner, localização p.5718-9.
17. Ecott, p.6.
18. Citado em Ecott, p.21-2.
19. Ibid., p.83.
20. Joseph Arditti, A.N. Rao e H. Nair, "Hand-Pollination of Vanilla: How Many Discoverers", *Orchid Biology: Reviews and Perspectives* 11 (2009), p.233-49.
21. Citado em Ecott, p.151.
22. Ecott, p.106.
23. "Quando Edward voltou a Londres das guerras de Gales no final do século XIII, seus oficiais gastaram mais de 1.775 libras esterlinas em especiarias, num total de gastos em itens de luxo de pouco menos de 10 mil libras – uma quantia chocante, mesmo levando em conta que muitas das "especiarias" incluíam itens como laranjas e açúcar. Para se ter uma ideia desse valor, o gasto com especiarias correspondia aproximadamente ao rendimento anual de um conde." Turner, localização p.2731.
24. Wolfgang Schivelbusch, *Tastes of Paradise: A Social History of Spices, Stimulants, and Intoxicants* (Nova York: Pantheon Books, 1992), p.6.
25. Turner, localização p.2568.
26. Ecott, p.16-7.
27. Paul Delany, "Constantinus Africanus' 'De Coitu': A Translation", *Chaucer Review* (1969), p.55-65.
28. Ecott, p.23.
29. George Eliot, *Middlemarch* (Nova York: Penguin Classics, 2002), p.478.
30. Turner, localização p.3527.
31. Citado em Tom Standage, *An Edible History of Humanity* (Nova York: Bloomsbury, 2009), p.82.
32. Shaffer, localização p.1142.
33. Citado em Standage, p.71.

4. Ilusão (p.145-82)

1. Laurent Mannoni e Ben Brewster, "The Phantasmagoria", *Film History* 8:4 (1996), p.392.
2. Deac Rossell, *The 19th Century German Origins of the Phantasmagoria Show* (16 fev 2001), p.3.
3. Ibid., p.4.
4. Ibid., p.5.

5. Stefan Andriopoulos, *Ghostly Apparitions: German Idealism, the Gothic Novel, and Optical Media* (Nova York: Zone Books, 2013, edição Kindle), localização p.19-21.
6. Citado em Kevin Hetherington, *Capitalism's Eye: Cultural Spaces of the Commodity* (Nova York: Routledge, 2011), p.244.
7. Karl Marx, *Capital: Volume One* (Nova York: Vintage Books, 1977), p.165.
8. David Brewster, *Letters on Natural Magic* (Londres: Chatto & Windus, 1883), p.85.
9. Richard Daniel Altick, *The Shows of London* (Cambridge, MA: Harvard University Press, 1978), p.3.
10. Brewster, p.21.
11. Altick, p.131.
12. Erkki Huhtamo, *Illusions in Motion: Media Archaeology of the Moving Panorama and Related Spectacles* (Cambridge, MA: MIT Press, 2013), p.1.
13. Charles Taylor, *The Literary Panorama* (Londres: Cox, Son, and Baylis, 1810), p.447.
14. Charles Dickens, *Household Words*, vol.1, 1850, p.73-7.
15. John F. Ohl e Joseph Earl Arrington, "John Maelzel, Master Showman of Automata and Panoramas", *Pennsylvania Magazine of History and Biography* 84:1 (1960), p.79.
16. Idem.
17. Idem.
18. Altick, p.131.
19. Idem.
20. Altick, p.231.
21. Neal Gabler, *Walt Disney* (Nova York: Knopf Doubleday, 2006, edição Kindle), localização p.3758-63.
22. "Logo depois, Walt instalou uma moviola numa despensa atulhada, sufocante e sem janelas que logo foi apelidada de 'suadouro'. Encurvado diante da pequena tela, com não mais de dez centímetros por dez, Walt e os animadores viam e analisavam as ações durante horas, várias vezes, tentando determinar o que poderia melhorar, ficar mais engraçado. 'Acho incrível que tenhamos sido o primeiro grupo de animadores, até onde sei, que teve a oportunidade de estudar o próprio trabalho e corrigir os erros antes que chegassem à tela.'" Gabler, localização p.3644-54.
23. Andrew R. Boone, "The making of *Snow White and the Seven Dwarfs*", *Popular Science*, jan 1938, p.50, http://blog.modernmechanix.com/the-making-of-snow-white-and-the-seven-dwarfs/.
24. Gabler, localização p.5823-8.
25. "Havia as cenas em que a plateia era convidada a chorar com os anões, uma esfera de ação emocional em que a animação nunca tinha entrado, o que constituiu o principal teste da eficácia do filme, embora, na época, Walt tivesse poucas dúvidas de que seria bem-sucedido. 'Vai haver um bocado de simpatia por esses sujeitinhos', ele disse numa reunião em julho. 'Nós podemos partir o coração deles [da plateia] se quisermos, mostrando um pouco de choro.' Frank Thomas,

um dos assistentes de Fred Moore, recebeu a missão de animar a tristeza dos anões nos desenhos de Albert Hurter, e fez a animação com o mínimo de movimentos possível – basicamente com posturas e lágrimas escorrendo pela face dos anões e, como Walt havia instruído numa das reuniões, 'concentrando-se em Zangado quando ele desmorona e começa a chorar', rompendo sua fachada estoica." Gabler, localização p.5714-23.

26. Fred Inglis, *A Short History of Celebrity* (Princeton, NJ: Princeton University Press, 2010, edição Kindle), localização p.53.
27. Daniel J. Boorstin, *The Image: A Guide to Pseudo-Events in America* (Nova York: Harper & Row, 1964), p.74.
28. "Esta é a poderosa contradição no cerne do nosso fenômeno. Combina conhecimento com distância. Líderes políticos e estrelas do cinema são muito familiares (membro da família) nas telas do cinema e (em princípio) por suas vozes no rádio da sala de estar, mas fisicamente, em termos de como todos precisamos sentir a experiência diretamente, eles têm o sentido do remoto e do sobrenatural." Inglis, p.11.

5. Jogos (p.183-226)

1. William Caxton, *The Game and Playe of the Chesse* (Charleston, SC: BiblioBazaar, LLC, 2007), Google Scholar, xxiv.
2. Jacobus de Cessolis, *The Book of Chess* (Nova York: Italica Press, 2008, edição Kindle), localização p.136-43.
3. De Cessolis, localização p.113-4.
4. De Cessolis, localização p.1245-51.
5. De Cessolis, localização p.1318-9.
6. Jenny Adams, *Power Play: The Literature and Politics of Chess in the Late Middle Ages*, The Middle Ages Series (Filadélfia: University of Pennsylvania Press, 2006, edição Kindle), localização p.420-5.
7. "Quando alguém no jogo diz 'Xeque!' ao rei, significa que está exigindo direitos. É a mesma coisa que dizer: 'Meritíssimo, deixe-me passar.' O rei precisa conceder o movimento, a não ser que, por meio de sabedoria ou poder, ele consiga se defender.

   "Em geral, é o caso em que um rei, criado, nobre ou cidadão comum sentem que sofreram uma injustiça, ou que foram excessivamente restringidos; se não conseguir de alguma forma se vingar do rei, vai esperar até o rei vir até ele no campo de batalha e depois fugir, deixando o rei exposto ao inimigo." De Cessolis, localização p.1285-9.
8. David Shenk, *The Immortal Game: A History of Chess* (Nova York: Knopf Doubleday, 2006, edição Kindle), localização p.221-5.
9. Citado em Andrew Hodges, *Alan Turing: The Enigma* (Princeton, NJ: Princeton University Press, 2012), p.336.

10. "Assim como biólogos precisam de organismos como modelos para explorar a genética", escreve Neil Charness, da Universidade de Waterloo, "também os cientistas cognitivos precisam de tarefas ambientais como modelos para estudar mecanismos cognitivos adaptativos. O jogo de xadrez propicia uma rica tarefa ambiental que explora muitos processos cognitivos, passando pela percepção, pela memória, pela solução de problemas." Citado em Shenk, localização p.1742.
11. Mary Pilon, *The Monopolists: Obsession, Fury, and the Scandal Behind the World's Favorite Board Game* (Nova York: Bloomsbury Publishing, 2015, edição Kindle), localização p.729-35.
12. Lizzie J. Magie, *Land and Freedom: An International Record of Single Tax Progress*, vol.II (1904).
13. Idem.
14. Magie afinal permitiu um relutante reconhecimento ao começar na edição de Monopoly de 1991: "Tudo começou em 1933, quando Charles B. Darrow, de Germantown, Pensilvânia, inspirou-se no Landlord's Game para criar uma nova diversão para se distrair enquanto estava desempregado." Pilon, localização p.3501-10.
15. Shenk, localização p.329-35.
16. De Cessolis, localização p.50-5.
17. Citado em Shenk, localização p.874.
18. Artur Ekert, "Complex and Unpredictable Cardano", *International Journal of Theoretical Physics* 47:8 (2008), p.2102.
19. Idem.
20. Keith Devlin, *The Unfinished Game: Pascal, Fermat, and the Seventeenth-Century Letter That Made the World Modern* (Nova York: Basic Books, 2008, edição Kindle), localização p.99.
21. "A primeira tentativa conhecida de identificar padrões numéricos em jogos de azar parece ter surgido por volta de 960, quando o bispo Wibold de Cambrai enumerou corretamente os 56 resultados que seriam obtidos quando três dados são lançados simultaneamente: 1, 1, 1; 1, 1, 2; 2, 3, 5; e assim por diante. Um poema em latim do século XIII, "De Vetula", relacionava os 216 resultados (6 × 6 × 6) obtidos quando três dados são lançados em sucessão." Devlin, localização p.141.
22. Devlin, localização p.132.
23. Steven A. Epstein, *Wage Labor and Guilds in Medieval Europe* (Chapel Hill: University of North Carolina Press, 1991), p.127-8.
24. John Fox, *The Ball: Discovering the Object of the Game* (Nova York: Harper Perennial, 2012, edição Kindle), localização p.355.
25. Citado em Fox, localização p.1269.
26. John Tully, *The Devil's Milk: A Social History of Rubber* (Nova York: New York University Press, 2011, edição Kindle), localização p.31.
27. "Nos anos 1940, Paul Stanley, um botânico no Museu Aberto de História Natural de Chicago, identificou a vinha como *Ipomoea alba*, uma espécie de flor da manhã

que abria à noite, comumente conhecida como glória-da-manhã ou flor-da-lua. Recentes estudos mostram que quando o látex da *Castilla elastica* é fervido com o sumo da trepadeira da lua, ácidos sulfônicos que ocorrem naturalmente na planta aumentam a plasticidade e a elasticidade da borracha, produzindo certo grau de vulcanização." Fox, localização p.1300.

28. J.M. Graetz, "The Origin of Spacewar!", *Creative Computing*, ago 1981, www.wheels.org/spacewar/creative/SpacewarOrigin.html.
29. Stewart Brand, "Spacewar!", *Rolling Stone*, 7 dez 1972, www.wheels.org/spacewar/stone/rolling_stone.html.
30. Graetz, "The Origin of Spacewar!".
31. Edward O. Thorp, "Wearable Computers", *Digest of Papers*, Segundo Simpósio Internacional, 1998.
32. Idem.
33. Idem.
34. Ken Jennings, "My Puny Human Brain," *Slate*, Newsweek Interactive Co. LLC, fev 2012.

6. Espaço público (p.227-69)

1. Leopold S. Launitz-Schurer, "Slave Resistance in Colonial New York: An Interpretation of Daniel Horsmanden's New York Conspiracy", *Phylon* (1960), p.144.
2. Edwin G. Burrows e Mike Wallace, *Gotham: A History of New York City to 1898* (Nova York: Oxford University Press, 1998), p.165.
3. Christine Sismondo, *America Walks into a Bar: A Spirited History of Taverns and Saloons, Speakeasies and Grog Shops* (Oxford University Press, 2011, edição Kindle), localização p.751-2.
4. Launitz-Schurer, p.148.
5. Launitz-Schurer, p.151.
6. Iain Gately, *Drink: A Cultural History of Alcohol* (Nova York: Penguin Publishing Group, 2008, edição Kindle), localização p.35.
7. W.C. Firebaugh, *The Inns of Greece and Rome* (Chicago: Pascal Covici, 1928), p.122.
8. Gately, p.110-1.
9. Gately, p.85-6.
10. David W. Conroy, *In Public Houses: Drink and the Revolution of Authority in Colonial Massachusetts* (Chapel Hill: University of North Carolina Press, 1995), p.204.
11. Sismondo, localização p.4402.
12. Lillian Faderman e Stuart Timmons, *Gay L.A.: A History of Sexual Outlaws, Power Politics, and Lipstick Lesbians* (Nova York: Basic Books, 2006, edição Kindle), localização p.1864-72.
13. Craig Calhoun, *Contemporary Sociological Theory* (Nova York: John Wiley & Sons, 2012), p.256.

14. Jürgen Habermas, *The Structural Transformation of the Public Sphere: An Inquiry into a Category of Bourgeois Society* (Cambridge, MA: MIT Press, 1989), p.26.
15. Idem.
16. Carl Zimmer, "How Caffeine Evolved to Help Plants Survive and Help People Wake Up", *The New York Times* (4 set 2014).
17. Matthew Green, "The Lost World of the London Coffeehouse", *Public Domain Review* 7 (2013).
18. Citado em J.H. Brindley, "Commercial Aspects of Coffee", in *Coffee and Tea Industries and the Flavor Field*, p.37.
19. Green, 2013.
20. Idem.
21. Citado em Brindley, "Commercial Aspects of Coffee".
22. Green, 2013.
23. Richard Daniel Altick, *The Shows of London* (Cambridge, MA: Harvard University Press, 1978), p.15.
24. Ibid., p.26.
25. Bonnie Calhoun, "Shaping the Public Sphere: English Coffeehouses and French Salons and the Age of the Enlightenment", *Colgate Academic Review* 3:1 (2012), p.83.
26. Idem.
27. John Macky, "A Journey Through England. In Familiar Letters. From a Gentleman Here, to his Friends Abroad (1714)", *Eighteenth-Century Coffee-House Culture*, vol.I, Ellis Markman, org. (Londres: Pickering & Chatto, 2006), p.339.
28. William Bradford, *Of Plymouth Plantation* (Chelmsford, MA: Courier Corporation, 2012), p.62.
29. Citado em Cian Duffy e Peter Howell, *Cultures of the Sublime: Selected Readings, 1750-1830* (Nova York: Palgrave Macmillan, 2011).
30. Wordsworth viu uma profecia desse futuro no final dos anos 1700, durante uma visita à feira de St. Bartholomew, famosa por uma descrição em *The Prelude* que contém uma dissimulada referência ao Museu Mecânico de Merlin:

> All moveables of wonder, from all parts,
> Are here – Albinos, painted Indians, Dwarfs,
> The Horse of knowledge, and the learned Pig,
> The Stone-eater, the man that swallows fire,
> Giants, Ventriloquists, the Invisible Girl,
> The Bust that speaks and moves its goggling eyes,
> The Wax-work, Clock-work, all the marvellous craft
> Of modern Merlins, Wild Beasts, Puppet-shows,
> All out-o'-the-way, far-fetched, perverted things,
> All freaks of nature, all Promethean thoughts
> Of man, his dullness, madness, and their feats
> All jumbled up together, to compose
> A Parliament of Monsters.

[Todas as maravilhas ambulantes, de todas as partes,
Estão aqui – albinos, índios pintados, anões
A Casa do conhecimento, e o Porco instruído,
O Comedor de pedra, o homem que engole fogo,
Gigantes, Ventríloquos, a Garota Invisível,
O Busto que fala e move os olhos saltados,
Obras em cera, relógios, todo o maravilhoso artesanato
Dos Merlins modernos, Feras Selvagens, espetáculos de marionetes,
Todas as coisas desviadas, fantásticas e pervertidas,
Todas as aberrações da natureza, todos os pensamentos de Prometeu
Do homem, sua estupidez, sua loucura e suas façanhas
Tudo isso misturado, para compor
Um Parlamento de Monstros.]

31. Também do mesmo manual: "Não somente haverá satisfação da curiosidade natural e racional de um observador, com a visão de criaturas estranhas ao nosso clima e noções, trazidas de terras diferentes, das quais todos ouvimos tanto em nossa infância, mas sua imaginação será gratificada com seus habitantes estando realmente à sua frente." Citado em Robert W. Jones, "The Sight of Creatures Strange to Our Clime: London Zoo and the Consumption of the Exotic", *Journal of Victorian Culture* 2:1 (1997), p.6.
32. Randal Keynes, *Darwin, His Daughter, and Human Evolution* (Nova York: Penguin, 2002, edição Kindle), localização p.784-6.
33. Idem.
34. Ibid., localização p.854-8.
35. Eric Ames, *Carl Hagenbeck's Empire of Entertainments* (Seattle: University of Washington Press, 2008), p.163.
36. Ibid., p.180.
37. Ibid., p.184.
38. Jean Baudrillard, *Simulacra and Simulation* (Ann Arbor, MI: University of Michigan Press, 1994), p.12.

Conclusão (p.271-76)

1. R.A. Rescorla e A.R. Wagner, "A Theory of Pavlovian Conditioning: Variations in the Effectiveness of Reinforcement and Nonreinforcement", in A.H. Black e W.F. Prokasy, orgs., *Classical Conditioning II* (Nova York: Appleton-Century-Crafts, 1972), p.64-99.
2. Andrew Barto, Marco Mirolli e Gianluca Baldassarre, "Novelty or Surprise?", *Frontiers in Psychology* 4 (2013).
3. Rafal Salustowicz e Jürgen Schmidhuber, "Probabilistic Incremental Program Evolution", *Evolutionary Computation* 5:2 (1997), p.123-41.

4. Desconfio que essa estranha relação entre determinação genética e exploração cultural ativada pela diversão pode ser uma das razões por que Johan Huizinga separou sua brilhante análise de 1938 da diversão, *Homo Ludens*, de qualquer base biológica. "O objetivo de todo este presente estudo", escreveu, "é tentar integrar o conceito de diversão com o de cultura. Consequentemente, a diversão deve ser entendida aqui não como um fenômeno biológico, mas como um fenômeno cultural." O instinto de surpresa sugere que os dois domínios estão de fato profundamente interligados, talvez mais do que em qualquer outra forma de experiência humana. Huizinga, Johan. *Homo Ludens: A Study of the Play-Element in Culture* (Boston: Beacon Press, edição Kindle), localização p.48-9.

REFERÊNCIAS BIBLIOGRÁFICAS

Adburgham, Alison. *Shopping in Style: London from the Restoration to Edwardian Elegance*. Nova York: Thames and Hudson, 1979.

Adler, Michael H. *The Writing Machine*. Londres: Allen and Unwin, 1973.

Altick, Richard Daniel. *The Shows of London*. Cambridge, MA: Harvard University Press, 1978.

Ames, Eric. *Carl Hagenbeck's Empire of Entertainments*. Seattle: University of Washington Press, 2008.

Anbinder, Tyler. *Five Points: The 19th-Century New York City Neighborhood that Invented Tap Dance, Stole Elections, and Became the World's Most Notorious Slum*. Nova York: Simon & Schuster, 2001.

Antheil, George e Marthanne Verbit. *Bad Boy of Music*. Nova York: S. French, 1990.

Arditti, Joseph, A.N. Rao e H. Nair. "Hand-pollination of Vanilla: How Many Discoverers", in *Orchid Biology: Reviews and Perspectives* XI (New York Botanical Garden, 2009), p.233-49.

Babbage, Charles. *Passages from the Life of a Philosopher*. Cambridge: Cambridge University Press, 2011.

Barbon, Nicholas. *A Discourse of Trade*. Impresso por Tho. Milbourn para o autor, Londres, 1905.

Barto, Andrew, Marco Mirolli e Gianluca Baldassarre. "Novelty or Surprise?", in *Frontiers in Psychology* 4 (2013).

Baudrillard, Jean. *Simulacra and Simulation*. Ann Arbor, MI: University of Michigan Press, 1994.

Behbehani, Abbas M. "The Smallpox Story: Life and Death of an Old Disease", in *Microbiological Reviews* 47:4 (1983), p.455.

Benson, John e Laura Ugolini. *A Nation of Shopkeepers: Five Centuries of British Retailing*. Londres: IB Tauris, 2003.

Benvenuto, Sergio. "Fashion: Georg Simmel", in *Journal of Artificial Societies and Social Simulation* 3:2 (2000).

Billing, Jennifer e Paul W. Sherman. "Antimicrobial Functions of Spices: Why Some Like It Hot", in *Quarterly Review of Biology* (1998), p.3-49.

Blumer, Herbert. "Fashion: From Class Differentiation to Collective Selection", in *Sociological Quarterly* (1969), p.275-91.

Boorstin, Daniel J. *The Image: A Guide to Pseudo-events in America*. Nova York: Harper & Row, 1964.

Bowlby, Rachel. *Carried Away: The Invention of Modern Shopping*. Nova York: Columbia University Press, 2001.

Bradford, William. *Of Plymouth Plantation*. Chelmsford, MA: Courier Corporation, 2012.

Braudel, Fernand. *Civilization and Capitalism, 15th-18th Century: The Structure of Everyday Life*. Berkeley: University of California Press, 1979.

Brewster, David. *Letters on Natural Magic*. Londres: Chatto & Windus, 1883.

Bryson, Bill. *At Home: A Short History of Private Life*. Nova York: Random House, 2010.

Burrows, Edwin G. e Mike Wallace. *Gotham: A History of New York City to 1898*. Nova York: Oxford University Press, 1998.

Calhoun, Bonnie. "Shaping the Public Sphere: English Coffeehouses and French Salons and the Age of the Enlightenment", in *Colgate Academic Review* 3:1 (2012), p.7.

Calhoun, Craig. *Contemporary Sociological Theory*. Nova York: John Wiley & Sons, 2012.

Carter, Tim. "A Florentine Wedding of 1608". *Acta Musicologica* 55, fasc.1 (1983), p.89-107.

Castro, F. "The Pepper Wreck, An Early 17th-Century Portuguese Indiaman at the Mouth of the Tagus River, Portugal", in *International Journal of Nautical Archaeology* 32:1 (ago 2003), p.6-23.

Caxton, William. *Game and Playe of the Chesse*. Charleston, SC: BiblioBazaar, LLC, 2007.

Collier, Bruce e James MacLachlan. *Charles Babbage: And the Engines of Perfection*. Oxford University Press, 2000.

Conard, Nicholas J., Maria Malina e Susanne C. Münzel. "New Flutes Document the Earliest Musical Tradition in Southwestern Germany", in *Nature* 460.7256 (2009), p.737-40.

Conroy, David W. *In Public Houses: Drink & the Revolution of Authority in Colonial Massachusetts*. Chapel Hill: University of North Carolina Press, 1995.

Corey, Anna. "How 'The Bad Boy of Music' and 'The Most Beautiful Girl in the World' Catalyzed a Wireless Revolution – in 1941". 1997. Disponível em: people.seas.harvard.edu/~jones/cscie129/nu_lectures/lecture7/hedy/lemarr.htm.

Davis, William Stearns. *Readings in Ancient History: Illustrative Extracts from the Sources*. vol.1. Boston: Allyn and Bacon, 1913.

Defoe, Daniel. *The Complete English Tradesman*. vol.17. DA Talboys, 1841.

Delany, Paul. "Constantinus Africanus' 'De Coitu': A Translation", in *Chaucer Review* (1969), p.55-65.

Devlin, Keith. *The Unfinished Game: Pascal, Fermat, and the Seventeenth-Century Letter that Made the World Modern*. Nova York: Basic Books, 2010.

Diamond, Jared. *Guns, Germs, and Steel: The Fates of Human Societies*. Nova York: W.W. Norton & Company, 1999.

Douthwaite, Julia V. e Daniel Richter. "The Frankenstein of the French Revolution: Nogaret's Automaton Tale of 1790", in *European Romantic Review* 20:3 (jul 2009), p.381-411.

Duffy, Cian e Peter Howell. *Cultures of the Sublime: Selected Readings, 1750-1830*. Nova York: Palgrave Macmillan, 2011.

Dumper, Michael e Bruce E. Stanley. *Cities of the Middle East and North Africa: A Historical Encyclopedia*. Santa Barbara, CA: ABC-Clio, 2007.

Ecott, Tim. *Vanilla: Travels in Search of the Ice Cream Orchid*. Nova York: Grove Press, 2005.

Ekert, Artur. "Complex and Unpredictable Cardano". *International Journal of Theoretical Physics* 47:8 (2008), p.2101-19.

Eliot, George. *Middlemarch*. Nova York: Penguin Classics, 2002.

Epstein, Steven A. *Wage Labor and Guilds in Medieval Europe*. Chapel Hill: University of North Carolina Press, 1991.

Eraly, Abraham. *The First Spring: The Golden Age of India*. Nova Déli: Penguin Books India, 2011.

Essinger, James. *Jacquard's Web: How a Hand-Loom Led to the Birth of the Information Age*. Nova York: Oxford University Press, 2004.

Faderman, Lillian e Stuart Timmons. *Gay L.A.: A History of Sexual Outlaws, Power Politics, and Lipstick Lesbians*. Nova York: Basic Books, 2006.

Farmer, Henry George. *The Organ of the Ancients: From Eastern Sources (Hebrew, Syriac and Arabic)*. W. Reeves, 1931.

Firebaugh, W.C. *The Inns of Greece and Rome*. Chicago: Pascal Covici, 1928.

Fowler, Charles B. "The Museum of Music: A History of Mechanical Instruments", in *Music Educators Journal* 54:2 (out 1967), p.45-9.

Fox, John. *The Ball: Discovering the Object of the Game*. Nova York: Harper Perennial, 2012.

Freedman, Paul. *Out of the East: Spices and the Medieval Imagination*. New Haven, CT: Yale University Press, 2008.

Gabler, Neal. "Toward a New Definition of Celebrity" (2004). Disponível em: https://learcenter.org/pdf/Gabler.pdf.

____. *Walt Disney: The Triumph of the American Imagination*. Nova York: Knopf Doubleday, 2006.

Gladwell, Malcolm. "The Terrazzo Jungle. Fifty Years Ago, the Mall Was Born. America Would Never Be the Same". *The New Yorker* (15 mar 2004).

Gleick, James. *The Information: A History, A Theory, A Flood*. Nova York: Vintage, 2012.

Gordon, Margaret Maria. *The Home Life of Sir David Brewster*. Edimburgo: D. Douglas, 1881.

Green, Matthew. "The Lost World of the London Coffeehouse", in *Public Domain Review* 7 (2013).

Gruen, Victor. *The Heart of Our Cities: The Urban Crisis: Diagnosis and Cure*. Londres: Thames and Hudson, 1965.

Habermas, Jürgen, *The Structural Transformation of Public Sphere*. Cambridge: MIT Press (1989), p.85-92.

Hardwick, M. Jeffrey. *Mall Maker: Victor Gruen, Architect of an American Dream*. Filadélfia: University of Pennsylvania Press, 2004.

Hetherington, Kevin. *Capitalism's Eye: Cultural Spaces of the Commodity*. Nova York: Routledge, 2011.

Hill, Donald Routledge. "Mechanical Engineering in the Medieval Near East", in *Scientific American* 264:5 (1991), p.100-15.

Hodges, Andrew. *Alan Turing: The Enigma*. Princeton, NJ: Princeton University Press, 2012.

Huebner, Andrew J. "The Conditional Optimist: Walt Disney's Postwar Futurism", in *The Sixties: A Journal of History, Politics and Culture* 2:2 (2009), p.227-44.

Huhtamo, Erkki. *Illusions in Motion: Media Archaeology of the Moving Panorama and Related Spectacles*. Cambridge, MA: MIT Press, 2013.

Huizinga, Johan. *Homo Ludens*. Nova York: Routledge, 2014.

Hutton, Jo. "Daphne Oram: Innovator, Writer and Composer". *Organised Sound* 8:01 (2003), p.49-56.

Jacobus de Cessolis, traduzido e editado por H.L. Williams. *The Book of Chess*. Nova York: Italica Press, 2008.

Johnson, Steven. *How We Got to Now: Six Innovations that Made the Modern World*. Nova York: Penguin, 2014 (ed.bras., *Como chegamos até aqui: A história das inovações que fizeram a vida moderna possível*. Rio de Janeiro: Zahar, 2015).

Jones, Christopher. "The Rubber Ball Game: A Universal Mesoamerican Sport", in *Expedition: The Magazine of the University of Pennsylvania* 27:2 (1985), p.44-52.

Jones, Robert W. "The Sight of Creatures Strange to Our Clime: London Zoo and the Consumption of the Exotic", in *Journal of Victorian Culture* 2:1 (1997), p.1-26.

Keynes, Randal. *Darwin, His Daughter, and Human Evolution*. Nova York: Penguin, 2002.

Launitz-Schurer, Leopold S. "Slave Resistance in Colonial New York: An Interpretation of Daniel Horsmanden's New York Conspiracy", in *Phylon* (1980), p.137-52.

Lehrman, Paul. "Blast from the Past". *Wired* (1º nov 1999). Disponível em: http://www.wired.com/1999/11/ballet.

Levitin, Daniel J. *This Is Your Brain on Music: Understanding a Human Obsession*. Nova York: Atlantic Books Ltd., 2011.

Lombard, M., P.P. Pastoret e A.M. Moulin. "A Brief History of Vaccines and Vaccination", in *Revue Scientifique et Technique-Office International des Epizooties* 26:1 (2007), p.29.

Loth, Vincent C. "Armed Incidents and Unpaid Bills: Anglo-Dutch Rivalry in the Banda Islands in the Seventeenth Century", in *Modern Asian Studies* 29:04 (1995), p.705-40.

Lyons, Jonathan. *The House of Wisdom: How the Arabs Transformed Western Civilization*. Nova York: Bloomsbury Publishing, 2011.

Manning, Peter. "The Oramics Machine: From Vision to Reality", in *Organised Sound* 17:02 (2012), p.137-47.

Mannoni, Laurent e Ben Brewster. "The Phantasmagoria". *Film History* 8:4 (1996).

Marx, Karl. *Capital: Volume One*. Nova York: Vintage Books, 1977.

Maverick, Lewis A. "Pierre Poivre: Eighteenth Century Explorer of Southeast Asia". *Pacific Historical Review* 10:2 (1941), p.165-77.

McKendrick, Neil, John Brewer e John Harold Plumb. *The Birth of a Consumer Society: The Commercialization of Eighteenth-Century England*. Bloomington: Indiana University Press, 1982.

McNamara, Fergal N., Andrew Randall e Martin J. Gunthorpe. "Effects of Piperine, the Pungent Component of Black Pepper, at the Human Vanilloid Receptor (TRPV1)". *British Journal of Pharmacology* 144:6 (mar 2005), p.781-90.

Miller, Michael Barry. *The Bon Marché: Bourgeois Culture and the Department Store, 1869-1920*. Princeton, NJ: Princeton University Press, 1981.

Minto, Amy. "Early Insurance Mechanisms and Their Mathematical Foundations". *Montana Mathematics Enthusiast* 5:2-3 (2008), p.345-56.

Mithen, Steven. *The Singing Neanderthals: The Origins of Music, Language, Mind and Body*. Londres: Weidenfeld & Nicholson, 2005.

Moskowitz, Marc L. "Weiqi Legends, Then and Now". *Asian Popular Culture: New, Hybrid, and Alternate Media* (2012), p.1.

Mui, Hoh-Cheung e Lorna H. Mui. *Shops and Shopkeeping in Eighteenth-Century England*. Kingston, ON: McGill-Queen's University Press, 1989.

Nauta' Lodi, Machtelt Israëls, Louis Alexander Waldman e Guido Beltramini. "'Rabelais's Laughter Behind a Portrait by Holbein': Play and Culture in the Work of Johan Huizinga", in *Villa i Tatti* 29 (2013).

North, Adrian C. e David J. Hargreaves. "Subjective Complexity, Familiarity, and Liking for Popular Music", in *Psychomusicology: A Journal of Research in Music Cognition* 14:1-2 (1995), p.77.

Ohl, John F. e Joseph Earl Arrington. "John Maelzel, Master Showman of Automata and Panoramas", *The Pennsylvania Magazine of History and Biography* 84:1 (1960), p.56-92.

Oldenburg, Ray. *The Great Good Place: Café, Coffee Shops, Community Centers, Beauty Parlors, General Stores, Bars, Hangouts, and How They Get You Through the Day*. St. Paul, MN: Paragon House Publishers, 1989.

Pinker, Steven. *How the Mind Works*. Nova York: W.W. Norton & Company, 1999 [ed. bras., *Como a mente funciona*. São Paulo: Companhia das Letras, 1998].

Poivre, Pierre. *Travels of a Philosopher; Or, Observations on the Manners and Arts of Various Nations in Africa and Asia*. Tradução do francês de M. Le Poivre. T. Becket, 1769.

Potts, Daniel T. *Mesopotamian Civilization: The Material Foundations*. Ithaca, NY: Cornell University Press, 1997.

Reiss, Steven. "Expectancy Model of Fear, Anxiety, and Panic". *Clinical Psychology Review* 11:2 (1991), p.141-53.

Rescorla, Robert A. e Allan R. Wagner. *Classical Conditioning: Current Research and Theory*. Nova York: Appleton-Century-Crofts, 1972.

Rhodes, Richard. *Hedy's Folly: The Life and Breakthrough Inventions of Hedy Lamarr, the Most Beautiful Woman in the World*. Nova York: Doubleday, 2011.
Riskin, Jessica. "The Defecating Duck, Or, the Ambiguous Origins of Artificial Life", in *Critical Inquiry* 29:4 (2003), p.599-633.
_____. "Eighteenth-Century Wetware". *Representations* 83:1 (2003), p.97-125.
Rosheim, Mark E. *Robot Evolution: The Development of Anthrobotics*. Hoboken, NJ: John Wiley & Sons, 1994.
Rothfels, Nigel. *Savages and Beasts: The Birth of the Modern Zoo*. Baltimore, MD: Johns Hopkins University Press, 2002.
Salimpoor, Valorie N., Mitchel Benovoy, Kevin Larcher, Alain Dagher e Robert J. Zatorre. "Anatomically Distinct Dopamine Release During Anticipation and Experience of Peak Emotion to Music". *Nature Neuroscience* 14:2 (2011), p.257-62.
Salustowicz, Rafal e Jürgen Schmidhuber. "Probabilistic Incremental Program Evolution". *Evolutionary Computation* 5:2 (1997), p.123-41.
Samir, Imad. *Allah's Automata: Artifacts of the Arab-Islamic Renaissance (800-1200)*. Berlim: Hatje Cantz, 2015.
Schaffer, Simon. "Babbage's Dancer and the Impresarios of Mechanism". *Cultural Babbage: Technology, Time, and Invention* (Londres: Faber & Faber, 1996), p.52-80.
Schivelbusch, Wolfgang. *Tastes of Paradise: A Social History of Spices, Stimulants, and Intoxicants*. Nova York: Pantheon Books, 1992.
Shaffer, Marjorie. *Pepper: A History of the World's Most Influential Spice*. Nova York: St. Martin's Griffin, 2013.
Shenk, David. *The Immortal Game: A History of Chess, or, How 32 Carved Pieces on a Board Illuminated Our Understanding of War, Art, Science, and the Human Brain*. Nova York: Doubleday, 2006.
Simmel, Georg. "Fashion". *American Journal of Sociology* 62:6 (mai 1957), p.541-58.
Sismondo, Christine. *America Walks into a Bar: A Spirited History of Taverns and Saloons, Speakeasies and Grog Shops*. Oxford University Press, 2011.
Smith, Chloe Wigston. "Callico Madams: Servants, Consumption, and the Calico Crisis", in *Eighteenth-Century Life* 31:2 (2007), p.29-55.
Spitzer, John e Neal Zaslaw. *The Birth of the Orchestra: History of an Institution, 1650-1815*. Nova York: Oxford University Press, 2004.
Standage, Tom. *An Edible History of Humanity*. Nova York: Bloomsbury, 2009.
_____. *The Turk: The Life and Times of the Famous Nineteenth-Century Chess-Playing Machine*. Londres: Walker, 2002.
Strayer, Hope R. "From Neumes to Notes: The Evolution of Music Notation", in *Musical Offerings* 4:1 (2013), p.1.
Styles, John. *The Dress of the People: Everyday Fashion in Eighteenth-Century England*. New Haven, CT: Yale University Press, 2007.
Taylor, Charles. *The Literary Panorama*. Londres: Cox, Son, and Baylis, 1810.
Tesauro, Gerald. "TD-Gammon, a Self-Teaching Backgammon Program, Achieves Master-Level Play". *Neural Computation* 6:2 (1994), p.215-9.

Thomas, Bob. *Walt Disney: An American Original*. Nova York: Disney Editions, 1994.

Thorp, Edward O. "Wearable Computers". Digest of Papers. Segundo Simpósio Internacional, 1998.

Tortora, Phyllis G. *Dress, Fashion and Technology: From Prehistory to the Present*. Nova York: Bloomsbury Publishing, 2015.

Turner, Jack. *Spice: The History of a Temptation*. Nova York: Knopf, 2004.

Voskuhl, Adelheid. *Androids in the Enlightenment: Mechanics, Artisans, and Cultures of the Self*. University of Chicago Press, 2013.

Wallin, Nils Lennart e Björn Merker. *The Origins of Music*. Cambridge, MA: MIT Press, 2001.

Walsh, Claire. "Shop Design and the Display of Goods in Eighteenth-Century London", in *Journal of Design History* 8:3 (1995), p.157-76.

Weber, Thomas P. "Alfred Russel Wallace and the Antivaccination Movement in Victorian England", in *Emerging Infectious Diseases* 16:4 (2010), p.664.

Whittington, E. Michael e Douglas E. Bradley. *The Sport of Life and Death: The Mesoamerican Ballgame*. Londres: Thames & Hudson, 2001.

Winchester, Simon. *Atlantic: Great Sea Battles, Heroic Discoveries, Titanic Storms, and a Vast Ocean of a Million Stories*. Nova York: Harper, 2010.

Wing, Carlin. "The Ball: The Object of the Game", in *American Journal of Play* 6:2 (2014), p.288.

Wolfe, Robert M. e Lisa K. Sharp. "Anti-Vaccinationists Past and Present", in *BMJ* 325.7361 (2002), p.430-32.

Yafa, Stephen. *Cotton: The Biography of a Revolutionary Fiber*. Nova York: Penguin, 2006.

Zimmer, Carl. "How Caffeine Evolved to Help Plants Survive and Help People Wake Up". *The New York Times* (2014). http://www.nytimes.com/2014/09/science.

Zola, Émile. *Au Bonheur des Dames (The Ladies' Delight)*. Nova York: Penguin Classics, 2007.

CRÉDITOS DAS IMAGENS

11: "Relógio de Elefante" de al-Jazari, fac-símile extraído de: Ibn al Razzāz al-Jazarī, *Compendium on the Theory and Practice of the Mechanical Arts/al-Jāmi' bayn al-'ilm wa-'l-'amal an-nāfi' fī sinā'at al-hiyal*, org. Fuat Sezgin, Instituto de História da Ciência Árabe-Muçulmana, Universidade Goethe de Frankfurt, Frankfurt/Main, 2002, baseado no manuscrito da Biblioteca de Aia Sofia 3606, p.4
13, 169: Universal History Archive/Universal Images Group/Getty Images
17: Musée d'Art et d'Histoire, Neuchâtel, Suíça
27: Photostock-Israel/Science Source
31, 159, 245, 247: © The Trustees of the British Museum/Art Resource, NY
35, 93, 125: Hulton Archive/Getty Images
39: Michael Nicholson/Corbis Historical/Getty Images
43: © Victoria and Albert Museum, Londres
49: © The Print Collector/HIP/The Image Works
58: Imagno/Hulton Archive/Getty Images
59: Grey Villet/The LIFE Picture Collection/Getty Images
67: Keystone/CNP/Getty Images
71: Foto de Hilde Jensen © Universidade de Tubinga, Alemanha
79: © ZKM | Karlsruhe, foto: Harald Völkl, cortesia de UdK Berlim/Siegfried Zielinski
83: J. L. Charmet/Science Source
85: Universal Images Group/Getty Images
91: Patrick Landmann/Science Source
97: Heritage Images/Hulton Archive/Getty Images
103: George Rinhart/Corbis Historical/Getty Images
109: © Oram trust e Fred Wood/Cortesia de Goldsmiths Special Collections & Archives
115: British Library/Science Source
117, 121, 201: Print Collector/Hulton Archive/Getty Images
119: Foto de Guilherme Garcia, 1999
129: Florilegius/SSPL/Getty Images
135: Middle Temple Library/Science Source
143: Bildagentur-online/Universal Images Group/Getty Images
149: Kean Collection/Archive Photos/Getty Images

151, 154, 171: Science & Society Picture Library/Getty Images
165, 237: Bettmann/Getty Images
173: Earl Thiesen/Getty Images
177: Mark Kauffman/The LIFE Images Collection/Getty Images
187: De Agostini Picture Library/Bridgeman Images
195: © 2016 Thomas E Forsyth, LandlordsGame.info
200: SPL/Science Source
206: DEA/C. Novara/De Agostini/Getty Images
207: Culture Club/Hulton Archive/Getty Images
213: Cortesia do Computer History Museum
219: Keystone/Hulton Archive/Getty Images
233: PHAS/Universal Images Group/Getty Images
252: Walters Art Museum/Bridgeman Images
257: Sheila Terry/Science Source
259: V&A Images, London/Art Resource, NY
265: Ullstein Bild/Getty Images
269: Cortesia de New York City Parks Photo Archive

AGRADECIMENTOS

Desde o início, pensei neste livro como o segundo de uma série mais longa sobre a história das inovações, uma série que teve início com *Como chegamos até aqui*. Por isso, devo começar com um emocionado agradecimento à equipe incrivelmente divertida que me ajudou a sonhar com esse projeto multiplataforma, a começar pela visionária Jane Root. (Anos atrás, Jane me sugeriu a frase "prazer inteligente" para definir o tipo de televisão que poderíamos fazer, um termo que serviria como título alternativo para este livro.) Agradeço à Nutopia,* representada por Peter Lovering, Helena Tait, Carl Griffin, Sophie Mautner, Jemima Stratton, Fleur Bone e Jessica Cobb. (E à família estendida da Nutopia, Neil Sieling.) Sou especialmente grato pela ajuda de Jemila Twinch e Fred Hepburn nas minhas primeiras pesquisas. Matt Locke, Ian Steadman e o restante da equipe do site How We Got to Next apoiaram meu trabalho e minhas pesquisas de inúmeras formas nos últimos dois anos.

Nas produtoras PBS e Weta, agradecimentos a Beth Hoppe e Bill Gardner; na Fundação Lemelson, a Carol Dahl, Tak Kendrick e David Coronado; e na Fundação Gates, a Dan Brown e Miguel Castro. Comecei a ponderar a respeito da ideia de um livro sobre a inovação cultural da diversão enquanto filmava o episódio "Sound" de *Como chegamos até aqui*, o episódio daquela temporada que mais remete a este livro. Obrigado a Julian Jones pelo apoio àquelas primeiras ideias, e por ter salvado minha vida no deserto de Anza-Borrego.

Este é o décimo livro em que contei com a colaboração de Lydia Wills, minha agente pela vida toda, cujas contribuições continuam inestimáveis em muitos níveis. É também meu sétimo livro com o *dream team* da Riverhead: Geoff Kloske, Katie Freeman, Kate Stark, Kevin Murphy e Hal Fessenden. Minha brilhante nova editora, Courtney Young, ampliou o escopo deste livro – e seu elenco de personagens – de muitas e importantes maneiras. E também sou

* Produtora da série de TV *How We Got to Now.* (N.T.)

muito grato a Helen Yentus e a Ben Denzer pelo que pode ter sido meu projeto de capa favorito de todos os livros que publiquei.

Inúmeras pessoas foram muito generosas e leram este livro (ou partes dele) ainda no rascunho. Sinto-me muito grato pelos comentários, correções e palavras de estímulo de Alex Ross, Ken Goldberg, Stewart Brand, Steven Pinker, Mike Gazzaniga, Filipe Castro, Jane Root, Fred Hepburn, Chris Anderson, Juliet Blake, Angela Cheng e Jay Haynes. Como sempre, minha esposa, Alexa Robinson, leu o texto inteiro – mas só melhorou *uma palavra ou outra* – com sua sabedoria e magia de editora. Agradeço a Franco Moretti por ter me apresentado, mais de duas décadas atrás, às cleptomaníacas de Paris. E obrigado a Jay Haynes, Annie Keating, Alex Ross e Eric Liftin por tantas conversas sobre música e a mente ao longo dos anos.

Finalmente, uma palavra de agradecimento aos meus filhos – Clay, Rowan e Dean – por me manterem em contato com o mundo dos games, de Minecraft a H1Z1, de Kingdom Builder a Far Cry. Adoro e respeito a energia e o espírito criativo que vocês trazem à minha vida com os games. Agora, chegou a hora de desligar o computador e ler um bom livro.

Julho de 2016
Marin County, Califórnia

ÍNDICE REMISSIVO

FSC
www.fsc.org
MISTO
Papel produzido a partir de fontes responsáveis
FSC® C019498

A marca FSC® é a garantia de que a madeira utilizada na fabricação do papel deste livro provém de florestas de origem controlada e que foram gerenciadas de maneira ambientalmente correta, socialmente justa e economicamente viável.

Este livro foi composto por Mari Taboada em Dante Pro 11,5/16 e Helvetica Neue Condensed e impresso em papel offwhite 80g/m^2 e cartão triplex 250g/m^2 por Geográfica Editora em novembro de 2017.

Publicado no ano do 60º aniversário da Zahar, editora fundada sob o lema "A cultura a serviço do progresso social".